国家出版基金项目
NATIONAL PUBLICATION FOUNDATION

新技术法学研究丛书

丛书主编：张保生 郑飞

人工智能证据
运用规则研究

马国洋 —— 著

中国政法大学出版社

2024·北京

图书在版编目（CIP）数据

人工智能证据运用规则研究 / 马国洋著. -- 北京 ：

中国政法大学出版社，2024. 3. -- ISBN 978-7-5764

-1579-7

Ⅰ. D925.213.4

中国国家版本馆 CIP 数据核字第 2024LH6997 号

书　名	人工智能证据运用规则研究 RENGONGZHINENG ZHENGJU YUNYONG GUIZE YANJIU
出版者	中国政法大学出版社
地　址	北京市海淀区西土城路 25 号
邮　箱	bianjishi07public@163.com
网　址	http://www.cuplpress.com (网络实名：中国政法大学出版社)
电　话	010-58908466(第七编辑部) 010-58908334(邮购部)
承　印	固安华明印业有限公司
开　本	720mm×960mm　1/16
印　张	18.5
字　数	275 千字
版　次	2024 年 3 月第 1 版
印　次	2024 年 3 月第 1 次印刷
定　价	88.00 元

总　序

21世纪以来，科技迅猛发展，人类社会进入了新技术"大爆发"的时代。互联网、大数据、人工智能、区块链、元宇宙等数字技术为我们展现了一个全新的虚拟世界；基因工程、脑机接口、克隆技术等生物技术正在重塑我们的生物机体；火箭、航天器、星链等空天技术助力我们探索更宽阔的宇宙空间。这些新技术极大地拓展了人类的活动空间和认知领域，丰富了我们的物质世界和精神世界，不断地改变着人类社会生活的面貌。正如罗素所言，通过科学了解和掌握事物，可以战胜对于未知事物的恐惧。

然而，科学技术本身是一柄"双刃剑"。诺伯特·维纳在《控制论》序言中说，科学技术的发展具有为善和作恶的巨大可能性。斯蒂芬·霍金则警告，技术"大爆炸"会带来一个充满未知风险的时代。的确，数字技术使信息数量和传播速度呈指数级增长，在给人类生产和生活带来信息革命的同时，也催生出诸如隐私泄露、网络犯罪、新闻造假等问题。克隆技术、基因编辑等生物技术在助力人类攻克不治之症、提高生活质量的同时，也带来了诸如病毒传播、基因突变的风险，并给社会伦理带来巨大挑战。

奥马尔·布拉德利说："如果我们继续在不够明智和审慎的情况下发展技术，我们的佣人可能最终成为我们的刽子手。"在享受新技术带来的便利和机遇的同时，提高风险防范和应对能力是题中应有之义。我们需要完善立法来保护隐私和知识产权，需要通过技术伦理审查确保新技术的研发和应用符合人类价值观和道德规范。尤为重要的是，当新技术被积极地应用于司法领域时，我们更要保持清醒的头脑，不要为其表面的科学性和查明事实真相方面的精确性所诱，陷入工具崇拜的泥潭，而要坚持相关性与可靠性相结合的科学证据采信标准，坚守法治思维和司法文明的理念，严守司法的底线，不能让新技术成为践踏人权的手段和工具。

不驰于空想，不骛于虚声。在这样一个机遇与挑战并存的时代，我们应以开放的胸襟和创新的精神迎接新技术带来的机遇，也需要以法治理念和公序良俗应对新技术带来的挑战。弗里德里奇·哈耶克曾反思道："我们这一代人的巨大不幸是，自然科学令人称奇的进步所导致的人类对支配的兴趣，并没有让人们认识到这一点，即人不过是一个更大过程的一部分，也没有让人类认识到，在不对这个过程进行支配，也不必服从他人命令的情形下，每一个人都可以为着共同的福祉做出贡献。"因此，在新技术"大爆发"的新时代，我们需要明确新技术的应用价值、应用风险和风险规制方式。本丛书的宗旨就在于从微观、中观和宏观角度"究新技术法理，铸未来法基石"。阿尔伯特·爱因斯坦说过："人类精神必须置于技术之上。"只有良法善治，新技术才能真正被用于为人类谋福祉。

2023 年 12 月

目　录

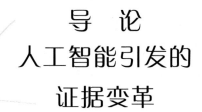

导　论

人工智能引发的

证据变革

一、问题的提出

在人类社会的发展历史上，每一次技术革命都会推动生产力的发展与社会的进步。18 世纪 60 年代，第一次工业革命以蒸汽技术为核心，引发了人类从手工劳动向动力机器生产转变的重大飞跃，促使人类社会进入了蒸汽时代；19 世纪末到 20 世纪初，第二次工业革命以通信技术为核心，生产出了电视、电话等电子产品，推动人类社会进入了电气时代；20 世纪末，第三次工业革命以互联网技术为核心，使世界实现了互联互通，也推动人类社会进入了互联网时代；在 2013 年的汉诺威工业博览会中，德国率先提出了工业 4.0 的概念，第四次工业革命由此开始。自此，人工智能技术开始引领互联网时代到智能化时代的变革，一系列智能化产品开始涌现。[1]

人工智能技术的迅速发展对人类社会产生了影响，斯坦福大学发布的报告显示，人工智能可能会影响交通、医疗、教育等 8 个领域。[2]对此，各国也纷纷出台规则以进一步利用和规制人工智能技术。例如，美国陆续颁布了《维护美国在人工智能时代的领导地位》《国家人工智能研发战略计划》《美国人工智能时代：行动蓝图》等文件；欧盟出台了《人工智能合作宣言》《走向卓越与信任——欧盟人工智能监管新路径》等文件；日本在 2016 年就发布了《日本下一代人工智能促进战略》。我国也同样顺应了人工智能的发展趋势：2016 年 3 月 16 日全国人大批准的《中华人民共和国国民经济和社会发展第十三个五年规划纲要》提出，要"重点突破大数据和云计算关键技术、自主可控操作系统、高端工业和大型管理软件、新兴领域人工智能技术"。这个五年计划实际上确立了人工智能在我国未

---

〔1〕 参见阙天舒、吕俊延："智能时代下技术革新与政府治理的范式变革——计算式治理的效度与限度"，载《中国行政管理》2021 年第 2 期。

〔2〕 See Stanford University, Artificial Intelligence and Life in 2030, https://ai100.stanford.edu/sites/g/files/sbiybj9861/f/ai100report10032016fnl_ singles.pdf, last visited on Sep. 19, 2016.

来发展中的重要地位。[1]

伴随着智能人脸识别、智能轨迹分析等人工智能技术的出现，一种新型的证据——人工智能证据也开始出现在法庭之中。例如，美国司法实务中已经出现了将"查找我的 iPhone"功能数据分析用作证据的案例。[2]德国和西班牙则已经出现了检测人脸、物体、性器官和其他信息的智能识别证据。[3]在我国，涉及人工智能证据的案件同样不少。例如，在岳某 3 诈骗案中，法院认为："岳某 3 提供杨某（吴某薇）的照片，侦查机关通过人脸识别技术，比对出与照片相似度 95%的耿某，且耿某出庭作证证实其为照片上的女子，但不认识岳某 3 且怀疑自己被偷拍。"[4]这一表述说明了人脸识别系统的分析结果已经开始进入法庭并被法官所接受。此外，在李某三与马某麦勒走私、贩卖、运输、制造毒品案中，法院认定了微信语音转换文字证据的有效性。[5]在张某私走私、贩卖、运输、制造毒品案中，法院将智能轨迹分析作为判断被告人行动轨迹的证据。[6]在王某诈骗案中，法院查明"智能分析报告，证实王某尾号为 9576 的农业银行卡向梅某芳尾号为 9775 的银行卡转账 620 笔，共计 522 240 元，梅某芳使用上述银行卡向王某转账 102 000 元；王某尾号为 9576 的农业银行卡向许某尾号为 8278 的银行卡转账 1662 笔，共计 1 222 360 元"。[7]这说明，智能分析报告也已经被法院所接受。

对于人工智能证据的出现，理论界与实务界似乎并没有做好相应的准备。一方面，人工智能证据的证明程序和审查规则尚不健全，实践中也罕有法官对其进行针对性审查；另一方面，现有研究对人工智能证据的认识

---

〔1〕 参见郑飞主编：《中国人工智能法治发展报告（1978—2019）》，知识产权出版社 2020 年版，第 1-103 页。

〔2〕 Pickett v. State，112 A. 3d 1078，1090（Md. Ct. Spec. App. 2015）.

〔3〕 Katherine Quezada-Tavárez，"Plixavra Vogiatzoglou，Sofie Royer，Legal Challenges in Bringing AI Evidence to the Criminal Courtroom"，*New Journal of European Criminal Law*，12（2021），p. 532.

〔4〕 河北省唐山市中级人民法院（2020）冀 02 刑终 210 号刑事裁定书。

〔5〕 甘肃省高级人民法院（2020）甘刑终 67 号刑事裁定书。

〔6〕 云南省高级人民法院（2020）云刑终 734 号刑事裁定书。

〔7〕 青海省西宁市城中区人民法院（2020）青 0103 刑初 3 号刑事判决书。

和定位尚不统一，且并未提出系统性的证据运用方案，理论对实践的供给不足。有鉴于此，为了正确认识并科学地运用人工智能证据，本书试图对人工智能证据进行深入分析，并以此为基础，为其构建科学的司法证明和证据审查体系。

二、研究现状

在人工智能证据的研究进路上，国内外学者表现出了较大的差异。其中，国内研究主要采用了大数据证据研究进路，而国外研究主要的视角包括机器证据进路和科学证据进路。

（一）国内大数据证据研究进路

对于人工智能证据的研究，国内学者主要是从大数据证据的进路对此类证据进行探讨，但不同学者对于大数据证据的认识存在一定差异，并且一些重要问题尚存在研究空白。

首先，在大数据证据的概念问题上，我国学者提出了狭义、广义和更广义三种观点。其中，持"狭义论"的学者认为大数据证据仅指运用大数据技术对海量数据进行分析所形成的结论。例如，丰叶将大数据证据定义为通过对海量数据进行筛选、汇总、提炼所形成的结论。[1]张吉喜和孔德伦同样持此观点，他们认为大数据证据"是记载对海量电子数据进行分析后所获得的结论的材料"。[2]靳建丽、刘秋芳则将大数据证据定义为"海量数据集合的分析结果，即运用大数据分析技术，将繁芜复杂的全量数据收集、处理、分析，以分析结果或报告的形式得出数据背后存在的规律和价值"。[3]持"广义论"的学者对大数据证据的概念范围有所拓展，认为大数据证据不仅包括大数据分析结论，还可能包括作为电子证据的大数据证据甚至是作为物证的大数据证据。例如，谢君泽就将大数据证据区分为

---

〔1〕　参见丰叶："职务犯罪大数据证据研究"，载《科技与法律》2020年第1期。

〔2〕　参见张吉喜、孔德伦："论刑事诉讼中的大数据证据"，载《贵州大学学报（社会科学版）》2020年第4期。

〔3〕　参见靳建丽、刘秋芳："大数据证据应用问题研究——以86份民事诉讼案件为例"，载《河南司法警官职业学院学报》2021年第1期。

四种，分别是大数据的原始载体、大数据的数据副本、从大数据中筛选出的样本以及大数据分析结论。[1]在这四种证据之中，只有第四种与"狭义大数据证据"相同，其他三种则属于物证或是电子证据。元轶则认为，大数据证据包括"大数据集"和"大数据算法结论"两部分。其中，前者接近于电子证据，而后者则与"狭义大数据证据"的概念相似。[2]"更广义论"则是"广义论"的进一步拓展，持该观点的论者认为大数据证据是运用大数据技术、方法、思维等方式方法用以证明案件事实所取得的一切材料。在这种视角之下，大数据证据可能是物证、书证、鉴定意见等各个证据类型。该观点在某种意义上将大数据证据作为其他证据类型的上位概念，因此采取了一种极强的包容视角，徐惠和李晓东就是这种观点的代表。[3]

总的来说，"狭义论"是一种更能体现大数据证据特点的观点，因为此类证据最主要的特征就是由机器生成结论。但即使是"狭义论"者，也并没有彻底厘清大数据证据的本质特征，其大多表现出了较为保守的态度，更多将大数据证据的表现形式确立为大数据分析报告，而不愿意再前进一步探讨人工智能证据的相关话题，这不失为一种遗憾。相较于"狭义论"，"广义论"和"更广义论"则略显混乱，其始终无法厘清大数据证据与科学证据和电子证据等证据类型的关系。

其次，我国学者对于大数据证据的证据种类问题同样存在争议。在既有讨论中，关于大数据证据的证据种类问题主要有三种观点。一是"独立证据说"。"独立证据说"是指将大数据证据列为一种新的证据种类并通过法律加以确定。该观点认为，由于大数据证据具有不同于其他证据类型的形式和特点，因此，在未来可以作为单独的证据种类。例如，张建伟提

---

〔1〕 参见谢君泽："论大数据证明"，载《中国刑事法杂志》2020年第2期。

〔2〕 参见元轶："大数据证据二元实物证据属性及客观校验标准"，载《山西大学学报（哲学社会科学版）》2021年第5期。

〔3〕 参见徐惠、李晓东："大数据证据之证据属性证成研究"，载《中国人民公安大学学报（社会科学版）》2020年第1期。

出，在未来的证据法中，应将大数据分析报告作为单独的证据种类。[1]钟明曦认为，大数据分析数据改变了原始数据的形态，因此应作为独立的证据种类。[2]杨继文和范彦英则认为，大数据证据是一种基于关联数据性的证据材料，可以作为一种独立的证据种类。[3]二是"电子证据说"。"电子证据说"是指将大数据证据作为一种电子证据。该观点认为，大数据证据最终以电子数据形式呈现，因此其本质是一种电子证据，罗文华便是这一观点的代表者。[4]元轶同样认为，大数据证据是电子证据的一种演进，一条条的电子数据累积而成大数据。[5]三是"鉴定意见说"。"鉴定意见说"是指将大数据证据作为鉴定意见加以使用。该观点认为，从形式上看，大数据证据与鉴定意见均涉及科学问题，二者具有一定相似性，因此可以视为同一证据种类。例如，刘广三指出："最好把资金大数据分析纳入司法鉴定范畴。这有利于司法实践的展开，在法律上也可以找到依据。"[6]刘品新则认为，在我国现有法律框架之下，只有鉴定意见与大数据证据相符。[7]上述关于大数据证据证据种类的讨论可以看出各个学者对于尽快推动大数据证据进入法庭的期望，但短时间内的各种方案也造成了对于大数据证据证据种类认识混乱的局面。

再次，我国学者对于大数据证据审查内容的讨论主要聚焦于相关性和可靠性，但在具体审查方式上存在争议。就相关性审查而言，不同学者之间形成了三种观点。第一种观点是"延续说"，该观点认为，大数据证据与其他证据在相关性问题上的判断差异并不大，可以依据已有相关性规则进行判断。例如，张建伟就认为，传统相关性标准依然适用于大数据证

---

[1]　参见何家弘等："大数据侦查给证据法带来的挑战"，载《人民检察》2018 年第 1 期。

[2]　参见钟明曦："论刑事诉讼大数据证据的效力"，载《铁道警察学院学报》2018 年第 6 期。

[3]　参见杨继文、范彦英："大数据证据的事实认定原理"，载《浙江社会科学》2021 年第 10 期。

[4]　参见罗文华："大数据证据之实践与思考"，载《中国刑事警察》2019 年第 5 期。

[5]　参见元轶："证据制度循环演进视角下大数据证据的程序规制——以神示证据为切入"，载《政法论坛》2021 年第 3 期。

[6]　参见何家弘等："大数据侦查给证据法带来的挑战"，载《人民检察》2018 年第 1 期。

[7]　参见刘品新："论大数据证据"，载《环球法律评论》2019 年第 1 期。

据，即指向标准和功能标准。[1]当然，这种视角之下，不少学者沿用了对于电子证据相关性的判断方法。例如，孔德伦认为大数据证据的相关性包括形式上的相关性以及内容上的相关性。前者是指信息载体与网络犯罪被告人之间的关系，后者是指数据信息与网络犯罪案件事实之间的关系。[2]第二种观点是"创新说"，该观点认为，由于人类经验与"机器经验"的差异，应尝试探索基于"机器经验"或"数据经验"的新型相关性规则。例如，刘品新从实践出发，认为部分大数据分析所揭示的相关性结论，很可能是人类依靠经验一时无法确认的。因此应探索超越人类经验判断的大数据证据相关性规则。[3]徐惠和李晓东同样持此观点，他们根据大数据的特点，提出了一种相关性的验证模式。他们认为由于大数据证据的数据处理过程皆不可见，因此可以通过反向验证该数据范围内数据与该规律性认知是否具有一致性，进而检验大数据证据的相关性。[4]第三种观点是"折中说"，这种观点对大数据证据内部进行了区分，并对不同部分提出了不同的相关性审查方法。林喜芬便是这种观点的代表，其认为在审查数据与数据之间的关系时，应保持开放态度，甚至应探索机器经验；在审查数据比对或分析结果与待证事实之间的相关性时，应依据传统的判断方法。[5]

就可靠性审查而言，各个学者也尝试提出了不同的审查方案。例如，刘品新将大数据证据的可靠性分为两个方面：一是大数据的可靠性，这主要指数据来源的可靠性；二是算法的可靠性，即机器算法等分析方案的可信度。[6]陈刚认为，大数据证据的可靠性与算法取证的对象、过程、结果相关。其可靠性规则主要涉及三个方面的内容：电子数据的真实性、算法

〔1〕 张建伟："司法的科技应用：两个维度的观察与分析"，载《浙江工商大学学报》2021年第5期。
〔2〕 参见孔德伦："大数据证据在网络犯罪案件中的运用——以镶嵌论为视角"，载《西南政法大学学报》2020年第6期。
〔3〕 参见刘品新："论大数据证据"，载《环球法律评论》2019年第1期。
〔4〕 参见徐惠、李晓东："大数据证据之证据属性证成研究"，载《中国人民公安大学学报（社会科学版）》2020年第1期。
〔5〕 参见林喜芬："大数据证据在刑事司法中的运用初探"，载《法学论坛》2021年第3期。
〔6〕 参见刘品新："论大数据证据"，载《环球法律评论》2019年第1期。

过程的可信性、大数据分析报告的可信性。[1]徐惠和李晓东在某种程度上沿用了电子证据可靠性的审查方式，提出了大数据真实、大数据载体和介质真实、大数据方法真实、大数据内容真实四个方面的内容。[2]而林喜芬主张延续科学证据的审查方法，其借鉴多伯特规则，指出大数据证据可靠性的审查主要是科学可靠性的审查，应从可重复性以及可解释性和可公开性入手。[3]马明亮、王士博尝试区分了大数据证据的类型，并认为针对不同类型的证据可以从算法稳健性、海量数据的来源等方面确认大数据证据的可靠性。[4]孔德伦在这个问题上则表现得有些矛盾，其试图将科学证据的审查方法与电子证据的审查方法相结合，认为应借鉴多伯特规则分别审查证据载体、电子数据以及证据内容的可靠性。[5]这种方法很难具有可操作性，用多伯特规则审查一台电脑或是一部手机的可靠性显然没有任何意义。相较而言，孔德伦与张吉喜合作的另一篇文章则对于该问题的阐述更加具有价值，其认为应分别审查原始电子数据的可靠性和大数据证据的可靠性，其中前者依靠电子证据的审查方法，后者依靠多伯特规则。[6]该方法的可实现性明显要更高，同时对大数据证据不同内容的区分审查也更具有合理性。

总的来说，各个学者对于大数据证据审查内容的讨论具有一定启发意义，但也存在较大问题。一方面，现有讨论中关于大数据证据的相关性判断和可靠性判断的方法仍较为混乱，不少学者试图延续既有科学证据和电子证据的判断方法，还有一些学者试图构建新的方案，二者之间存在不可避免的冲突。另一方面，尽管有学者号召应更多讨论大数据证据的合法性

---

　　〔1〕　参见陈刚："解释与规制：程序法定主义下的大数据侦查"，载《法学杂志》2020 年第 12 期。

　　〔2〕　参见徐惠、李晓东："大数据证据之证据属性证成研究"，载《中国人民公安大学学报（社会科学版）》2020 年第 1 期。

　　〔3〕　参见林喜芬："大数据证据在刑事司法中的运用初探"，载《法学论坛》2021 年第 3 期。

　　〔4〕　参见马明亮、王士博："论大数据证据的证明力规则"，载《证据科学》2021 年第 6 期。

　　〔5〕　孔德伦："大数据证据在网络犯罪案件中的运用——以镶嵌论为视角"，载《西南政法大学学报》2020 年第 6 期。

　　〔6〕　参见张吉喜、孔德伦："论刑事诉讼中的大数据证据"，载《贵州大学学报（社会科学版）》2020 年第 4 期。

审查问题，[1]但大部分学者有意回避了该问题的讨论。例如，林喜芬直言对于大数据证据可采性的审查除了相关性和科学可靠性检验，还应当包括合法性检验，因为这涉及大数据侦查程序的构建与分析，故而略去讨论。[2]在该问题项下，仅有少数学者尝试了简单的分析。例如，陈刚认为大数据证据的合法性规则涉及取证的合法性与证据形式的合法性。[3]张吉喜和孔德伦认为对大数据证据合法性的审查判断，应从两个方面着手：一是原始电子数据的合法性；二是大数据证据的合法性。在具体审查内容上，应主要聚焦于证据收集、提取等程序是否违法。[4]而孔德伦的另一篇文章则从权利保护的视角探讨大数据证据的合法性审查问题，并指出严重侵犯个人隐私权的证据不具有可采性。[5]由于当前大数据侦查没有具体的程序规制，因此，从权利保障视角分析大数据证据的非法证据排除问题显然更具可行性。但可惜的是，该文对此讨论的篇幅较为有限，没能具体对相关问题进行展开。

最后，当前研究很少涉及大数据证据证明过程的制度构建问题。在该问题上，有一些学者提出了大数据证据的质证方法。例如，刘品新认为，大数据证据的审查应由法庭组织控辩双方进行对抗。[6]而谢君泽则从形式质证和实质质证两个方面构建了质证的方法，其认为形式质证主要应借鉴勘验检查笔录或司法鉴定报告等证据的质证方法，而实质质证则可以考虑引入一个中立性组织来缓和质证方与举证方及相关人之间的权利冲突。[7]亦有学者提出应建立审前大数据证据开示制度。[8]但总体来看，既有研究

---

[1] 参见程雷："大数据侦查的法律控制"，载《中国社会科学》2018年第11期。

[2] 参见林喜芬："大数据证据在刑事司法中的运用初探"，载《法学论坛》2021年第3期。

[3] 参见陈刚："解释与规制：程序法定主义下的大数据侦查"，载《法学杂志》2020年第12期。

[4] 参见张吉喜、孔德伦："论刑事诉讼中的大数据证据"，载《贵州大学学报（社会科学版）》2020年第4期。

[5] 参见孔德伦："大数据证据在网络犯罪案件中的运用——以镶嵌论为视角"，载《西南政法大学学报》2020年第6期。

[6] 参见刘品新："论大数据证据"，载《环球法律评论》2019年第1期。

[7] 参见谢君泽："论大数据证明"，载《中国刑事法杂志》2020年第2期。

[8] 参见裴炜："个人信息大数据与刑事正当程序的冲突及其调和"，载《法学研究》2018年第2期。

中关于大数据证据证明程序的研究十分有限：一是大部分研究仅是浅尝辄止，系统性不足；二是证据质证、证据开示仅仅是司法证明的一部分流程，证据的出示等其他流程尚罕有学者谈及。

（二）国外机器证据研究进路和科学证据研究进路

相较于国内学者，国外学者并未鲜明地提出大数据证据的概念，其在探讨相关问题时，主要采取了两种进路：一是机器证据进路；二是科学证据进路。

1. 机器证据研究进路

机器证据的研究进路由罗斯（Roth）在 2016 年首先提出。罗斯将人工智能证据作为机器证据的一种，并围绕机器证据展开了详细的论述。具体而言，其主要讨论了（1）机器证据产生可靠性障碍的原因在于机器的黑箱性；（2）机器证据的分类法，包括需要进行可靠性测试的机器与不需要进行可靠性测试的机器；（3）机器证据可靠性的保障办法，包括检验前端设计、审前披露规则、法庭测试机制等。[1]尽管机器是否可以成为证人尚且存在争议，但罗斯首次系统性地提出了机器证据需要进行可靠性测试的原因、测试方法等内容，对于机器证据研究具有开拓性意义。沿着罗斯提出的进路，舒尔茨（Schultz）同样将人工智能证据作为一种机器证据，并主张赋予人工智能体以法律人格。其选择以传闻证据规则为切入点，主张以传闻证据规则的方式，对人工智能证据进行规制。具体而言，舒尔茨提供了两组分析量表，以进一步审查人工智能证据。一是需要判断人工智能与人类的近似程度，二是要根据人工智能与人类的近似度决定其是否适用传闻证据规则。如果人工智能体是白箱，则不涉及传闻证据规则；如果人工智能体是黑箱，但与人类近似程度有限，则应适当放宽传闻证据规则；如果人工智能体是黑箱，且与人类近似度较高，则应该适用严格的传闻证据规则。[2]科诺（Curtis）同样是机器证据进路的拥护者，其在深度

---

〔1〕　See Andrea Roth, "Machine Testimony", *Yale Law Journal*, 126（2017）, p. 1972.

〔2〕　See Jess Hutto-Schultz, Dicitur Ex Machina, "Artificial Intelligence and the Hearsay Rule", *George Mason Law Review*, 27（2020）, pp. 683-718.

分析神经网络技术特点的基础上，认为基于该技术产生的证据应该具有可采性，对于这类证据审查的重点是可靠性。而主要的审查方法是对于代码的"交叉检验"。[1]班帕西卡（Bampasika）亦采取了机器证据进路，并且其直接聚焦于人工智能证据。但他并未对人工智能证据的相关性和可靠性进行分析，而是着重讨论了此类证据的权利侵犯风险。他认为人工智能证据存在不可解释性、歧视和偏见、缺乏问责制的三重风险，由此可能对无罪推定原则、平等武装原则、公民的隐私权等造成侵犯。[2]与班帕西卡相似，帕尔米奥托（Palmiotto）也聚焦于人工智能证据对于公民权利的侵犯，但其讨论的内容更为具体，主要围绕着此类证据不透明性所引发的各种权利风险进行讨论。[3]由此引发的问题，便是对人工智能证据整体性的讨论和认识不足。相较而言，塔瓦雷斯（Quezada-Tavárez）等人的研究要更为全面且深入，其详细探讨了人工智能证据的可靠性风险和对于平等对抗权利的消减，但其并未详细分析法庭对于此类证据的审查方法，而是选择提供了一种外部监管的方式，这便在相关问题上留下了一定空缺。[4]

总体而言，在机器证据进路下，人工智能证据主要的审查内容是可靠性，亦有部分研究涉及合法性问题，其审查方法主要是对机器进行检验和测试。但遗憾的是，现有关于机器证据的研究仅处于起步阶段，其对于人工智能证据的研究仍显得不足。具体表现便是现有研究缺乏具有融贯性的对于人工智能证据相关性、合法性和可靠性等内容全面系统的讨论。并且，当机器证据进路试图讨论人工智能证据时，其很难彻底回避对于科学证据审查方式的分析，仅仅依靠对机器的检查可能无法彻底保证人工智能

---

〔1〕 See Curtis E. A. Karnow, "The Opinion of Machines", *Columbia Science and Technology Law Review*, 19（2017），pp. 150-156.

〔2〕 See Eftychia Bampasika, "Artificial Intelligence as Evidence in Criminal Trial", in CEUR Workshop Proceedings, 2021, pp. 133-138.

〔3〕 See Francesca Palmiotto, "Regulating Algorithmic Opacity In Criminal Proceedings：An Opportunity For The EU Legislator?", *Maastricht Law*, *Faculty of Law WP*, 1（2020），p. 1.

〔4〕 See Katherine Quezada-Tavárez, "Plixavra Vogiatzoglou, Sofie Royer, Legal Challenges in Bringing AI Evidence to the Criminal Courtroom", *New Journal of European Criminal Law*, 12（2021），pp. 531-551.

证据具有可采性。

2. 科学证据研究进路

除机器证据进路外，亦有一部分国外学者将人工智能证据视为科学证据。该进路强调通过科学证据的审查方式对人工智能证据进行审查。其中，纳特（Nutter）在分析了人工智能证据的核心技术——机器学习技术后，基于多伯特规则以及《美国联邦证据规则》第 702 条，提出了机器学习证据所需的可靠性审查方案：（1）算法错误率的审查；（2）数据的审查；（3）源代码的审查。此外，在可采性问题上，纳特认为机器学习证据并未与宪法的原则相冲突。值得注意的是，纳特还尝试性地对机器学习证据的证明力进行了分析，其认为机器学习证据的不可解释性将导致证明力减损。[1]可以说，纳特已经初步尝试了对人工智能证据的审查体系进行系统化，当然其工作仍存有值得商榷的地方。例如，人工智能证据的不可解释性不仅会影响该证据的证明力，还可能影响证据的可采性；其对于人工智能证据可靠性的分析仍主要采取罗列的方式，而未进一步系统地归类等。除纳特外，萨宾·格莱斯（Sabine Gless）也以科学证据的视角对人工智能证据进行讨论。其以墨菲（Murphy）提出的科学证据代际理论为基础，将人工智能证据划分为第三代科学证据。在具体讨论中，萨宾·格莱斯采取了比较法的视角，详细分析了美国和德国对于人工智能证据在举证、质证和认证上的不同进路。最终其得出结论，认为无论是美国还是德国均不能通过既有规则和方法解决人工智能证据应用问题，需要尝试探索一种混合进路。[2]萨宾·格莱斯的研究弥补了人工智能证据比较法研究的空白，但其虽然提出了人工智能证据规制的进路，却并未对混合进路的操作方式进行详细论述。特别是在人工智能证据具体审查的内容以及方式上，萨宾·格莱斯并未深入证据内部进行微观分析，这也就导致解决思路更偏向于宏观分析。莫特罗（Metallo）同样采用了科学证据的进路，并认

---

〔1〕　See Patrick W. Nutter, "Machine Learning Evidence: Admissibility and Weight", *University of Pennsylvania Journal of Constitutional Law*, 21（2018）, pp. 919-958.

〔2〕　See Sabine Gless, "AI in the Courtroom: A Comparative Analysis of Machine Evidence in Criminal Trials", *Georgetown Journal of International Law*, 51（2020）, pp. 195-254.

为针对人工智能证据，应通过修改多伯特规则的方式加以应对。具体来说，应赋予法官裁量排除权，在（1）法官不能对人工智能程序进行正确认知；或（2）如果一方未提供工程师向陪审团解释人工智能的运作流程；或（3）人工智能因黑箱问题而无法用人类证词来解释的情况下，法官可以对该证据进行排除。[1]相较于纳特对于不可解释性只影响证明力的观点，莫特罗的观点无疑更加准确。并且其通过扩充多伯特规则的方式，为人工智能证据可靠性的审查提供了新的方案。当然，在分析全面性上，其并未聚焦于技术和数据，这一点相较于纳特仍显不足。此外值得关注的是，莫特罗注意到了专家在人工智能证据审查中的作用，他认为专家可以解释人工智能结论，并向陪审团介绍新技术的局限性。[2]这为人工智能证据的举证质证提供了新的思路，这也是莫特罗在人工智能证据证明程序问题上的重要贡献。但其仍然低估了专家在人工智能证据证明和审查过程中可能发挥的作用，在检查证据相关性以及合法性上，专家同样可能有所作为。切斯曼（Chessman）同样主张通过多伯特规则对人工智能证据进行规制，但其讨论的核心主要是源代码的开放问题，并不能覆盖全部人工智能证据的审查问题。[3]

从整体上看，科学证据进路对于人工智能证据的探索要更加成熟，依托多伯特规则建立的审查框架完成度要更高，且更符合人工智能证据的特点。当然，在人工智能证据的司法证明程序、系统的审查方法等问题上，现有科学证据进路的研究者仍没有给出令人足够满意的答案。

三、写作思路与写作结构

本书就人工智能证据的相关问题围绕三大部分展开讨论。其中第一部

---

〔1〕 See Victor Nicholas A. Metallo, "The Impact of Artificial Intelligence on Forensic Accounting and Testimony-Congress Should Amend 'the Daubert Rule' to Include a New Standard", *Emory Law Journal Online*, 69（2019-2020）, p. 2061.

〔2〕 See Victor Nicholas A. Metallo, "The Impact of Artificial Intelligence on Forensic Accounting and Testimony-Congress Should Amend 'the Daubert Rule' to Include a New Standard", *Emory Law Journal Online*, 69（2019-2020）, p. 2062.

〔3〕 See Christian Chessman, "A 'Source' of Error: Computer Code, Criminal Defendants, and the Constitution", *California Law Review*, 105（2017）, p. 179.

分为第一章、第二两章，主要对人工智能证据的理论基础以及性质等问题进行考察。

本书第一章主要介绍人工智能证据应用的理论基础。本章在讨论技术的一般特征以及人工智能证据应用的技术基础——智能化技术后，探讨了人工智能证据应用的技术论基础。之后，在阐述了科学研究第四范式的内涵后，对人工智能证据应用的认识论基础进行了介绍。

本书第二章主要介绍人工智能证据的性质及其对人类证据制度的挑战。本章首先对证据和科学证据的一般特征进行了分析，重点探讨了科学证据与其他证据的区别。其次对人工智能证据的概念、表现形式、特点以及价值进行了介绍。最后提出了人工智能证据对人类证据制度的三项挑战。

第二部分为第三章，主要讨论人工智能证据的可采性问题。本章既承接前文对人工智能证据理论基础和性质的介绍，又为后续讨论人工智能证据的证明程序和审查问题奠定基础。

本书第三章主要介绍人工智能证据的可采性。人工智能证据的可采性包括相关性、可靠性、合法性和证明力与危险性的平衡检验四个层面。本章首先分别介绍了人工智能证据的技术相关性检验、数据相关性检验和结论相关性检验。其次对人工智能证据的技术可靠性审查、数据可靠性审查和结论的可解释性进行了介绍。再次本章分别从技术合法性审查和数据合法性审查两个方面考察了人工智能证据的合法性。最后本章探讨了人工智能证据的证明力与危险性的平衡检验方法。

第三部分为第四章和第五章，主要论述了人工智能证据举证、质证和认证的相关问题。

本书第四章主要介绍了人工智能证据在司法证明中的运用，包括人工智能证据证据开示、证据出示和证据质证。具体来说，本章首先对人工智能证据开示的必要性进行了介绍，并讨论了人工智能证据的开示要求，以及证据开示与开示成本和秘密保护之间的矛盾问题。其次对人工智能证据出示的相关问题进行了探讨，包括辨认鉴真、鉴定以及人工智能证据具体的出示方式和相关出示方式与直接言词原则之间的矛盾。最后对人工智能证据的质证进行了分析，指出了对于此类证据进行质证的必要性、质证内容和质证方法。

　　本书第五章主要介绍人工智能证据的审查体系。本章首先探讨了人工智能证据审查的一般原则和方法，之后以前述分析为基础，讨论了我国人工智能证据审查规则的构建。

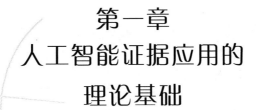

第一章
人工智能证据应用的
理论基础

若欲深刻了解人工智能证据，必须对其应用的技术论和认识论进行分析。具体来说，人工智能证据是智能化技术发展的产物，通过技术论的观点，可以明晰后人类时代人与智能化技术的关系，进而指导人与人工智能证据的关系。"认识论是关于认识的哲学反思。"[1]当前一种基于数据密集型研究产生的大数据经验主义成为智能化时代新的认识世界的理论，而人工智能证据的应用也依托于该理论。通过对该理论的分析，可以更好地探索人工智能证据的价值及可能存在的风险。基于上述分析，本章将分别对人工智能证据应用的技术论基础和认识论基础进行介绍。

第一节　人工智能证据应用的技术论基础

技术论即技术哲学，是指关于技术的哲学研究。1877 年，有着长期与机器和工具打交道并积累了丰富的技术实践经验的德国地理学家恩斯特·卡普（Ernst Kapp）出版了《技术哲学原理》一书，技术哲学的概念首次被提出，这标志着该学科的诞生。[2]技术哲学以技术为研究对象，要在技术与科学、工程、经济、社会等关联中，确认出相对自主的技术。[3]人工智能证据的应用需要技术论的指导才能更加科学。申言之，人工智能证据应用的技术基础是机器学习、大数据和云计算等智能化技术，技术论关注这些智能化技术是什么，以及如何认识这些智能化技术，特别是人与机器的相处之道，[4]其可以为人类与人工智能证据的关系提供理论支撑。

---

〔1〕　夏甄陶：《认识论引论》，人民出版社 1986 年版，第 2 页。

〔2〕　参见李君亮、吴国林："从技术哲学研究传统看技术哲学研究纲领"，载《广西社会科学》2014 年第 8 期。

〔3〕　参见吴国林："论技术哲学的研究纲领——兼评'张文'与'陈文'之争"，载《自然辩证法研究》2013 年第 6 期。

〔4〕　参见李想："论商业方法专利扩张中的技术性要件"，载《电子知识产权》2020 年第 5 期。

一、技术是人类改造自然的手段

"人类和动物的区别，在于动物只是盲目地顺从自然规律而生存，人类虽然也顺从自然规律，但是人类是领悟或认识这些规律而支配自然的。为了支配自然，人类领悟或认识自然规律，并把它们在实践中加以利用，这就是技术的本质。因此人类与动物的区别，也可以说人具有技术而动物不具有技术。"〔1〕该观点揭示了技术的内涵：一方面，技术是人类所创造的，技术的产生与发展均离不开人类的贡献。例如，第一次工业革命的出现是以改良蒸汽机的大规模应用为标志，这离不开人类的发明创造。其中较为典型的事例包括机械师凯伊（Kay）发明"飞梭"、织工哈格里夫斯（Hargreaves）发明"珍妮纺纱机"，以及瓦特（Watt）改良蒸汽机等。另一方面，技术的主要目标是改造自然，即顺应基本的自然规律和社会规律，对客观世界进行能动性的改造。"在人与自然的关系中，正是通过技术，才延长了人的自然肢体和活动器官，使得人的感觉器官、劳动器官和思维器官不断放大，人类利用、改造自然的能力不断提高，也才把自然界变成了人化了的自然界。纵观技术发展的历史，人类在改造自然的实践活动中，最初直接是以手工工具加工劳动对象，以自身机体的运动这种自然力作为活动的动力，以自己的大脑直接支配整个活动。后来随着技术的进步，人体感觉器官、劳动器官和思维器官在手工劳动时期的部分作用已经或正在逐渐被机器体系所取代，从而使人在与自然界关系中的地位得到增强。"〔2〕技术的本质决定了其目的性、自然性和社会性的特点。

（一）目的性

西蒙（Simon）认为："技术是关于如何行事，如何实现人类目标的知识。"〔3〕该观点揭示了技术目的性的特点。申言之，技术的出现与进步主要是为了满足人类的需求。正如威廉·莱斯（William Leiss）所说："在这

---

〔1〕 邹珊刚主编：《技术与技术哲学》，知识出版社1987年版，第1页。
〔2〕 常立农：《技术哲学》，湖南大学出版社2003年版，第6页。
〔3〕 参见滕福星：《科技进步论》，吉林科学技术出版社1995年版，第194页。

更大的范围内，技术起着一种远远不同于科学的任务，因为它与人的需求领域以及由这些需求所引起的社会冲突有着更直接的关系。这就是马克思在谈到'直接的'生产过程时所指的东西，在直接的生产过程中技术的作用非常突出——人的技术能力与他们满足自己需要的能力之间有着直接的联系，这是人类历史的永恒特征，并不一定需要任何特殊形式的科学知识。"[1]从人类社会的发展历史来看，人类往往不会满足于既有的生活状态。而面对人类对自然界的无限依赖和需要的不断增长与自然界不会主动、轻易地满足人类的各种需求之间的矛盾，技术便是解决这一矛盾的重要手段和唯一方法，这进而决定了技术自身必然地要随着人类需要的增长而呈现出不断进化的态势。[2]因此，任何技术的进步一定以人类某种特定目的的出现为前提。例如，改良蒸汽机的出现是为了满足人类希望扩大生产，提高生产力的目的；汽车的出现是为了满足人类渴望更加迅速方便出行的目的；电话的出现是为了满足人类远程通信交流的目的；而智能化技术的出现则是为了满足人类解放生产力，提高生产效率，由机器服务人类的目的。从某种意义上讲，技术的进步首先取决于人类所设定的具体目标。

（二）自然性

技术作为人类同自然进行物质、能量、信息交换的媒介，必然要受到自然力和自然规律的支配。[3]这便体现了技术自然性的特征。具体而言，技术的自然性主要表现在两个方面。一方面，技术的发展离不开自然资源的支持，任何技术的出现和发展都需要从自然中汲取能量。例如，蒸汽机的有效运转需要通过木炭等材料进行加热，促使水沸腾，进而通过蒸汽的膨胀推动活塞运动。该技术至少需要借助木炭、水、蒸汽等资源。再如，智能化技术的发展需要依赖于石油、木炭等资源转化成 CPU 等计算机硬件，还需要借助风能、水能、核能资源获取电力等。因此，任何技术都不

---

〔1〕　［加］威廉·莱斯：《自然的控制》，岳长龄、李建华译，重庆出版社 1993 年版，第 130 页。

〔2〕　参见吴虹、刘则渊："论技术进步的合目的性与合规律性的辩证统一"，载《自然辩证法研究》2004 年第 9 期。

〔3〕　参见常立农：《技术哲学》，湖南大学出版社 2003 年版，第 14 页。

能凭空创造，必须以自然资源为基础。另一方面，技术的发展需要遵循基本的自然规律，自然规律可以为技术提供原理支撑。技术的产生一般需要将自然规律转化为知识，再转化为相关技术："自然规律是可以被利用和运用的，其前提是人们对自然规律要有所认识，不管这种认识是深刻的还是初浅的，并将这种认识创造性地运用于人类活动中。"[1]例如，航空航天技术的发展，必须先发现万有引力定律，再将其变为相应的技术。同样，电工技术发展的前提是法拉第发现了电磁感应现象。与之相反，违背自然规律的技术，即使人类希望进行创造，最终也往往沦为笑柄。最典型的案例是人类对于永动机的追求——建立一个不需要外界力量或只需要初始力量就可以永远运动的机器。人类历史上曾经出现过各种类型永动机的设想，包括软臂永动机、阿基米德螺旋永动机、磁力永动机等，但却无一成功。归根结底，永动机的梦想违背了能量守恒定律。[2]

（三）社会性

如前文所述，技术的产生和发展以人类的目的为前提，因此，技术的进步必然受到从事技术活动的人以及由人所组成的社会的制约。经济、政治、军事的需要，教育、文化乃至生活方式，都会直接或间接地影响技术的研制、开发和运用，它们不仅可能会影响技术的发展方向、发展规模、发展速度等，还可能影响技术发展的风格和形式。[3]这便体现了技术社会性的特征。具体来说，技术的社会性主要表现为两个方面。一方面，技术是人类社会发展的产物，任何一项技术的出现，都是人类社会长期积累的结果。兰德斯（Landes）对此问题做了很好的诠释。

工业革命为什么会发生在那个地区、那个时期？这确实是个双重的问题。其一，一个国家为什么又怎么样冲破习惯和常规知识的甲壳而达成这种新的生产方式呢？毕竟，历史也展现过别样的例证，说明机械化和无生

〔1〕 罗天强："论技术与自然规律"，载《科学学研究》2008年第4期。
〔2〕 参见焦娅敏、张贵红主编：《能源科技史教程》，复旦大学出版社2016年版，第58页。
〔3〕 参见陈益升、宋德生主编：《高技术与社会》，广西科学技术出版社1989年版，第59页。

命动力的应用并没有产生一场工业的革命。在这一方面，大家可以想想宋代的中国（廉纺、冶铁），想想中世纪的欧洲（水力和风车技术），想想现代早期的意大利（捻丝、造船），想想"黄金时代"的荷兰。那么为什么工业革命最后却发生在 18 世纪呢？其二，为什么是英国而不是某个别的国家完成了工业革命呢？这两个问题是一体的。回答其中之一则需要回答其中的另一个。这就是历史之道。针对上述第一个问题，我想着重说明聚集（知识和技能的积累）以及突破（达到并且通过阈限）……诚然，在欧洲，如同在别的地方，由于政治的变故和个人的禀赋，科学和技术也有其坎坎坷坷，或强或弱的领域以及重心的转移。[1]

　　基于上述分析不难发现，技术的出现与发展离不开特定社会的历史文化。我国长久以来一直处于"乡土社会"，几乎没有发展大型工业的土壤和文化，自然也不需要蒸汽机，而更多需要用于农业的技术。英国经过长期的资本积累，社会迫切需要工业生产力的提升，改良蒸汽机等技术便应运而生。

　　另一方面，技术的发展也受制于当时的社会环境。不同社会不同时期往往会有不同的政治、经济、文化、道德等方面的要求，而这些要求均可能对技术产生影响。一些时候，人类的技术水平已经可以突破现有状态，达到更高的水平。但受制于社会环境，这些突破可能被禁止实现。最为典型的案例就是克隆人技术的发展。当前，人类早已具备了克隆人的能力，但出于对人类尊严的尊重，很多国家都通过有关立法对克隆人技术的应用进行限制。例如，1978 年《匈牙利刑法典》第 173/G 条规定："任何人在实验研究或医疗过程中产生基因相同的人类个体，构成重罪，可判处 5 年到 10 年有期徒刑。"《法国刑法典》第 214-2 条规定，生殖性克隆构成"反人类罪"，可处 30 年有期徒刑并处 750 万欧元罚金。2000 年《日本克隆人及其他相关技术规制法》第 3 条规定："禁止任何人将人体细胞的克隆胚胎、人与动物的融合胚胎、人与动物的混合胚胎或人与动物的嵌合体

---

　　[1]　[美] 戴维·S. 兰德斯：《国富国穷》，门洪华等译，新华出版社 2010 年版，第 215 页。

胚胎，植入人或动物的子宫内。"我国 2003 年《人类辅助生殖技术规范》明确规定："禁止克隆人。"[1] 也正是由于受到这些限制，克隆人技术才并未真正得到发展。

二、人工智能证据的智能化技术基础

智能化是指事物在大数据、云计算和人工智能等技术的支持下，所具有的能满足人的各种需求的属性。而大数据、云计算和人工智能便是典型的智能化技术。人工智能证据也是以这三项技术为基础形成的，人工智能技术特别是其中的机器学习技术是人工智能证据的核心技术基础，大数据技术和云计算技术则是人工智能证据的辅助技术基础。[2] 具体来说，机器学习技术为人工智能证据提供了"引擎"。人类传统的对象识别模式是由人类事先形成算法，再输入计算机之中，这种方法有较大的局限性。而随着机器学习特别是深度学习技术的发展，计算机可以根据相关数据自己构建规则，这也为算法的发展提供了更加广阔的空间。大数据技术为人工智能证据提供了足够的数据。数据是人工智能的"养料"，一般而言，数据越多，人工智能结论也就越准确。人工智能的蓬勃发展很大程度上得益于大数据技术的出现，大数据方法强调搜集所有样本，而不是随机样本，这就给人工智能提供了更多的分析可能。云计算技术可以保障机器有足够算力用于人工智能证据的生成。算力即计算能力，人工智能的发展有赖于算力的不断提升，而云计算通过连接大量服务器的方式，可以起到"聚沙成塔"的效果，有效提升了计算能力。

（一）机器学习技术是当今人工智能证据的核心技术

1. 人工智能技术的发展历史

（1）人工智能技术发展的萌芽时期。

人工智能概念的真正提出是在 1956 年，但是在这之前，制造出能够像

---

〔1〕 参见孟凡壮："全球视野下克隆人技术的法律规制"，载《福建师范大学学报（哲学社会科学版）》2019 年第 4 期。

〔2〕 后文对于人工智能证据的分析也将主要以人工智能技术特别是机器学习技术为基础展开。

人类一样思考的机器一直是人类的梦想。早在公元前 8 世纪，荷马史诗《伊利亚特》中便讲述了身有残疾的工匠之神赫菲斯托斯（Hephaestus）用黄金打造了机器女仆："那些黄金侍女胸中有智慧会说话，不朽的神明教会她们干各种事情。"[1]而亚里士多德（Aristotle）也曾经谈道："倘使每一无生命工具都能按照人的意志或命令而自动进行工作，有如达达罗斯的雕像或赫法伊斯托的三脚宝座，荷马曾经咏叹的那个宝座，能自动进入奥林匹斯山群神的会集，这样，倘使每一个梭都能不假手于人力而自动地织布，每一琴拨都能自动地弹弦，倘使我们具备了这样的条件，也只有在这样的境况之中，匠师才用不到从属，奴隶主（家主）才可放弃奴隶。"[2]

现代人工智能的出现与研究，正是起源于古代先贤对于人脑思考可以机械化的假设。[3]到了 19 世纪，英国数学家布尔（Boole）和德摩尔根（De Morgan）提出了"思维定律"，这可谓是人工智能的开端。[4]19 世纪 20 年代，英国科学家巴贝奇（Babbage）设计了第一架"计算机器"，它被认为是计算机硬件，也是人工智能硬件的前身。[5]1900 年数学家大会上，德国数学家希尔伯特（Hilbert）给全世界的数学家抛出了几道难题，其中一道问题是"是否所有的数学问题都存在机械的形式化算法解决方案？"要解决该问题，首先要给出机械的形式化算法的确切定义。图灵（Turing）和丘奇（Church）分别用图灵机和 λ 给出定义，其中图灵机模型更是可以通过几个基本操作便可实现对于任何机械形式化算法的模拟。[6]20 世纪初，数学家怀特海（Whitehead）与罗素（Russell）在其名著《数学原理》中用数学方法将形式逻辑符号化，亦即用数学中的符号方式研究人类思维形式化规律，这就是数理逻辑（Mathematical Logic），又称符号逻辑（Sym-

---

〔1〕 ［古希腊］荷马：《荷马史诗·伊利亚特》，罗念生、王焕生译，人民文学出版社 1994 年版，第 435 页。

〔2〕 ［古希腊］亚里士多德：《政治学》，吴寿彭译，商务印书馆 1997 年版，第 12 页。

〔3〕 参见王秋月等编著：《人工智能与机器学习》，中国人民大学出版社 2020 年版，第 3 页。

〔4〕 参见尚福华等编著：《人工智能》，哈尔滨工业大学出版社 2008 年版，第 4 页。

〔5〕 参见徐洁磐编著：《人工智能导论》，中国铁道出版社 2019 年版，第 2 页。

〔6〕 参见王秋月等编著：《人工智能与机器学习》，中国人民大学出版社 2020 年版，第 3 页。

bolic Logic)。数理逻辑的出现为人工智能奠定了理论基础。[1]1950 年，被视为"计算机科学之父"的图灵发表了一篇题为"计算机器与智能"的著名论文，他在该论文中提出了机器思维的概念，并提出了"图灵测试"。"图灵测试"就是指，如果一台机器能够通过电传设备与人类展开对话而能不被辨别出其机器身份，那么称这台机器具有智能。[2]20 世纪 50 年代中叶，由多个研究者联合出版的专著《自动机研究》将初始人工智能思想与计算机相结合，使计算机不仅有计算功能，还具有智能功能，这种有一定智能能力的计算机被命名为"自动机"（Automata Machine）。自动机概念的出现使得人们对原始人工智能的理解更为具体与深入。[3]以上各项研究均为人工智能的出现奠定了重要基础。

1956 年，约翰·麦卡锡（John McCarthy）首次在达特茅斯会议上提出了人工智能的定义：使一部机器的反应方式像一个人在行动时所依据的智能。[4]自此揭开了以模拟人的思维能力和智能行为为目标的人工智能技术的发展序幕。在此后的 60 多年间，人工智能技术取得了长足的发展。纵观人工智能的发展历程，可将其大致分为逻辑推理、知识工程和机器学习三个基本阶段。[5]

（2）人工智能技术发展的第一阶段：逻辑推理。

20 世纪 50 年代至 70 年代是人工智能的早期发展阶段，该阶段人们普遍认为人工智能实现的关键在于自动逻辑推理，即赋予机器逻辑推理能力，而实现该目标的技术主要是符号逻辑计算：[6]在达特茅斯会议上，纽厄尔（Newell）和西蒙（Simon）展示了他们的程序"逻辑理论家"（logic

---

〔1〕 参见徐洁磐编著：《人工智能导论》，中国铁道出版社 2019 年版，第 2 页。

〔2〕 参见杨忠明：《人工智能应用导论》，西安电子科技大学出版社 2019 年版，第 2 页。

〔3〕 参见徐洁磐编著：《人工智能导论》，中国铁道出版社 2019 年版，第 4 页。

〔4〕 参见张华平、商建云、刘兆友编著：《大数据智能分析》，清华大学出版社 2019 年版，第 12 页。

〔5〕 参见汪荣贵、杨娟、薛丽霞编著：《机器学习及其应用》，机械工业出版社 2019 年版，第 1 页。

〔6〕 参见马国洋："论刑事诉讼中人工智能证据的审查"，载《中国刑事法杂志》2021 年第 5 期。

theorist)。其可以独立证明《数学原理》第二章的 38 条定理；到了 1963 年，该程序已经可以证明该章节的全部 52 条定理。[1]1958 年，美籍华人数理逻辑学家王浩（Hao Wang）在 IBM－704 机器上用 3—5 分钟证明了《数学原理》中有关命题演算的全部定理（220 条），并且还证明了谓词演算中 150 条定理的 85%。[2]1965 年，鲁宾逊（Robinson）提出了归结原理，为定理的机器证明作出了突破性的贡献。[3]这些成果让很多研究者看到了机器向人工智能发展的信心，甚至在当时，有学者认为："20 年内，机器将能完成人能做到的一切。"[4]1969 年成立的国际人工智能联合会议（International Joint Conferences On Artificial Intelligence，IJCAI）是人工智能发展史上一个重要的里程碑，它标志着人工智能这门新兴学科已经得到了世界的肯定和认可。[5]1970 年创刊的国际性人工智能杂志 Artificial Intelligence（《人工智能》）对推动人工智能的发展，促进研究者们的交流起到了重要的作用。[6]

总体而言，在人工智能发展的第一阶段，人工智能的研究取得了较大的成就。不仅人工智能各个研究流派的基本理论框架已经形成，而且专业的应用技术和方法也基本确定，例如机器博弈、机器翻译、模式识别等当今比较流行的应用，在当时都已经出现，并被作为热门研究领域。此外，一些计算机程序，如五子棋博弈、问答式翻译、自动定理证明也被成功研发。[7]然而，过度强调求解方法而忽略具体知识的做法使逻辑推理模式很难真正实现，[8]因此，人工智能的发展开始出现瓶颈。在机器证明领域，计算机推算了十万步也无法证明两个连续函数之和仍是连续函数；人工智

---

〔1〕 参见王秋月等编著：《人工智能与机器学习》，中国人民大学出版社 2020 年版，第 5 页。

〔2〕 参见王秋月等编著：《人工智能与机器学习》，中国人民大学出版社 2020 年版，第 5 页。

〔3〕 参见史忠植、王文杰编著：《人工智能》，国防工业出版社 2007 年版，第 7 页。

〔4〕 参见［美］埃里克·布莱恩约弗森、安德鲁·麦卡菲：《第二次机器革命：数字化技术将如何改变我们的经济与社会》，蒋永军译，中信出版社 2016 年版，第 130 页。

〔5〕 参见杨杰等编著：《人工智能基础》，机械工业出版社 2020 年版，第 3 页。

〔6〕 参见杨杰等编著：《人工智能基础》，机械工业出版社 2020 年版，第 3 页。

〔7〕 参见徐洁磐编著：《人工智能导论》，中国铁道出版社 2019 年版，第 5 页。

〔8〕 参见马国洋："论刑事诉讼中人工智能证据的审查"，载《中国刑事法杂志》2021 年第 5 期。

能跳棋程序也仅仅只能击败州冠军，而无法向世界冠军发起挑战，[1]甚至人工智能的计算机应用直接被嘲讽为"简单的智力游戏"。[2]必须承认的是，用清晰的逻辑可以解决的问题仅仅限于数学等少数领域，而现实世界中所面临的问题是无穷无尽的，研究人员大大低估了这一工程的难度。当实际结果无法达到预期时，政府大幅度削减了资助人工智能项目研究的经费，自此，人工智能遭遇了发展历史上的第一次低谷。[3]

（3）人工智能技术发展的第二阶段：知识工程。

人工智能发展陷入低谷后便长期处于举步不前的状态。在经历了十年的不懈努力之后，到了 20 世纪 70 年代末期，人工智能终于迎来了新的发展春天。这次发展高潮到来的主要原因是它终于找到了一个新的突破口，即知识工程及其应用——专家系统。知识工程是当时人工智能界所提出的一个新的方向，它有完整的理论体系，并有系统的工程化开发方法。它与计算机紧密结合，依靠当时发达的计算机硬件与成熟的计算机软件以及软件工程化开发思想，使人工智能走出了应用死谷。与此同时，还出现了与知识工程相匹配的专家系统，专家系统强调针对具体问题的专业领域特点建立相应的专家知识库，并利用这些知识完成推理和决策。[4]这两者的有机结合所产生的效果使人工智能终于起死回生，走向新的发展高潮，各种专家系统如雨后春笋纷纷问世，如医学专家系统、化学分析专家系统及计算机配置专家系统等。[5]

对该时期人工智能发展起到关键作用的是美国斯坦福大学的费根鲍姆（Feigenbaum）。1965 年，费根鲍姆领导的研究小组开始专家系统 DENDRAL 的研究，于 1968 年完成并投入使用。该专家系统能根据质谱仪的实验，分析推理决定化合物的分子结构。其分析能力已接近甚至超过有关化学专家的水

---

[1] 参见王秋月等编著：《人工智能与机器学习》，中国人民大学出版社 2020 年版，第 5 页。

[2] 参见徐洁磐编著：《人工智能导论》，中国铁道出版社 2019 年版，第 5 页。

[3] 参见王秋月等编著：《人工智能与机器学习》，中国人民大学出版社 2020 年版，第 5 页。

[4] 参见汪荣贵、杨娟、薛丽霞编著：《机器学习及其应用》，机械工业出版社 2019 年版，第 2 页。

[5] 参见徐洁磐编著：《人工智能导论》，中国铁道出版社 2019 年版，第 5 页。

平，在美、英等国得到了实际的应用。[1]1972 年，他们又研制了诊断和治疗细菌感染性血液病的专家咨询系统 MYCIN。1977 年，费根鲍姆在第五届国际人工智能联合会议（International Joint Conference on Artificial Intelligence, IJCAI）上提出了"知识工程"的概念，并系统阐述了专家系统的思想。[2]

人工智能发展第二阶段的顶峰是日本五代机的出现。五代机实际上是一种用于知识推理的专用计算机。该机器采用启发式搜索算法，并用布线逻辑以硬件方法实现了青光眼诊治等多项专家系统的开发。[3]受日本刺激，各个国家纷纷开始了人工智能建设，例如，英国耗资 3.5 亿英镑用于建设 Alvey 工程，美国国防部高级研究计划局（Defense Advanced Research Projects Agency, DARPA）也发起了国家战略计算倡议。

整体而言，人工智能在第二个发展高潮同样取得了较大的成就，各种不同功能、不同类型的专家系统如雨后春笋般地建立起来，产生了巨大的经济效益及社会效益。

例如，地矿勘探专家系统 PROSPECTOR 拥有 15 种矿藏知识，能根据岩石标本及地质勘探数据对矿藏资源进行估计和预测，能对矿床分布、储藏量、品位及开采价值进行推断，制订合理的开采方案。人们应用该系统成功地找到了超亿美元的钼矿。专家系统 MYCIN 能识别 51 种病菌，正确地处理 23 种抗菌素，可协助医生诊断、治疗细菌感染性血液病，为患者提供最佳处方。该系统成功地处理了数百个病例，并通过了严格的测试，显示出了较高的医疗水平。美国 DEC 公司的专家系统 XCON 能根据用户要求确定计算机的配置。由专家做这项工作一般需要 3 小时，而该系统只需要 0.5 分钟，速度提高了 360 倍。DEC 公司还建立了另外一些专家系统，由此产生的净收益每年超过 4000 万美元。信用卡认证辅助决策专家系统 American Express 能够防止不应有的损失，据说每年可节省 2700 万美元左右。[4]

---

[1] 参见孙元强、罗继秋编著：《人工智能基础教程》，山东大学出版社 2019 年版，第 3 页。
[2] 参见王秋月等编著：《人工智能与机器学习》，中国人民大学出版社 2020 年版，第 5 页。
[3] 参见徐洁磐编著：《人工智能导论》，中国铁道出版社 2019 年版，第 6 页。
[4] 李征宇、付杨、吕双十主编：《人工智能导论》，哈尔滨工程大学出版社 2016 年版，第 6 页。

好景不长，人工智能第二次繁荣发展仅仅维持了十年便遭遇困难。专家系统主要依赖于将大量领域知识以及人类常识表示成计算机能识别利用的知识，这通常是较为困难和耗时的。并且这一方式可应用的领域十分有限，无法推广到规模更大知识更复杂的领域。[1]例如，在图像识别中，为识别图像中目标是否为狗而建立的知识库便不能用于对目标是否为猫的识别。[2]正是由于这一原因，各个国家的人工智能计划均陷入了停滞，基本无法达到预定目标，人工智能的发展又一次进入了冬天。

（4）人工智能技术发展的第三阶段：机器学习。

既然专家知识总结出来再灌输给计算机的知识工程方式存在较大困难，人类便开始考虑让人工智能系统自己从数据中学习领域知识。由此机器学习逐渐取代专家系统，成为人工智能研究的主流，人工智能开始步入机器学习时代。机器学习要解决的主要问题是如何使得机器拥有像人类一样从外部环境中学习所需知识和技能的能力。[3]

机器学习的思想最早可以追溯到 20 世纪 50 年代的感知机数学模型，该模型可以通过使用样本数据调整连接权重的方式，保持模型对外部环境变化的自适应性。[4]发展到 20 世纪 80 年代，机器学习真正成为一个独立的学科领域，相关技术层出不穷，深度学习模型以及 AlphaGo 增强学习的雏形——感知器均在这个阶段得以发明。也是在这个时候，神经网络的研究取得了新的进展。[5]

从 20 世纪 90 年代中期开始，随着人工智能技术尤其是机器学习技术的逐步发展，以及人们对人工智能开始抱有理性的认知，人工智能技术开

---

〔1〕 参见王秋月等编著：《人工智能与机器学习》，中国人民大学出版社 2020 年版，第 6 页。

〔2〕 参见汪荣贵、杨娟、薛丽霞编著：《机器学习及其应用》，机械工业出版社 2019 年版，第 2 页。

〔3〕 参见汪荣贵、杨娟、薛丽霞编著：《机器学习及其应用》，机械工业出版社 2019 年版，第 2 页。

〔4〕 参见汪荣贵、杨娟、薛丽霞编著：《机器学习及其应用》，机械工业出版社 2019 年版，第 2 页。

〔5〕 See Andrey Kurenkov, A "Brief" History of Neural Nets and Deep Learning, http://www.andreykurenkov.com/writing/ai/a-brief-history-of-neural-nets-and-deep-learning/, last visited on Oct. 21, 2020.

始进入平稳发展时期。但该时期，机器学习的发展所需要的计算能力和数据并不充足，因此，并未引起足够重视。随着大数据技术与云计算技术的发展，人工智能所能掌握的数据和算力得到了大幅度提升，以机器学习为核心的人工智能开始进入了新一轮的繁荣期。

2006 年，杰弗里·辛顿（Geoffrey Hinton）和他的学生提出了一种可以有效训练、被称为"深度信念网络"的神经网络策略，由此正式提出了深度学习的概念，人类也又一次看到机器超越人的可能。[1]随着 21 世纪的到来，以"新计算能力+大数据+深度学习"的三驾马车方式为代表的新技术带来了人工智能新的崛起，以前所有陷于困境的应用都因这种新技术的应用而取得了突破性进展，如人机博弈、自然语言处理（包括机器翻译）、语音识别、计算机视觉（包括人脸识别、自动驾驶、图像识别、知识推荐以及情感分析等）等。这一时期标志性的事件是 2016 年 AlphaGo 的横空出世，它掀起了人工智能发展的第三次高潮。[2]

2. 机器学习技术的基本原理

在运用计算机解决问题时，一般需要根据实际问题建立数学模型，并将对实际问题的求解转换为对数学模型的求解，此时就需要运用到一些参数模型。这些参数的取值往往会对模型及最后的求解产生较大影响，为了保证取得理想的结果，一般需要对参数进行适当调整。一些时候，面对过多的参数或复杂的取值状态，手工调整参数会显得比较困难。因此，人们开始考虑从实际问题中采集适当的样本数据，通过对样本数据进行解析自动计算出所需要的模型参数，并且随着样本的变化，自动调整参数的取值，以保证模型和算法具有良好的普适性和适应性。这便产生了机器学习的相关思维。[3]

机器学习本质是一种通过先验信息提升模型能力的方式：对于给定的任务和性能度量标准，使用先验信息 E，通过某种计算方式 T 改进初始模

---

〔1〕 参见王秋月等编著：《人工智能与机器学习》，中国人民大学出版社 2020 年版，第 8 页。

〔2〕 参见徐洁磐编著：《人工智能导论》，中国铁道出版社 2019 年版，第 6—7 页。

〔3〕 参见汪荣贵、杨娟、薛丽霞编著：《机器学习及其应用》，机械工业出版社 2019 年版，第 3 页。

型 M0，进而获得一个性能更好的改进模型 MP，其可以表述为公式 MP=T（M0，E）。通俗地讲，机器学习是指机器通过大量的数据进行"训练"，并从它观察到的模式中推断出规则（这种规则可能无法被人类理解），进而利用规则对未来数据或无法观测的数据进行预测。[1] 机器学习可用于执行大量任务，最常见的包括分类（例如，图像或人脸识别）、缺少输入的分类（例如，从损坏或不完整的图像中识别对象或人脸）、回归（例如，在特定条件下预测数值）、转录（例如，语音转换文字）、机器翻译（例如，将一种自然语言翻译成另一种）、结构化输出（例如，通过语法句子描述图像）、异常检测（例如，信用卡欺诈检测）、合成和采样（由机器生成与所学示例相似的新示例）、缺失值的插补（用其他数据点预测缺失值）和去噪（将输入的"损坏"示例与"干净"示例相匹配）等。[2] 目前，机器学习技术已经广泛应用于社会各个场景之中，具体包括：通过理解查询语言，帮助搜索人实现智能搜索；通过智能垃圾邮件过滤系统，帮助收件人排除垃圾邮件；通过人脸识别，帮助警方发现刑事被追诉人；通过语音文字转录，帮助书记员完成庭审记录；通过智能图像分析，帮助放射学家在 X 光片中发现肿瘤等。[3]

根据训练数据是否被标记，机器学习可以分为监督学习、无监督学习、强化学习和进化学习等。其中，监督学习提供了一个包含目标（正确回答）样本组成的训练集，并且以此训练集为基础，对算法进行泛化，直到对所有可能的输出都给出正确答案。例如，监督学习可以根据前五天的天气状况，预测第六天 PM2.5 的值，这是最常见的一类学习。[4] 无监督学习则没有提供正确回答，而是由算法对输入数据之间的相似性进行鉴

〔1〕 See Joshua A. Krol, et al., "Accountable Algorithms", *University of Pennsylvania Law Review*, 165（2016），pp. 633-706.

〔2〕 See Patrick W. Nutter, "Machine Learning Evidence: Admissibility and Weight", *University of Pennsylvania Journal of Constitutional Law*, 21（2018），pp. 929-930.

〔3〕 See Nick Heath, Managing AI and ML in the Enterprise, https://www.zdnet.com/article/what-is-machine-learning-everything-you-need-to-know/, last visited on Oct. 21, 2020.

〔4〕 参见马国洋："论刑事诉讼中人工智能证据的审查"，载《中国刑事法杂志》2021 年第 5 期。

别，并使有共同点的输入数据被归类为同一类。例如，无监督学习可以将购买某一商品的所有用户按照其购买行为和购买兴趣的相似性聚类成相同的用户群，以便采取更有针对性的销售策略。[1]强化学习介于监督学习和无监督学习之间，可以在算法不正确时进行告知，但无法提出改进建议。换言之，强化学习是一种评价式的反馈——"好"或"不好"或"更好"。例如，经典猜测游戏"是或不是"就可以用强化学习很好地实现。游戏的任务是找到一个隐藏的词汇、数字等，其他人需要不断询问问题，隐藏词汇的人不断回答是或者不是，直到找到最终的目标。[2]进化学习主要是将生物学的进化看成一个学习的过程，并通过计算机对这一过程进行探索。进化学习较为典型的应用是解决"背包问题"：在外出旅游时，即使最大最好的背包也不能将所有东西全部装下，这时就需要对每一项物品进行赋值，然后最大化所带东西的值。[3]

一般而言，机器学习主要包括六个步骤：（1）数据搜集；（2）特征选择；（3）算法选择；（4）参数和模型选择；（5）训练；（6）评估。[4]简言之，机器学习的过程可以描述为算法工程师设计初始模型，机器从训练数据中推导出一定规则调整初始模型，然后不断测试改进性能，最后由算法工程师对其精度进行评估，当精度达到一定要求时，其便可以在现实世界中使用。以监督学习为例，算法工程师设计初始模型之后，将一组张三的照片（数据集）输入机器，并将这些照片与机器进行关联。机器通过分析这些照片，自行建立有关张三外貌的规则（调整初始模型），进而对新图像进行识别。而算法工程师需要不断将新的照片输入机器中，以测试机器建立规则的可靠性，直到达到其满意的精度。例如，无论照片多么模

---

〔1〕　参见［新西兰］史蒂芬·马斯兰：《机器学习：算法视角》，高阳等译，机械工业出版社 2019 年版，第 4 页、第 147 页。

〔2〕　参见［新西兰］史蒂芬·马斯兰：《机器学习：算法视角》，高阳等译，机械工业出版社 2019 年版，第 4 页、第 147 页。

〔3〕　参见［新西兰］史蒂芬·马斯兰：《机器学习：算法视角》，高阳等译，机械工业出版社 2019 年版，第 4 页、第 147 页。

〔4〕　参见［新西兰］史蒂芬·马斯兰：《机器学习：算法视角》，高阳等译，机械工业出版社 2019 年版，第 4-6 页。

糊，机器都可以根据已建立的规则识别出张三。[1]

（二）大数据技术和云计算技术是当今人工智能证据的辅助技术

1. 大数据技术

（1）大数据技术的发展历史。

20 世纪 70 年代到 80 年代，商业数据从 Megabyte（MB，210×21bytes）达到 Gigabyte（GB，210×21×210bytes）的量级，从而出现了最早的"大数据"挑战。当时的迫切需求是，存储数据并运行关系型数据查询以完成商业数据的分析和报告。数据库计算机随之产生，它集成了专门设计的硬件和软件，以此来解决大数据问题。[2]

20 世纪 90 年代是大数据技术发展的萌芽时期，这一时期，数据挖掘理论和数据库技术开始逐渐成熟，一些商业智能工具和知识管理技术开始被逐渐应用，[3]而大数据技术也开始逐渐被人们所知悉。该时期较为有代表性的事件是 1997 年，题为"为外存模型可视化而应用控制程序请求页面调度"的文章问世，这是在美国计算机学会的数字图书馆中第一篇使用"大数据"这一术语的文章。1999 年 10 月，美国电气与电子工程师协会（Institute of Electrical and Electronics Engineers，IEEE）关于可视化的年会设置了名为"自动化或者交互：什么更适合大数据？"的专题讨论小组，探讨大数据问题。[4]

21 世纪前十年是大数据技术发展的成熟期，这一时期 Web 2.0 应用迅猛发展，非结构化数据大量产生，使得传统处理方法难以应对，促使了大数据技术的快速突破，大数据解决方案逐渐走向成熟，形成了并行计算与分布式系统两大核心技术，Google 的 GFS 和 MapReduce 等大数据技术受到

---

〔1〕 参见马国洋："论刑事诉讼中人工智能证据的审查"，载《中国刑事法杂志》2021 年第 5 期。

〔2〕 参见曾宪武等编著：《大数据技术》，西安电子科技大学出版社 2020 年版，第 4 页。

〔3〕 参见胡沛、韩璞：《大数据技术及应用探究》，电子科技大学出版社 2018 年版，第 3 页。

〔4〕 参见林子雨编著：《大数据导论——数据思维、数据能力和数据伦理》，高等教育出版社 2020 年版，第 11-12 页。

追捧，Hadoop 平台开始大行其道。[1]该时期具有代表性的事件包括，2001年 2 月，道格·莱尼（Douglas Laney）发布《3D 数据管理：控制数据容量、处理速度及数据种类》的研究报告。[2]2005 年 9 月，提姆·奥莱理（Tim O'Reilly）发表了《什么是 Web 2.0》一文，并在文中指出"数据将是下一项技术核心"。[3]2008 年年末，"大数据"得到部分美国知名计算机科学研究人员的认可，业界组织计算社区联盟（Computing Community Consortium）发表了一份具有影响力的白皮书《大数据计算：在商务、科学和社会领域创建革命性突破》，它提出大数据真正重要的是新用途和新见解，而非数据本身，使人们的思维不仅局限于数据处理的机器。[4]

2010 年后，大数据技术开始进入大规模应用期，大数据开始被广泛使用，数据驱动决策已经为人们所接受。该时期始于几个重要事件：2010 年库克尔（Cukier）在《经济学人》上发表了一份关于管理信息的特别报告《数据，无所不在的数据》，报告指出："世界上有着无法想象的巨量数字信息，并以极快的速度增长。从经济界到科学界，从政府部门到艺术领域，很多方面都已经感受到了这种巨量信息的影响。科学家和计算机工程师已经为这个现象创造了一个新词汇：'大数据'。"[5]2011 年，维克托·迈尔-舍恩伯格（Viktor Mayer-Schonberger）等出版的著作《大数据时代　生活、工作与思维的大变革》，引起轰动。[6]同年，麦肯锡全球研究院发布《大数据：下一个具有创新力、竞争力与生产力的前沿领域》，提出"大数

---

　　[1]　参见林子雨编著：《大数据导论——数据思维、数据能力和数据伦理》，高等教育出版社 2020 年版，第 11 页。

　　[2]　Douglas Laney, 3-D Data Management: Controlling Data Volume, Velocity and Variety, META Group Research Note, February 6, 2001.

　　[3]　参见［美］提姆·奥莱理："什么是 Web 2.0"，玄伟剑译，载《互联网周刊》2005 年第 40 期。

　　[4]　See Randal E. Bryant, Randy H. Katz, Edward D. Lazowska, Big-data Computing: Creating Revolutionary Breakthroughs in Commerce, Science and Society, https://cra.org/ccc/wp-content/uploads/sites/2/2015/05/Big_ Data. pdf, last visited on Oct. 21, 2020.

　　[5]　See Kenneth Cukier, Data, Data Everywhere, https://www. economist. com/special-report/2010/02/27/data-data-everywhere, last visited on Oct. 21, 2020.

　　[6]　［英］维克托·迈尔-舍恩伯格、肯尼思·库克耶：《大数据时代　生活、工作与思维的大变革》，盛杨燕、周涛译，浙江人民出版社 2013 年版，第 1-261 页。

据时代"到来。[1] 自此，大数据以及大数据时代正式进入普通人的视野。此后，世界开始重视大数据的应用和发展。例如，2012 年 3 月，美国政府发布了《大数据研究和发展倡议》，正式启动"大数据发展计划"，大数据上升为美国国家发展战略，这被视为美国政府继信息高速公路计划之后在信息科学领域的又一重大举措。[2] 2012 年 7 月，联合国在纽约发布了一份关于大数据政务的白皮书，总结了各国政府如何利用大数据更好地服务和保护人民。这份白皮书举例说明在一个数据生态系统中，个人、公共部门和私人部门各自的角色、动机和需求。[3] 2015 年，中国国务院正式印发《促进大数据发展行动纲要》，该纲要明确，推动大数据发展和应用，在未来 5 年至 10 年打造精准治理、多方协作的社会治理新模式；建立运行平稳、安全高效的经济运行新机制；构建以人为本、惠及全民的民生服务新体系；开启大众创业、万众创新的创新驱动新格局；培育高端智能、新兴繁荣的产业发展新生态。

（2）大数据技术的基本原理。

大数据是指数据规模大，尤其是因为数据形式多样性、非结构化特征明显，导致数据存储、处理和挖掘异常困难的那类数据集。[4] 当前的大数据呈现出 4V1O 的特征：（1）数据量大（Volume）。数据量大是大数据的首要特征，即采集、储存和计算的数据量均巨大，起始计量单位至少是 100TB。（2）多样化（Variety）。大数据种类和来源多样化，具体表现为网络日志、音频、视频、图片、地理位置信息等多类型的数据。（3）数据价值密度低（Value）。大数据价值密度相对较低，需要很多的过程才能挖掘

---

〔1〕 See James Manyika, Michael Chui, Brad BrownManyika, et al., Big Data：The Next Frontier for Innovation, Competition, and Productivity, https://www.mckinsey.com/~/media/McKinsey/Business% 20Functions/McKinsey% 20Digital/Our% 20Insights/Big% 20data% 20The% 20next% 20frontier% 20for% 20innovation/MGI_ big_ data_ exec_ summary. pdf, last visited on Oct. 21, 2020.

〔2〕 参见林子雨编著：《大数据导论——数据思维、数据能力和数据伦理》，高等教育出版社 2020 年版，第 12 页。

〔3〕 See UN Global Pulse, Big Data for Development：Challenges & Opportunities, http://www.unglobalpulse. org/projects/Bigdata Development, last visited on Oct. 21, 2020.

〔4〕 参见陈明编著：《大数据概论》，科学出版社 2015 年版，第 7 页。

出来。（4）速度快，时效高（Velocity）。大数据的数据增长速度和处理速度非常快，同时也对时效提出了较高的要求，例如，个性化算法推荐要求计算机必须实时作出反应。（5）数据是在线的（On-line）。数据必须能随时调用和计算，以远程诊疗为例，医生和患者的数据必须实时上传。[1]

上述特点也将大数据与传统数据相区别，使得大数据技术具有独特的优势：在数据产生方式上，传统数据主要采用的是被动采集，而大数据则是主动生成数据；在数据采集密度上，传统数据采样密度较低，采样数据较为有限。而大数据则可以利用大数据平台对数据进行高密度采集，精确获取全局数据；在数据源上，传统数据的数据源较为孤立，而大数据的数据源则可以通过分布式技术、分布式文件系统、分布式数据库等技术对多个数据源的数据进行整合；在数据处理方式上，传统数据主要采用离线处理方式，对生成的数据集中处理，而大数据则对于响应时间要求较低的应用可以采取批处理集中计算，而对于响应时间要求较高的应用则可以采取流处理实时计算。[2]

一般而言，大数据处理的流程主要包括五个步骤：第一步是大数据的采集。"大数据的采集是指利用多个数据库来接收发自客户端（Web、App或者传感器形式等）的数据，并且用户可以通过这些数据库来进行简单的查询和处理工作。例如，电子商务系统使用传统的关系大数据统计与分析型数据库 MySQL、SQL Server 和 Oracle 等结构化数据库来存储事务数据，除此之外，Redis 和 MongoDB 这样的 NoSQL 数据库也常用于数据的采集。在大数据的采集过程中，其主要特点是并发率高，因为同时有可能会有成千上万的用户来进行访问和操作。"[3]第二步是大数据导入与预处理。"虽然采集端本身设有很大的数据库，但是如果要对这些数据进行有效分析，

---

〔1〕　参见娄岩编著：《大数据技术概论：从虚幻走向真实的数据世界》，清华大学出版社2017年版，第8页。

〔2〕　参见娄岩编著：《大数据技术概论：从虚幻走向真实的数据世界》，清华大学出版社2017年版，第6页。

〔3〕　陈明编著：《大数据概论》，科学出版社2015年版，第12页。

还是应该将这些来自前端的数据导入一个集中的大型分布式数据库，或者分布式存储集群，并且可以在导入基础上做一些简单的清洗和预处理工作。"[1]第三步是大数据统计与分析。统计与分析主要利用分布式数据库，或者分布式计算集群来对存储于其内的大数据进行分析和分类汇总等，以满足常见的分析需求。[2]第四步是大数据挖掘。与前面所述的统计与分析过程不同，数据挖掘一般没有什么预先设定好的主题，主要是在现有数据上面进行基于各种算法的计算，起到预测的效果，从而实现一些高级别数据分析的需求。[3]第五步则是数据可视化。即借助于图片化等手段，清晰有效地传达与沟通信息。该步骤的基本思想是将数据库中的每一个数据项作为单个图元元素表示，大量数据集合构成数据图像，同时将数据的各个属性值以多维数据的形式表示，进而从不同维度观察数据。[4]

当前大数据技术已经在各行各业中广泛应用，例如在医疗行业，大数据技术可以用于早产婴儿分析、精确医疗诊断；在能源行业，大数据技术可以用于智能电表的数据分析、气象分析；在交通行业，大数据技术可以用于缓解交通拥堵和停车难等问题；在零售业，大数据技术可以用来为用户"画像"，从而实现精准营销。可以说，大数据技术的发展将对物理、生物、医疗、环保、经济、文化等各个领域产生全方位的影响。[5]

2. 云计算技术

（1）云计算技术的发展历史。

从技术上讲，云计算的发展主要经历了四个历程，分别是电厂模式、效用计算、网格计算和云计算。①电厂模式。电厂模式就是利用电厂的规模经济效应来降低电力的价格，并让用户在无须购买任何发电设备的情况

---

〔1〕 陈明编著：《大数据概论》，科学出版社 2015 年版，第 13 页。

〔2〕 参见陈强："'大数据'背景下传统网络厂商的挑战与机遇"，载《网络安全技术与应用》2016 年第 11 期。

〔3〕 参见陈强："'大数据'背景下传统网络厂商的挑战与机遇"，载《网络安全技术与应用》2016 年第 11 期。

〔4〕 参见任永功、于戈："一种支持可视化数据挖掘的图像后处理方法"，载《小型微型计算机系统》2005 年第 11 期。

〔5〕 参见陈明编著：《大数据概论》，科学出版社 2015 年版，第 18-23 页。

下方便地使用电力。云计算借鉴了电厂模式的设计思想，它希望通过建立大规模的计算机集群，对计算资源进行统一生产和分配，使用户享受到成本低廉、随取随用的计算资源。[1]②效用计算。计算机发明之初，其不仅体积庞大，而且价格昂贵。为了充分利用计算机资源，人们通过分时操作系统将一台计算机同时分配给几个甚至几十个用户使用。1961 年，人工智能之父约翰·麦卡锡（John McCarthy）在麻省理工学院的百年校庆典礼上发表演讲时指出，分时操作系统技术将使计算能力和特定应用程序等资源可以统一使用和出售，用户可以像将灯泡插入灯座一样使用计算机的资源，并如同支付水电费一样，按使用量进行个性化付费。这种模式称为效用计算（utility computing）。受限于技术水平，效用计算在当时没能实现，但它成为日后云计算厂商为用户提供服务的商业模型。[2]③网格计算。网格计算（grid computing）是一种解决大规模计算问题的分布式计算模型。网格计算将网络中分布在不同地理位置的异构计算机利用标准、开放、通用的协议和接口有机整合，形成一个虚拟的、具有惊人计算能力的计算机集群。网格计算可用于处理大规模的计算任务，具体过程是先将大规模计算任务分解为若干个小任务，然后利用集群内大量计算机的未用资源（如CPU 周期和磁盘存储等）计算这些小任务，最后将计算结果综合起来即可攻克整个任务。可以说，网格计算为现在普遍运用的云计算模型奠定了理论基础和实验环境。[3]④云计算。云计算是分布式计算的一种，它可以看作是效用计算和网格计算的商业实现。与效用计算和网格计算类似，云计算同样希望用户方便地获得廉价的计算机资源。与效用计算和网格计算不同的是，云计算已经具备成熟的技术和市场规模：[4]1983 年，SUN 公司提出"网络就是计算机"（the network is the computer）的概念，并开始探索以网络为中心的计算模式，极具前瞻性地揭示了"超级计算"时代的来

---

〔1〕　参见李兆延、罗智、易明升主编：《云计算导论》，航空工业出版社 2020 年版，第 3 页。

〔2〕　参见王庆喜、陈小明、王丁磊主编：《云计算导论》，中国铁道出版社 2018 年版，第 2-3 页。

〔3〕　参见李慧玲：《云计算技术应用研究》，电子科技大学出版社 2017 年版，第 3 页。

〔4〕　参见李兆延、罗智、易明升主编：《云计算导论》，航空工业出版社 2020 年版，第 2-3 页。

临。[1]1999 年，马克·贝尼奥夫（Marc Benioff）创办了 Salesforce 公司，并提出"软件终结"（NO Software）的口号。[2]Salesforce 公司的成立，是云计算发展史上一个重要的里程碑。2002 年，Amazon 公司开始着手研发 AWS（Amazon Web Services）平台，该平台旨在以网络为媒介，将储存空间、计算能力、数据库等资源，以按需付费的方式租赁给个人公司或政府。[3]2006 年 3 月 19 日，Amazon 公司通过推出简单存储服务（simple storage service，S3）正式发布了 AWS 平台。8 月 9 日，Google 公司首席执行官埃里克·施密特（Eric Emerson Schmidt）在搜索引擎大会上提出了"云计算"的概念。8 月 25 日，AWS 平台推出了弹性计算云（elastic compute cloud，EC2）服务产品，标志着"基础设施即服务"（Infrastructure as a Service，IaaS）的云计算服务开始逐步成型。[4]

（2）云计算技术的基本原理。

依照美国国家标准与技术研究院（National Institute of Standards and Technology，NIST）提出的概念，"云计算是一种按使用量付费的模式，这种模式提供可用的、便捷的、按需的网络访问，进入可配置的计算资源共享池（资源包括网络、服务器、储存、应用软件和服务），这些资源能够被快速提供，只需投入很少的管理工作，或与服务供应商进行很少的交互。简而言之，云计算就是一种通过互联网以服务的方式提供动态可伸缩的虚拟化资源的计算模式"。[5]从技术视角看，云计算包括云设备和云服务两部分。前者主要包括处理支撑海量信息处理的服务器和储存以及连接数以万计服务器的以太交换机。后者则包括云平台软件以及各种应用软件和服务。[6]

云计算主要包括按需自助服务、无处不在的网络接入、与位置无关的

---

〔1〕 参见王庆喜、陈小明、王丁磊主编：《云计算导论》，中国铁道出版社 2018 年版，第 2 页。

〔2〕 参见陈潇潇、王鹏、徐丹丽：《云计算与数据的应用》，延边大学出版社 2018 年版，第 6 页。

〔3〕 参见王庆喜、陈小明、王丁磊主编：《云计算导论》，中国铁道出版社 2018 年版，第 2 页。

〔4〕 参见李兆延、罗智、易明升主编：《云计算导论》，航空工业出版社 2020 年版，第 2 页。

〔5〕 高静：《云计算技术的发展与应用》，延边大学出版社 2018 年版，第 5 页。

〔6〕 参见林康平、王磊编著：《云计算技术》，人民邮电出版社 2017 年版，第 7 页。

资源池、快速弹性和按使用付费五个特征。[1]按需自助服务是指消费者可以在需要的时候，不必与服务提供商接触，单方面地自动获取计算能力，比如服务器时间、网络和存储。[2]无处不在的网络接入是指云计算可以使全球各地的用户借助移动电话、笔记本电脑等客观端产品通过互联网访问到云，进而获取各种资源。[3]与位置无关的资源池是指服务提供商的资源使用多租户模式，服务多个消费者，依据用户的需求，不同的物理和虚拟资源被动态地分配和再分配。而用户通常不能掌控或者了解资源的具体物理位置，不过用户可以在更高层次的抽象层指定位置（例如数据中心）。[4]快速弹性是指云计算可以弹性地提供或者释放计算能力，以快速伸缩匹配等量的需求，在某些情况下，这种伸缩是自动的。对消费者来说，这种可分配的计算能力通常显得几乎无限制，并且可以在任何时候自助使用任何数量。[5]按使用付费是指在云计算环境中，为了促进资源的优化利用，将收费分为两种情况：一种是基于使用量的收费方式；另一种是基于时间的收费方式。[6]

　　上述特点使得云计算具有一些独特的优势：[7]①降低成本。云计算能使资源得到充分利用，如共享价格昂贵的服务器、各种网络设备、工作人员等。使客户可以专注于其职务范围内的核心价值（如对业务和流程的洞察力）创造，而不必将大量精力耗费在基础设施的建立和维护上。②提升信息处理速度。云计算的分布式特性使其可以将复杂的网络信息处理工作自动分解为若干子任务，然后交由多部服务器组成的庞大系统进行搜寻、计算和分析，最终将处理结果统一反馈给用户，整个过程仅需秒级的时间即可完成。③实现资源动态扩展。云计算可以根据用户的需求，动态调配

---

〔1〕　参见林康平、王磊编著：《云计算技术》，人民邮电出版社 2017 年版，第 16 页。

〔2〕　参见汤兵勇等编著：《云计算概论》，化学工业出版社 2014 年版，第 4 页。

〔3〕　参见章瑞编著：《云计算》，重庆大学出版社 2020 年版，第 5 页。

〔4〕　参见汤兵勇等编著：《云计算概论》，化学工业出版社 2014 年版，第 4 页。

〔5〕　参见万川梅编著：《云计算应用技术》，西南交通大学出版社 2013 年版，第 6 页。

〔6〕　参见林康平、王磊编著：《云计算技术》，人民邮电出版社 2017 年版，第 16 页。

〔7〕　参见青岛英谷教育科技股份有限公司、青岛农业大学编著：《云计算框架与应用》，西安电子科技大学出版社 2019 年版，第 7 页。

分散在不同地理位置的各类软硬件资源；当用户提出新计算需求时，云计算动态地为其分配一个可用资源；当用户需求已满足或结束时，云计算会合理、及时地回收其所占用的资源，并分配给有需求的其他用户，从而提高资源的使用效率，实现资源利用的动态扩展。④简化维护。云计算使用自动化运维工具，对物理资源、虚拟资源进行统一调配，即对资源的统计、监控、调度和服务进行管理，从而实现对数据中心统一、便捷、高效、智能的一体化运维管理。[1]

基于上述优势，当前云计算技术已经得到了广泛应用。在金融领域，云计算技术可以将金融产品、信息、服务分散到庞大分支机构所构成的云网络当中，以更好地发现问题、提供服务。阿里云便是整合阿里巴巴各种资源后的云服务，该应用使我国目前已经普及了电子支付，大大提升了交易的方便程度。在教育领域，云计算技术可以实现搭建教育资源平台，将各种教育资源虚拟化后传入平台之中。当前较为流行的慕课平台就是云计算技术的应用成果。在医疗领域，云计算技术可以帮助实现远程医疗，预约挂号、电子病历等虚拟化产品都是云计算的成果。在存储领域，云计算技术可以将有关资源传入云端，用户可以随时获取上传的信息，同时存储空间也大大提升。百度云、微云等产品都是云计算技术的典型应用。[2]

三、智能化技术应用的技术哲学反思

在技术哲学长期的发展历程中，最为重要的问题就是如何认识技术：技术是自治的还是人治的；是中立的（目的与手段分离）还是承载价值的（手段围绕目的），[3]这一问题实际上涉及人和技术的关系问题。对于传统技术而言，讨论人与技术的关系问题尚不显得那么紧迫。但随着智能化技术的出现，该问题变得越发重要，因为人类发现其已经无法完全掌控机器，故而迫切需要回答机器在当前世界中应该占据何种位置，人类应该如

---

〔1〕 参见吴红玲等："异构政务云平台的搭建与运营"，载《电信科学》2020年第Z1期。

〔2〕 参见许子明、田杨锋："云计算的发展历史及其应用"，载《信息记录材料》2018年第8期。

〔3〕 参见李想："论商业方法专利扩张中的技术性要件"，载《电子知识产权》2020年第5期。

何与机器相处的问题。[1]

（一）过时的技术工具论

在哲学史上，早在古希腊时期就形成了朴素的工具论技术观。亚里士多德认为，技术本身并非目的而只是一种手段（means），由于目的对工具具有优先性地位，因此相比于人，技术是第二性的东西。[2]在工业革命后，技术工具论的主张开始被明确提出。该理论认为，人控制技术（尤其是其使用后果），而技术并非自主不受控，更非技术控制人。换言之，面对技术，人始终保持自由和控制权。与技术工具论相伴的观点是"技术中性论"，即技术是价值中立的，最终影响其好坏的是使用者的意图。[3]例如，雅斯贝尔斯（Jaspers）指出："技术只是一种手段，它本身并无好坏之分。一切都取决于人类如何看待它，它为人类服务的目的是什么，人类把它放在什么条件下。问题是，什么样的人会拥有它，什么样的人会通过使用它来证明自己是一个什么样的生物。"[4]在尚未进入智能化时代时，技术工具论有足够的生存空间，即使科学技术在不断进步，但人类总体上能够控制科学技术的发展。同样，有关技术也从来没有因可能具有一定"智识"而引发人类的烦恼。正如舍勒（Scheler）所说："技术并不是在某种具有理论性和沉思特征的、由真理观念、观察过程、守恒过程、纯粹逻辑以及数学来表现其特征的科学之后，对这种科学'加以运用的过程'，毋宁说，正是多少有些流行的、对这样那样的实存王国进行控制的意愿和进行指导的意愿，既共同决定了思想方法和直观方法，也共同决定了科学思维的各种目标，而且的确，他们似乎还在诸个体的意愿背后发挥共同决定作用，而这些个体的不断变化的调查研究动机，在这个过程中是无关紧

---

　　[1]　参见肖峰、邓璨明："人工智能：接缘技术哲学的多重考察"，载《马克思主义与现实》2021年第4期。

　　[2]　参见张成岗："西方技术观的历史嬗变与当代启示"，载《南京大学学报（哲学·人文科学·社会科学版）》2013年第4期。

　　[3]　参见程志翔："何谓技术工具论：含义与分类"，载《科学技术哲学研究》2019年第4期。

　　[4]　Jaspers, *The Origin and Goal of History*, Yale University Press, 1965, p.125.

要的。"[1]但随着智能化技术的出现，技术工具论的基本立场正在受到挑战。这主要是由于，当前机器已经具有自主构建规则的能力。从未来发展的角度看，通过图灵测试的机器将逐渐增多，人类在未来很有可能无法有效控制机器，甚至可能被机器控制。这并非过度担忧，当前智能化技术应用的实践已经出现了一定不良迹象。例如，传统上人们通过阅读新闻报道来获取知识和更好地参与社会，但个性化推荐算法的广泛应用却产生了"信息茧房"现象，其导致的结果是，个人虽然获取了大量信息，但并未转化为有效知识，并且反而会被这种信息获取机制反向支配，个人自治受到侵蚀。[2]类似现象的出现加剧了技术工具论所存在的问题，因为机器可以打着"工具"的旗号，随意出现在现实世界之中。而事实上，"在人与技术进行交互的界面化实践中，技术以工具的样式出场，但在技术的工具性表象之下却浮出了人的被工具化迹象"。[3]随着智能化技术的不断发展，机器对于人类的影响也将不断增加。例如，脑机接口技术可以利用一个类似于缝纫机的机器人和一些粗4—6微米的导线将脑机接口设备植入人的脑内，让人们用"意念"控制世界。[4]未来，当机器具备一定"意识"后，此类技术完全有可能帮助机器操纵人类。基于上述分析可以发现，"当我们把技术工具论演绎为技术是人的工具时，显然不能恰当地体现当今技术的自主化与智能化；反之，若当今技术的发展迫使人成为技术的工具时，则人类的主体地位必将面临挑战，人类的未来必将是暗淡的。因此，技术哲学需要对技术工具论予以慎重反思"。[5]

（二）消极的技术决定论

技术决定论是技术社会学早期学科化进程中生成的一个典型命题，其

---

〔1〕［德］马克斯·舍勒：《知识社会学问题》，艾彦译，华夏出版社 2000 年版，第 116 页。

〔2〕参见郑玉双："计算正义：算法与法律之关系的法理建构"，载《政治与法律》2021 年第 11 期。

〔3〕闫宏秀："哲学何以解码技术：技术哲学的未来路向"，载《光明日报》2020 年 12 月 14 日，第 15 版。

〔4〕参见吕游："人工智能背景下的脑—机接口技术应用的刑事风险分析"，载《犯罪研究》2020 年第 4 期。

〔5〕闫宏秀："哲学何以解码技术：技术哲学的未来路向"，载《光明日报》2020 年 12 月 14 日，第 15 版。

孕育于启蒙运动以来欧洲的技术进步主义思潮，在 20 世纪上半叶的美国学术界达到了理论上的成熟形态。[1]技术决定论有两大主旨：技术自主论和技术统治论。前者主张技术是内在的自我发展，不以人的意志为转移——这就否定善用。后者主张技术是社会变迁占支配地位的统治力量，社会发展由技术主宰——这就否定善治。[2]海德格尔（Heidegger）便是技术决定论的典型代表，他认为："'座架'意味着对那种摆置的聚集，这种摆置摆置着人，也即促逼着人，使人以限定的方式把现实当作持存物来解蔽。'座架'意味着那种解蔽方式，该解蔽方式在现代技术的本质中起着支配作用，其本身不是什么技术因素。……技术工作始终是对座架之促逼的响应，而决不构成或产生这种座架本身。"[3]

　　传统技术决定论分为两个流派：一是乐观主义，一是悲观主义。前者相信技术是解决一切人类问题并给人类带来更大幸福的可靠保障。而后者则认为技术在本质上具有非人道的价值取向，现代技术给人类社会及其文化带来灭顶之灾。[4]随着智能化技术的发展，持悲观主义的人开始日趋增多。特别是在较为极端的技术决定论（强技术决定论）者中，很多人开始导向悲观主义。[5]威廉姆·戴维德（William H. Davidow）便是这种观点的典型代表，他认为当前社会出现了"过度互联"的状况："一个系统内外的联系急剧增加时，系统或部分系统难以适应这种增加而产生的后果，这时，整个形势就会失去控制。""报纸……直接进入了过度互联。""从互联到过度互联，纸媒产业一夜之间告别了繁荣，陷入了困境。"[6]

---

　　〔1〕　参见黄晓伟、张成岗："技术决定论形成的历史进路及当代诠释"，载《南京师大学报（社会科学版）》2017 年第 3 期。

　　〔2〕　参见张立伟："技术决定论批判（上）——传统媒体如何善用善治数字技术？"，载《新闻战线》2017 年第 21 期。

　　〔3〕　孙周兴选编：《海德格尔选集（下）》，生活·读书·新知上海三联书店 1996 年版，第 924 页。

　　〔4〕　参见谷娟、刘志业、张召媛："关于技术工具论与技术价值论的哲学思考"，载《湖北经济学院学报（人文社会科学版）》2010 年第 9 期。

　　〔5〕　参见周金华、张玉洁："技术决定论辩谬——兼论当代科技发展前景及其规约"，载《决策与信息》2019 年第 7 期。

　　〔6〕　[美]威廉姆·戴维德：《过度互联　互联网的奇迹与威胁》，李利军译，中信出版社 2012 年版，第 8 页，第 14 页。

整体来看，技术决定论走向了与技术工具论截然不同的道路，但却显得过于偏激和消极。一方面，当前智能化技术虽然高速发展，但尚未达到可以统治人类的强人工智能阶段，甚至距离这个阶段还有很长时间。正如中国科学院院士徐宗本所言，人类距离研制出自主智能，即强人工智能还需几十年的努力。况且，如前文所述，技术具有社会性，伴随着智能化技术的发展，人类社会同样在进步，几十年后人类同样有可能有效控制彼时的智能化技术。另一方面，当前智能化技术虽然已经对人类社会形成了较大挑战，但是人类通过制度，大体上可以应对既有的冲击。一个典型的案例便是对于人脸识别技术的规制：随着人脸识别技术发展的日趋成熟，对该技术规制的法律也应运而生并逐渐成熟。例如，欧盟《欧洲议会和理事会关于制定人工智能统一规则（人工智能法）和修订某些欧盟立法的条例》便限制警方在公共场合使用人脸识别软件。我国《个人信息保护法》[1]第62条第2项要求："针对小型个人信息处理者、处理敏感个人信息以及人脸识别、人工智能等新技术、新应用，制定专门的个人信息保护规则、标准。"此外，《天津市社会信用条例》《杭州市物业管理条例》等地方规定也对人脸识别技术作出了具体限制。这些规则在很大程度上避免了人脸识别技术的不利影响。考虑到智能化技术对人类社会带来的便利，技术决定论显得过于消极，同样不是一种合理的对于人机关系的认识。

（三）迈向"人机共融"的技术哲学

无论是技术工具论还是技术决定论，都不能合理地把握人机关系。不过这两种观点却也在一定程度上反映了智能化时代人类对于机器的态度，并且也提供了不同的解题思路。具体而言，人类一方面希望享受智能化技术带来的福利，另一方面又畏惧其可能取代人的主体性地位。为此，如何更安全地享受智能化技术带来的福利，便成为技术哲学迫切需要解决的问题。

---

　　〔1〕　为表述方便，本书中涉及的我国法律法规直接使用简称，省去"中华人民共和国"字样，例如《中华人民共和国个人信息保护法》简称为《个人信息保护法》，全书统一，不再说明。

对于该问题，一方面，人类应该学会接受智能化技术甚至拥抱智能化技术。当前，人类社会正在从单向或双向的信息交互，转变为万物互联的时代，在这一过程中，每个社会个体都需要对智能进行感知、认识和应用，这一过程的演进也意味着人类迈向智能化时代。[1]因此，应从人与技术共融的视角来审视人的自由、人的地位、人与技术的边界、技术治理与决策等的哲学依据。这种视角不是旨在强调技术对人的强势渗透，凸显技术的地位，而恰恰是旨在为新技术背景下如何更好地享受机器带来的福利提供支持。[2]对此，一是要肯定智能化技术对人类社会的进步作用。例如，智能语音转换文字技术大大提升了文字录入的效率；智能人脸识别技术可以有效提升重要场所的安全性。二是要尝试理解机器所构建的规则。机器规则的理解困境在于人类现有的知识可能无法理解数字运算后的结果。因此，人机经验交互的重要内容便是将机器经验转化为人类经验。所谓经验，是指"人们在同客观事物直接接触的过程中通过感觉器官获得的关于客观事物的现象和外部联系的认识"。[3]从信息获取的角度讲，经验是人类在适应和改造环境时，根据已发生之事所获取的信息。而智能化技术所得出的结论，同样也属于这类人类可以获取的信息。故而，当人类对其不断了解和学习之后，机器经验也将变为人类经验的一部分。当前技术应用的实践也证明了，人类并非完全无法解释数据分析后的结果。例如，在网络犯罪中，依托智能轨迹分析技术，可以将得出的机器轨迹同行为人的轨迹进行匹配，实现关联性证明方面的认识跃升。[4]这证明了，在机器得出结论后，人类通过学习和理解相应的机器经验，可以实现认识水平的提升。

另一方面，人类也需要保持对于机器的警惕。当今世界，再将机器当

---

〔1〕参见周佑勇："论智能时代的技术逻辑与法律变革"，载《东南大学学报（哲学社会科学版）》2019年第5期。

〔2〕参见闫宏秀："哲学何以解码技术：技术哲学的未来路向"，载《光明日报》2020年12月14日，第15版。

〔3〕陈建涛："关于生活经验的认识论思考"，载《天津社会科学》1994年第4期。

〔4〕参见刘品新："论大数据证据"，载《环球法律评论》2019年第1期。

作工具无疑是无视智能化技术特点的自我欺骗。对此，不少学者提出了后人类时代的观点："后人类时代已经来临。这一时代不是一种政治化划分，而是一种文化划分。这一点与后现代相同，但是，后人类不同于后现代，后现代出自对现代性的反拨，是对现代技术发展的反省；而后人类无疑是以新技术为基础的，这些新技术的发展促成了新的人类生存状况。"[1]在后人类时代，人类应该做好对于智能化技术的规制，特别是对于挑战人类伦理的技术，应尽快作出反应。例如，当前深度伪造技术已经在色情产业中广泛应用，对于此类技术应及时加以规制。此外，人类在关注机器固有风险的同时，还应该注意技术发展对弱势人群的伤害。例如，人工智能辅助立法对于提升立法民主性具有重要意义。在传统立法模式下，能够参加相关立法论证会、座谈会和研讨会的专家学者以及利益相关者数量毕竟相对有限，多数普通民众参与地方立法的通道并不十分顺畅。同时，在地方立法草案意见征集过程中，由于不少地方仍然借助传统意见征集模式，多数普通民众难以拥有较为便利的渠道和方式来发声。[2]而人工智能辅助立法则可以通过对网络信息的大数据分析，更好地展现民意。但是受人口老龄化和教育程度的影响，部分弱势群体的网络数据可能会相对缺乏，人工智能在辅助立法时，可能会因为缺失这些数据而导致在立法中无法反映该部分民众的合理诉求，从而引发隐性歧视问题。[3]因此，在人工智能辅助立法的过程中，也应该注意通过人工调查等方式，收集这部分弱势群体的意见。

由上述分析不难发现，基于"人机共融"的技术哲学视角，智能化技术所追求的目标应该是"善用"。为此，很多国家都出台了规则，对智能化技术的应用进行了规制。例如，我国《新一代人工智能伦理规范》要求智能化技术的应用应满足增进人类福祉、促进公平公正、保护隐私安全、

---

[1] 王峰："'后人类时代及其状况'专题研究"，载《河南大学学报（社会科学版）》2020年第3期。

[2] 参见王建文、方志伟："人工智能辅助地方立法的风险治理"，载《甘肃社会科学》2020年第5期。

[3] 参见李超："人工智能辅助立法：现状、困境及其因应"，载《人大研究》2020年第4期。

确保可控可信、强化责任担当和提升伦理素养六项要求。欧盟《可信赖人工智能道德准则》提出的智能化技术发展原则包括人类代理和监督；技术稳健性和安全性；隐私和数据管理；透明度；多样性、无歧视、公平；环境和社会福祉；问责制等七项内容。美国众议院提出的第153号决议，以透明度和解释性、信息隐私和个人数据保护、所有自动决策的问责和监督以及访问和公平等四项目标为追求。结合当前理论及实践，智能化技术的应用要求可以总结为三项内容，分别是可信赖、安全和效益。

（1）可信赖。可信赖的智能化技术的构建发端于人对技术伦理旨趣的审度，可信赖的存在逻辑在于智能化技术创建了基于任务和基于目标信任得以产生的可能条件，并在与人类的交互之中呈现出某种关联性的信任。[1]可信赖的智能化技术主要包括三点要求。

第一，可信赖的智能化技术要求技术具有准确性，能够正确地处理分析问题，并对可能出现的错误作出预警。尽管智能化技术的准确性总体令人满意，但部分技术的准确性仍然不足以令人放心，机器错误的案例也并不罕见。例如，2018年3月，Uber的自动驾驶汽车在美国亚利桑那州坦佩市进行测试时发生了一起车祸，一位妇女被撞倒并最终丧生。造成这起事故发生的主要原因并非该车辆的人工智能系统未发现行人，而是该车辆将行人识别成了汽车。而这起事故并不仅是简单的意外，据统计，2016年9月至2018年3月，Uber的自动驾驶汽车共发生了37起碰撞事故，有两起事故是车辆撞到了路边的物体，其他的事故则都是追尾和车辆剐蹭。[2]显然，这样的事故发生率难以赢得人类的信任。因此，对于智能化技术而言，高准确率是其可以被信赖的前提。

第二，除准确性外，可信赖的智能化技术还应该具有透明度。透明度是指智能化产品所依赖的技术、数据应该可以随时被查询，其结论应该可以被解释。一般来说，智能化技术的透明度分别指向透明性与可理解性两

---

〔1〕　参见闫宏秀："可信任：人工智能伦理未来图景的一种有效描绘"，载《理论探索》2019年第4期。

〔2〕　参见李艾臻："自动驾驶撞人案首判"，载《经营者（汽车商业评论）》2019年第4期。

个维度。透明性是指智能化技术本身是可以被人类理解的，而可理解性意味着人类对基于智能化技术作出的决策能够达到一定的理解程度。[1]例如，智能人脸识别系统对某张图片进行识别并作出结论后，透明度要求人类可以理解该人脸识别系统是基于何种原因得出的结论。然而，当前智能化技术的透明度不足已经成为其有效应用的重要障碍，甚至这种透明度不足也成为一些不正当行为的"工具"或是引发社会不公的源头。例如，目前人工智能介入刑事司法的过程主要依靠系统的算法作出决策，而算法运行的过程存在透明度不足的弊端，极易导致强势一方的"数字权威"，使得算法决策演变为数字时代的精英统治。[2]再如，淘宝对于用户行为是否构成违约的判定是依据特定的用户数据与海量用户数据的关系，而如果用户要对淘宝判定的违约行为进行质疑，则必须承担充分举证和合理解释的义务，但是由于相关算法的透明度不足，指望用户对数据异常进行举证并作出解释在有些情况下可能并不切实际。一旦用户被认定违约，后果是极其严重的，不仅用户的支付宝账户可能会被采取取消收款、资金止付等强制措施，淘宝还会在平台上公示用户的违约行为处理措施。[3]因此，为了避免上述危害事件的发生，智能化技术的应用应具有透明度。

第三，可信赖的智能化技术还意味着技术应该具有可追踪性。可追踪性是指从技术的开发、部署、使用再到结论生成的任何环节都应该清晰记录。智能化技术的可追踪性具有三大意义，首先，可追踪性可以帮助人类识别智能化技术的错误原因，进而作出改进。智能化技术具有高度复杂性和精密性，任何一个环节出现错误都可能引发最终的结果失真，例如，某个代码输入错误、某个数据标注存在问题等。此时就需要查询相关记录，以寻找错误的来源。否则，寻找错误来源将需要极高成本。其次，可追踪

---

[1] 参见刘艳红："人工智能的可解释性与 AI 的法律责任问题研究"，载《法制与社会发展》2022 年第 1 期。

[2] 参见王秀梅、唐玲："人工智能在防范刑事错案中的应用与制度设计"，载《法学杂志》2021 年第 2 期。

[3] 参见孙清白："人工智能算法的'公共性'应用风险及其二元规制"，载《行政法学研究》2020 年第 4 期。

性也是检验智能化技术准确性的重要方式。在一些关键领域，智能化技术的应用往往需要慎之又慎，例如司法裁判、医疗等。而为了保障智能化技术在应用的过程中不出现错误，就需要对技术进行实时检验，这时相关的记录就可以发挥作用。例如，有关人员在审查时，可以查看某个人工智能系统的历史错误及错误原因，并以此为基础仔细检查曾经出现错误的地方是否已经被调整。最后，可追踪性也可以提升智能化技术的可解释性。在解释智能化技术运行的相关问题时，部分问题如机器建立规则的方式，可能需要回溯到机器建立规则前去查看机器建立规则的全部流程。例如，一些算法工程师可能会设置不同的方法推动机器进行学习，此时，关于不同方案的记录就对分析机器建立规则的方法具有重要意义。以上内容表明可追踪性对于智能化技术的风险控制与监管均具有较为重要的意义，这也让其成为可信赖智能化技术的重要要求。

（2）安全。安全的智能化技术要求相关技术应确保可以受到人类的控制，并以保障公民权利和人类安全为前提，这同样包括三点要求。

首先，安全的智能化技术应可以抵御攻击。智能化技术同其他电脑技术一样，需要转化为数据和代码并在计算机中运行。因此，其同样可能遭到相似的攻击，例如篡改源代码、数据库，甚至直接攻击相关的硬件设施。这些攻击可能导致机器瘫痪，进而阻碍社会的有效运转。例如，对于计算机硬件的攻击将导致智能化技术无法有效运行。而智慧城市的建设很多时候高度依赖智能化技术："在以人工智能技术为核心的智能化时代，为推动复杂环境下的人机协同，城市空间基础设施也必将融入更多的智能算法和知识库。"[1]一旦相关的硬件瘫痪，整个城市的运行都可能受到影响。除此之外，交通、教育、医疗等行业也可能面临同样的问题。除机器瘫痪外，对于相关源代码和数据的篡改可能导致机器作出错误决策，这甚至可能直接引发人工智能体"犯罪"。例如，通过篡改模型让机器攻击人类、通过篡改数据让自动驾驶汽车故意开入悬崖等。换言之，这种篡改可能直

---

[1] 孙轩、单希政："智慧城市的空间基础设施建设：从功能协同到数字协同"，载《电子政务》2021年第12期。

接对公民的人身财产权利造成不利影响。因此，智能化技术的应用应保证其可以抵御攻击。

其次，安全的智能化技术应尽可能避免侵犯公民权利。智能化技术的应用不得当很可能对公民权利产生负面影响。以隐私权为例，当前算法系统的关联技术甚至"知道你想做什么"，"数据主宰世界"的隐患正在侵蚀用户信息生态环境。换言之，无论是否有意为之，智能化技术的使用者往往会获得与其目标无关的信息进而侵犯公民的隐私权，而且这种对于隐私权的侵犯很多时候无可避免。在大数据技术海量数据的要求下，"全数据"的追求使得数据收集者在获取数据时为了保证准确性，大多会优先考虑如何尽可能地获取更多数据，而不去考虑该数据的获取是否合法或是否侵犯公民的隐私权。这势必带来一个十分严峻的问题——大数据信息是否"干净"。[1]对此，在运用智能化技术时，应最大限度地避免使用侵犯权利的算法与数据。一是在运用智能化技术前，应严格评估技术所依赖的算法和数据是否存在侵权的情况。二是在必须使用侵权信息和方法的时候（如侦查、反恐），应对敏感信息进行适当处理。例如，"数据脱敏"技术便对隐私权的保护具有重要意义。该技术可以在保留原始数据的业务价值、技术价值的前提下，对敏感信息进行脱敏、隐蔽处理。常见的脱敏手段包括替换、截取、加密、掩码等。[2]三是对于侵权信息和方法的使用尽可能保持克制，如果有可替代的信息和方法，则不应使用侵犯公民的权利的信息和方法；如果必须使用，也应最小限度地运用，并尽可能通过技术手段避免其他不利影响。四是严格限制涉及侵权问题的智能化技术的使用。例如，当智能化技术涉及算法歧视等问题时，应进行更为严格的审查。

最后，安全的智能化技术应在人类控制与监督之下，这就要求人类在与智能化技术交互时应保持能动性。一方面，即使在借助智能化技术辅助决策的场合，也应该保证人类具有最终决策权。目前智能化技术的广泛应

---

〔1〕 参见郑飞、马国洋："大数据证据适用的三重困境及出路"，载《重庆大学学报（社会科学版）》2022 年第 3 期。

〔2〕 参见王毛路、华跃："数据脱敏在政府数据治理及开放服务中的应用"，载《电子政务》2019 年第 5 期。

用使人类越发依赖算法进行分析、预测、决策，甚至沉迷于算法推荐的信息之中，久之则处于信息茧房中而不自知，最终被困于"算法牢狱"难以自拔。[1] 以行政裁量领域为例，在基层执法裁量的过程中，因为资源有限以及专业性不足，快捷的智能化技术一旦植入执法系统过程中，很容易使执法人员产生潜在的依赖性。在判断的过程中，如果执法人员过于依赖算法推荐结果，其自身的判断能力和责任感将极度萎缩，执法人员裁量的专业能力将得不到有效提升，人机之间的有效互动也很难实现，行政自由裁量将被异化为算法裁量。因此，应坚持智能化技术"提供建议"的辅助性角色定位。这对于行政执法、司法审判、医疗等关键领域尤为重要。另一方面，智能化技术的应用应时刻处于人类的监管之下。由于人工智能具有自主建立规则的能力，甚至在强人工智能以及超人工智能阶段，机器可能具有一定自我意识，因此，人类应时刻坚持对于智能化技术的监管，否则可能会导致机器脱离人的控制。正如有论者指出："长期来看，若人工智能具有深度学习能力之后，也会进行归纳和推理，有可能产生思维，从而脱离人的控制而独立实施犯罪行为。"[2] 为避免上述问题，人类需要就智能化技术建立较为严格的监督机制，这也解释了为何一般智能化技术在建模并进行机器学习后，还需要通过"人机回圈"（human-in-the-loop）的过程进行检验。"人机回圈"是一个人机交互、监督、检验修正的过程。机器在数据的筛选和处理上难免会出现错误，当机器学习的结果与数据模型出现偏差时，需要对机器建立的数据模型重新校对、修正，通过人机交互再次参与到数据训练中，以达到可期待的理想结果，这也达成了人类对机器的有效监督。[3]

（3）效益。效益是指通过对资源的最优配置，除去各种成本耗费后，实现资源使用价值在质上的极优化程度和量上的极大化程度及其所得到的

---

[1]　参见刘友华："算法偏见及其规制路径研究"，载《法学杂志》2019 年第 6 期。

[2]　庄永廉等："人工智能与刑事法治的未来"，载《人民检察》2018 年第 1 期。

[3]　参见王文亮、王连合："将法律作为修辞视野下人工智能创作物的可版权性考察"，载《科技与法律》2017 年第 2 期。

综合效果。[1]对智能化技术而言，效益是指技术的使用总体上应起到正面作用。正如我国《新一代人工智能伦理规范》指出的那样，人工智能的发展应增进人类福祉，促进社会发展。如前文所述，技术具有社会性，而技术的应用也应该在与人类社会基本的公序良俗相一致的基础上推动社会进步。智能化技术同样如此，其应用和发展也应该遵循人类社会的要求，并推动人类社会的进步。例如，当今世界各国都在追求可持续发展："在生态危机日益加剧的21世纪，以生态系统为基础的环境资源综合管理、一体保护是相关法制建设的核心特征和发展方向，为各国环境法典所确认和保障。"[2]那么智能化技术的应用就不应该损害环境和浪费资源。再如，当前人工智能已经具有基因编辑能力，有研究者对包含28 294个慢病毒整合基因序列的文库，进行了腺嘌呤（A）和胞嘧啶（C）碱基编辑器的广泛分析，并建立了BE-DICT，这是一种基于注意力的深度学习算法，能够高精度地预测碱基编辑结果。BE-DICT是一种多功能工具，原则上可以在任何新型碱基编辑器变体上进行训练，促进碱基编辑在研究和治疗中的应用。[3]若此类基因编辑程序用于婴儿编辑，将对社会伦理形成巨大挑战。换言之，人工智能的基因编辑应避免应用于编辑婴儿等与人类社会伦理不符的行为。进一步来说，就智能化技术而言，其应避免在可能引发社会争议的问题上使用。

除此之外，智能化技术的应用也应带动良好的社会氛围，提升人类生活质量。例如，自动驾驶汽车可以提升人类出行的便利性与安全性，未来，甚至不会驾驶汽车的人，也有可能随意出行，该技术有利于人类生活水平的提升。但也需要注意的是，随着智能化技术应用深度的不断提升，显性和隐性的风险也在不断提升。例如，自动驾驶汽车可能引发交通事

---

[1] 参见冯玉军：《法律与经济推理：寻求中国问题的解决》，经济科学出版社2008年版，第140页。

[2] 巩固："环境法典自然生态保护编构想"，载《法律科学（西北政法大学学报）》2022年第1期。

[3] Kim F. Marquart, et al., "Predicting Base Editing Outcomes with an Attention-based Deep Learning Algorithm Trained on High-throughput Target Library Screens", *Nature Communications*, 12 (2021), pp. 1-9.

故，造成人员伤亡。对此，也应该正确认识和使用智能化技术，正确评估智能化技术的效益，保证其确实可以增进人类福祉，避免过度夸大此类技术的作用和价值。

对于人工智能证据而言，人机关系的问题更为关键。因为人工智能证据从生成到证明再到审查，无一例外都涉及人与机器的互动问题——人工智能证据持有方需要研究如何出示人工智能证据，另一方需要考虑如何进行质证，而法官或事实认定者需要考虑如何进行审查。而上述技术哲学的观点对于人工智能证据的应用具有重要的借鉴意义。一方面，应积极发挥人工智能证据的作用，推动人工智能证据进入法庭；另一方面，也要注意人工智能证据在可靠性、合法性等方面存在的问题，以及因证据使用不合理而导致的诉讼双方对抗失衡，确保人工智能证据的应用符合"人机共融"视角下的基本要求。当然，以上两者的前提便是正确认识人工智能证据。

第二节　人工智能证据应用的认识论基础

认识论研究的是所有认识领域的普遍性问题，即人类认识发生发展的过程及其规律。这些问题包括认识的主体和客体及其关系，感性和理性认识的形式及其关系，实践、认识和真理及其关系等。[1]在不同时代，人类认识和把握世界的方式也有所不同。人工智能证据是智能化时代的产物，这种证据的本质是以数据为基础获取相关的信息。这种信息获取方式所依赖的研究方法是第四范式的研究方法，与之相适应的认识论理论是大数据经验主义。

一、经验主义是一种认识论学说

关于什么是知识以及如何获取知识的问题，不同学者往往持有不同观点。而经验主义是其中较为重要的一种，其基本观点是"一切知识或一切有关世界的有意义的论述，都与包括'内在感觉'或'内省'在内的感觉

---

〔1〕　参见张保生主编：《证据法学》，中国政法大学出版社 2018 年版，第 48 页。

经验相关，而且可能的感觉经验的范围就是可能的知识范围"。[1]不同的经验论者对知识怎样建立在感觉的基础之上有不同的观点，但是，各种经验主义者的基本主张是一致的。他们主张科学为我们提供了关于实在的最佳知识。它怀疑抽象和普遍化，拒绝一切非理性的主张。从经验主义对人的认识的理解来看，人们的知识与智能行为都是经验作用的结果。[2]与经验主义相对照的是理性主义，二者主要的区别表现在四个方面："（1）人类知识的根本源泉是什么：是感觉经验还是先天的观念；（2）哪一种知识具有无疑的确实性和真理性：是经验的知识还是理性的知识；（3）通过哪种方法或途径能够有效地获得普遍必然的知识：是经验的归纳法还是理性的演绎法；（4）人的认识能力是不是至上的，它是否囿于一定的范围和界限。"[3]理性主义和经验主义共同构成了近代西方主要的两个认识论思潮。[4]

经验主义理论的发展并非一蹴而就，其经历了传统经验主义、逻辑经验主义（同时期还包括工具主义、操作主义等）、历史经验主义、科学实在论的发展路径。[5]其中，传统经验主义认为一切知识都是"后验"的，除了从经验上认识的和从经验上归纳出来的东西，其他的知识都不是科学知识，只是思辨的形而上学。[6]在传统经验主义中，大卫·休谟（David Hume）是其中最为重要的人物，现代经验主义的基本原则在本质上都是对休谟理论的精练和修正。[7]休谟认为，任何思想和推论都存在于对经验的

---

〔1〕 赵泽林："理性主义与经验主义：人工智能的哲学分析"，载《系统科学学报》2018年第4期。

〔2〕 参见赵泽林："理性主义与经验主义：人工智能的哲学分析"，载《系统科学学报》2018年第4期。

〔3〕 周晓亮："西方近代认识论论纲：理性主义与经验主义"，载《哲学研究》2003年第10期。

〔4〕 参见周晓亮："西方近代认识论论纲：理性主义与经验主义"，载《哲学研究》2003年第10期。

〔5〕 参见彭理强："大数据主义与经验主义——兼评齐磊磊博士的'大数据经验主义'"，载《长沙大学学报》2019年第3期。

〔6〕 齐磊磊："大数据经验主义——如何看待理论、因果与规律"，载《哲学动态》2015年第7期。

〔7〕 参见郭贵春："二十世纪西方经验主义思潮的演变"，载《自然辩证法通讯》1989年第4期。

概括之中，原因和结果是我们从经验中得来的关系，不是任何抽象的推理或思考得到的关系："我们所有的因果概念只是向来永远结合在一起并在过去一切例子中都发现为不可分离的那些对象的概念，此外再无其他的因果概念。"[1]但休谟作为一个最为纯粹的经验主义者，却否定了经验知识的真理性和可靠性："我们对它们的真实性的证据不论多么重大，也和前一种不一样，一切实际事情的反面都是可能的，因为它不可能蕴含着矛盾，而且心灵在构想它时同样很容易很明确的，好像它与实际很符合的。'太阳明天将不升起'这个命题，与'太阳明天将升起'这个断言，是一样可以理解的，一样不蕴含矛盾的。因此，我们要证明前一个命题虚妄的任何尝试都是徒劳的。假如我真能证明它的虚妄，那它就蕴含着矛盾，因而不可能被心灵清楚地构想。"[2]上述看似极端的观点，却为后来的经验主义研究奠定了重要基础，具体而言，休谟的观点可以导出一个标准——任何非经验都是无意义的，超经验的都是形而上学的；一种证实——一个因果陈述的认识内容是对观察陈述的认识内容的简单概括，观察陈述则被看作是为因果陈述的认识内容提供证据。对于因果陈述的证实而言，不要求任何从被观察到的现象到自然的必然性之间的推论；一对矛盾——理性和经验的矛盾，即理性是不能超越经验的，经验是有限的和具体的。[3]

随着科学革命的发展，传统的经验主义理论无法对一些科学问题进行解释，由此经验主义者便开始尝试新的进路。例如，以迪昂（Duhem）为先驱的工具主义者引进了"一致性理论"和"相关性理论"，从而将传统经验主义理论的立足点由经验基础转为对经验基础的解释。迪昂认为："物理学理论的第一批公设并不是作为肯定某些超感觉的实在而给出的，它们是普遍的法则，倘若从它们演绎出的特定结果与观察现象一致，那么

---

[1]　[英]休谟：《人性论》，关文运译，商务印书馆1980年版，第195页。
[2]　[英]休谟：《人类理解研究》，吕大吉译，商务印书馆1999年版，第19—20页。
[3]　参见郭贵春："二十世纪西方经验主义思潮的演变"，载《自然辩证法通讯》1989年第4期。

它们便令人赞美地起了它们的作用。"[1]以布里奇曼（Bridgeman）为代表的操作主义者则把操作过程与观察术语直接联系起来，而不诉诸直观的印象和简单的经验概括，进而实现对传统经验主义的修正。[2]在新经验主义的各种理论中，最具有代表性的是以维也纳学派为代表的逻辑经验主义进路。逻辑经验主义主要通过强调科学理论的证实性原则，把科学提到了崇高的地位，"统一科学"的口号正是反映了这一点。[3]更重要的是，逻辑经验主义汲取了现代逻辑学的成果，将其应用于科学理论的理性重建之中。他们排除了传统经验主义对理论概念的"自然定义"，否弃了通过朴素的因果性"自然处理"以形成思想之间的联系。他们立足于科学逻辑的整体性立场，把理论命题的逻辑综合归诸严格的演绎系统，通过逻辑的功能去形成和强化科学概念和理论的意义。[4]

总的来看，以逻辑经验主义为代表的新经验主义认为科学知识是依托于观察进而通过归纳所建立的，但其主张的观察的中立性以及归纳法作为发现的逻辑遭到了图尔敏（Toulmin）等历史主义者的猛烈抨击：[5]"观察者们从同一个地方看同一个东西但是对他们所看到的东西所作的解释不同。"[6]这对经验主义的发展造成了巨大影响，波普尔（Popper）甚至直言，逻辑经验主义已经死亡。[7]为了挽救危机，经验主义者尝试从历史中寻求出路，试图以社会历史的实在性揭示知识增长的规律性。但历史经验主义本身的绝对性使其发展举步维艰，过分强调不同选择理论的不可比性

---

[1] Pierre Duhem, "Research on the History of Physical Theories", *Synthese*, 83 (1990), pp. 189-190.

[2] 参见郭贵春："二十世纪西方经验主义思潮的演变"，载《自然辩证法通讯》1989 年第4 期。

[3] 郑祥福、洪伟："走向衰落的'后经验主义'"，载《自然辩证法研究》2000 年第 11 期。

[4] 参见郭贵春："二十世纪西方经验主义思潮的演变"，载《自然辩证法通讯》1989 年第4 期。

[5] 参见洪晓楠："20 世纪西方科学哲学的三次转向"，载《大连理工大学学报（社会科学版）》1999 年第 1 期。

[6] ［英］A. F. 查尔默斯：《科学究竟是什么》，查汝强、江枫、邱仁宗译，商务印书馆 1982 年版，第 35 页。

[7] ［英］卡尔·波普尔：《无尽的探索：卡尔·波普尔自传》，邱仁宗译，江苏人民出版社 2000 年版，第 90-91 页。

以及科学理论纵向发展的不可通约性使其陷入矛盾之中。[1]而为了摆脱历史经验主义的问题，认为科学研究的对象是客观存在的，坚持人们获得真理的可能性的科学实在论成为一种新的尝试。[2]此后，关于实在论、反实在论和准实在论的讨论便层出不穷，但无论是哪种观点都缺乏根本的说服力。[3]难怪有学者感叹："20 世纪本应是一个哲学改革的世纪，天知道，已经有足够多的人试图做到这一点。但哲学革命似乎难以完成。"[4]

二、大数据经验主义的诞生

随着科学研究第四范式的出现，经验主义者发现了一种新的出路以解决当前经验主义所面临的困境，即大数据经验主义。

（一）第四范式的产生：数据密集型研究的出现

2007 年，图灵奖得主吉姆·格雷（J. Gray）在美国国家研究理事会计算机科学和远程通讯委员会（National Research Council-Computer Science and Telecommunications Board，NRC-CSTB）的报告中，发表了题为"e-Science：科学方法的一次革命"的演讲。[5]在这次演讲中，格雷提出了科学分期和分类的新方法，其以时间和研究工具两个维度将历史上的科学划分为经验科学、理论科学、计算科学和数据密集型科学四大类型，并对这四大科学类型的内涵与特点进行了初步论述，归纳出经验科学范式、理论科学范式、计算科学范式和数据密集型科学范式这四种科学研究范式。[6]其中，数据密集型科学范式是第一次被正式提出。此后，微软研究院学术合作部

---

〔1〕 参见彭理强："大数据主义与经验主义——兼评齐磊磊博士的'大数据经验主义'"，载《长沙大学学报》2019 年第 3 期。

〔2〕 参见周在天："普特南与夏皮尔科学实在论比较"，载《理论导刊》2005 年第 6 期。

〔3〕 参见铁省林："实在论、反实在论与准实在论——当代西方解释休谟因果观的三种立场"，载《自然辩证法研究》2014 年第 12 期。

〔4〕 Nancy Nersessian, *The Process of Science*: *Contemporary Philosophical Approaches to Understanding Scientific Practice*, Springer Science & Business Media, 1987, p.69.

〔5〕 参见徐敏、李广建："第四范式视角下情报研究的展望"，载《情报理论与实践》2017 年第 2 期。

〔6〕 参见徐敏、李广建："第四范式视角下情报研究的展望"，载《情报理论与实践》2017 年第 2 期。

的三位资深研究员合作出版了图书《第四范式：数据密集型科学发现》，进一步探讨了第四范式的内涵和内容，包括利用多样化工具不间断地采集科研数据、建立系统化工具和设施来管理整个数据生命周期、开发基于科学研究问题的数据分析及可视化工具与方法等，并深入探讨了这种新范式对科学研究、科学教育、学术信息交流及科学家群体的长远影响。[1]自此，科学研究的第四范式被认为是当前大数据及人工智能研究的重要方法基础，[2]这当然也构成了人工智能证据的方法基础。

1. 第四范式是一种科学方法和科学存在模式

"范式"一词最初来源于库恩（Kuhn），其在《科学革命的结构》一书中明确提出了这一概念，并且认为只有借助"范式"的概念才能回答关于理论的检验、选择和变迁问题。[3]但对于"范式"的具体概念，库恩却显得十分头疼。其最开始试图采取解释主义的立场，但随着研究的深入，需要解释的东西逐渐增加，"范式"一词也就承担了更多的解释功能，其也就具有了各种含义。[4]据英国人玛格丽特·马斯特曼（Margaret Masterman）考证，库恩对于"范式"一词的用法，竟然有 21 种之多。[5]尽管没有特别准确的定义，但是库恩还是对"范式"作了一定的说明："这些著作之所以能起到这样的作用，就在于它们共同具有两个基本的特征。它们的成就空前地吸引了一批坚定的拥护者，使他们脱离科学活动的其他竞争模式。同时，这些成就又足以无限制地为重新组成的一批实践者留下有待解决的种种问题。凡是具有这两个特征的成就，我此后便称之为'范式'，这是一个与'常规科学'密切相关的术语。我选择这个术语，意欲

[1] 参见 Tony Hey、Stewart Tansley、Kristin Tolle：《第四范式：数据密集型科学发现》，潘教峰等译，科学出版社 2012 年版，版权页。

[2] 朱赟先："电子数据搜查：规定情境与新经验主义"，载《江西社会科学》2021 年第 3 期。

[3] 参见孙永平："库恩《科学革命的结构》的哲学遗产"，载《自然辩证法通讯》2013 年第 1 期。

[4] 参见刘磊："双层范式与科学传统改变——库恩科学革命理论的新解读"，载《自然辩证法通讯》2016 年第 4 期。

[5] 参见邱仁宗编著：《科学方法和科学动力学——现代科学哲学概述》，高等教育出版社 2006 年版，第 86 页。

提示出某些实际科学实践的公认范例——它们包括定律、理论、应用和仪器在一起——为特定的连贯的科学研究的传统提供模型。"[1]

格雷虽然也运用了"范式"的概念，但他所提出的第四范式的研究方法与库恩所谈之"范式"存在一定区别，其主要具有两重含义：一是将"范式"基本等同于"科学方法"；二是把"范式"设定为一种科学存在模式，即"学科规定性"。[2]格雷所言"范式"的第一重意思较为明确，他认为，"毫无疑问，科学的世界发生了变化。新的研究模式是通过仪器收集数据或通过模拟方法产生数据，然后用软件进行处理，再将形成的信息和知识存储于计算机中。科学家们只是在这个工作流中相当靠后的步骤才开始审视他们的数据。用于这种数据密集型科学的技术和方法是如此迥然不同"。[3]此外，他还提出了第四范式的几个表现：（1）由仪器收集或仿真计算产生数据；（2）由软件处理数据；（3）由计算机存储信息和知识；（4）科学家通过数据管理和统计方法分析数据和文档。[4]贝尔（Bell）对于格雷所谈第四范式的概括同样证明了上述观点，他认为格雷的目标是"呼吁资助开发用户数据采集、管理和分析的工具，以及交流与发布的基础设施，还强调要建立起与传统图书馆一样普及和强大的现代化数据与文件存储体系"。[5]基于上述分析不难发现，格雷更加强调的是第四范式对于科学研究思路和方法的改进，或是如何运用第四范式的方法解决问题。

相较于第一重含义，格雷并未明确表达过第二重含义，但是可以从其表述进行推断。格雷认为，"从计算科学中把数据密集型科学区分出来作

[1] ［美］托马斯·库恩：《科学革命的结构》，金吾伦、胡新和译，北京大学出版社 2003年版，第 9 页。

[2] 参见贾向桐："大数据背景下'第四范式'的双重逻辑及其问题"，载《江苏行政学院学报》2017 年第 6 期。

[3] Tony Hey、Stewart Tansley、Kristin Tolle：《第四范式：数据密集型科学发现》，潘教峰等译，科学出版社 2012 年版，第 xi 页。

[4] 参见 Tony Hey、Stewart Tansley、Kristin Tolle：《第四范式：数据密集型科学发现》，潘教峰等译，科学出版社 2012 年版，第 x 页。

[5] Tony Hey、Stewart Tansley、Kristin Tolle：《第四范式：数据密集型科学发现》，潘教峰等译，科学出版社 2012 年版，第 v 页。

为一个新的、科学探索的第四种范式颇有价值"。[1]在格雷的观念中，第四范式的科学研究并非仅限于一种方法论的更新，而是涉及理论、实验以及方法的变革，从这个意义上讲，第四范式也是一门新的学科。[2]这门学科由三个基本活动组成：采集、管理和分析，[3]它的目的和任务是推动当前技术对大量、高速率数据的管理、分析和理解。[4]这门学科脱胎于各门科学，并最终为各门科学服务。其最大意义在于，推动各门科学的范式转变，使科学从旧范式转换到新范式，比如计算物理学向物理信息学转向、计算生态学向信息生态学转向、计算生物学向生物信息学转向等。[5]

但无论是上述哪一重含义，格雷所谈之"范式"与库恩所谈之"范式"都并非同一回事，"因为数据并没有扫荡掉旧有实在，数据仅仅是对我们习惯处理与经验理论交流以及模拟强度和复杂性、探索、传递和整合知识的方法"。[6]但即便如此，仅从格雷之体系入手，第四范式也已经足够具有价值："作为方法论和科学学科的大数据研究成为新时期科学发展的关键环节，数据密集型研究模式以海量数据的涌现为契机，通过'普适性'的经验数据贯通起前所未有的众多学科。能够实现这两层面有机统一的基础是科学研究过程中的研究对象与探究程序逻辑展开的同一性，数据处理在当代科学的整个流程中既是直接的目的本身，也是达到目的的

---

〔1〕 Tony Hey、Stewart Tansley、Kristin Tolle：《第四范式：数据密集型科学发现》，潘教峰等译，科学出版社 2012 年版，第 xi 页。

〔2〕 参见 Tony Hey、Stewart Tansley、Kristin Tolle：《第四范式：数据密集型科学发现》，潘教峰等译，科学出版社 2012 年版，第 xxiiii 页。

〔3〕 参见 Tony Hey、Stewart Tansley、Kristin Tolle：《第四范式：数据密集型科学发现》，潘教峰等译，科学出版社 2012 年版，第 v 页。

〔4〕 See William E. Johnston, "High-Speed, Wide Area, Data Intensive Computing: A Ten Year Retrospective, in Proceedings", The Seventh International Symposium on High Performance Distributed Computing (Cat. No. 98TB100244), 1998, pp. 280-291.

〔5〕 参见董春雨、薛永红："数据密集型、大数据与'第四范式'"，载《自然辩证法研究》2017 年第 5 期。

〔6〕 参见贾向桐："大数据背景下'第四范式'的双重逻辑及其问题"，载《江苏行政学院学报》2017 年第 6 期。

中介。"〔1〕

2. 科学研究范式的演进路径

按照格雷的定义，科学研究范式主要经历了四个发展阶段：几千年前，是经验科学，主要用来描述自然现象；几百年前，是理论科学，使用模型进行科学研究；几十年前，是计算科学，主要模拟复杂的现象；今天是数据探索，统一于理论、实验和模拟。〔2〕

（1）第一范式。

科学研究的第一范式产生于人们对于进一步观察自然的需求，其具体是指偏重经验事实的描述和明确具体的实用性科学，一般较少使用抽象的理论概括。〔3〕在具体方法上，第一范式主要采取的方法是科学实验，即人们为实现预定目的，在人工控制条件下，通过干预和控制科研对象而观察和探索科研对象的规律和机制的一种研究方法。它是人类获得知识、检验知识的一种实践形式。〔4〕由于这种方式主要通过归纳的方式加以实现，有些时候具有一定盲目性。实验的方法主要有三个特点：第一，纯化观察对象。"一般而言，在自然状态下，研究对象往往呈现出纷繁复杂的样态，并且时刻受到周围各种因素的影响，因此不利于研究者直接观测和研究。科学实验方法能够排除不必要因素对研究对象的干扰，便于研究者对其进行实验和研究。"〔5〕第二，强化观察对象。在科学实验中，实验者可以"运用技术手段人为地创造各种极端和特殊条件，使研究对象处于某种激化状态，从而研究和揭示研究对象的物理化学性质和运动规律"。〔6〕第三，

---

〔1〕　贾向桐："大数据背景下'第四范式'的双重逻辑及其问题"，载《江苏行政学院学报》2017 年第 6 期。

〔2〕　参见邓仲华、李志芳："科学研究范式的演化——大数据时代的科学研究第四范式"，载《情报资料工作》2013 年第 4 期。

〔3〕　参见李志芳、邓仲华："科学研究范式演变视角下的情报学"，载《情报理论与实践》2014 年第 1 期。

〔4〕　参见邓仲华、李志芳："科学研究范式的演化——大数据时代的科学研究第四范式"，载《情报资料工作》2013 年第 4 期。

〔5〕　莫凯洋："科学实验方法刍议"，载《云南科技管理》2017 年第 3 期。

〔6〕　罗天强、殷正坤："发现抑或人工生成：科学实验与规律的双重关系"，载《科学学研究》2016 年第 9 期。

可重复性。"推断因果关系不可能建立在对原因与结果单次观察的基础之上，实验的可重复性是实验结果具有高度确定性的前提条件，同时也是科学研究中的实验区别于日常生活实验的本质属性之一。实验的可重复性通常表现为样本数量上的要求，因此可以作为实验对象的必须是多数主体，而不是单一、独特的存在。"[1]典型的第一范式研究案例是伽利略（Galileo）在比萨斜塔的铁球实验，该实验推翻了亚里士多德"质量越大速度越快"的结论。

（2）第二范式。

科学研究的第二范式是以建模为基础的理论学科和分析范式，又被称为理论范式，这种研究方法偏重理论总结和理性概括，强调普遍的理论认识而非直接实用意义的科学。[2]所谓科学理论，是对某种经验现象或事实的科学解说和系统解释，它是由一系列特定的概念、原理、命题及对它们的严密论证组成的知识体系。[3]理论范式主要具有三个方面的特点：第一，抽象性。抽象性是科学理论的重要特征，其主要指对经验事实的简化与概括。"唯有抽象的理论，才能达到最大的普遍性，涵盖包罗万象的事实和定律，从而在最简单的公理基础上建构体系化的科学理论大厦。"[4]第二，逻辑性。科学理论建立在明确的概念、恰当的判断、正确的基于因果关系的推理与严密的逻辑证明基础之上。[5]第三，系统性。科学理论力图在清晰的语言结构中用某种首尾一贯的、系统的方法来表示经验事实。即科学通过形成系统的理论来解释世界在结构上呈现出极强的逻辑性。[6]第二范式研究的典型案例是数学模型的构建，例如数学中的集合论、图论、数论和概率论；物理学中的相对论、弦理论、卡鲁扎-克莱恩理论（KK理

---

〔1〕 何挺："司法改革试点再认识：与实验研究方法的比较与启示"，载《中国法学》2018年第4期。

〔2〕 参见李志芳、邓仲华："科学研究范式演变视角下的情报学"，载《情报理论与实践》2014年第1期。

〔3〕 参见陈明编著：《大数据概论》，科学出版社2015年版，第30页。

〔4〕 李醒民："合理性是科学理论的本相"，载《北京行政学院学报》2007年第4期。

〔5〕 参见陈明编著：《大数据概论》，科学出版社2015年版，第30-31页。

〔6〕 参见张小山："简论科学的特性"，载《科学技术与辩证法》2001年第3期。

论）、圈量子引力理论；地理学中的大陆漂移学说、板块构造学说；气象学中的全球暖化理论；经济学中的微观经济学、宏观经济学以及博弈论；计算机科学中的算法信息论、计算机理论等。[1]

（3）第三范式。

科学研究第三范式的诞生主要源于电子计算机的发明，其是以模拟复杂现象为基础的计算科学范式，又被称为模拟范式。这种研究范式是一种能用来帮助用户在不确定条件下进行决策的方法。典型的模拟有三种方法，分别是数学模拟方法、程序模拟方法和物理模拟方法。[2]模拟范式具有三个特点：第一，广泛性。计算机模拟可以扩展到各种类型的系统，从规模巨大的系统一直到小型的系统。第二，复杂性。广泛性直接催生出了复杂性，很多系统的数学描述常常非常复杂，要给出完全的解析解或精确的数值解非常困难。而计算机模拟可以"通过反复试验，帮助人们了解系统的性能，检验预想的假设，进行系统分析、设计、预测或评估，还可提供相当逼真的环境，借以培养和训练人员"。[3]第三，便利性。计算机模拟不仅效果逼真，而且经济方便，其不需要投入大量成本进行场地设计。第三范式的典型应用包括重建自然灾害、预测未来天气、石油勘探、计算语言学、工艺和制造过程以及前端工程学等。[4]

（4）第四范式。

随着智能化技术的发展，第三范式中逐渐抽离出了一种数据密集型研究方式，即第四范式。由于智能化时代的到来，研究者已经无法对密集型数据进行模拟推演，也无法通过主流软件工具在合理的时间内将其抽取、处理并整合成为具有积极价值的服务信息，[5]这时就出现了科学研究的第四范式以解决相应问题。这种研究范式的特点在于：第一，围绕

---

〔1〕 参见邓仲华、李志芳："科学研究范式的演化——大数据时代的科学研究第四范式"，载《情报资料工作》2013年第4期。

〔2〕 参见陈明编著：《大数据概论》，科学出版社2015年版，第33页。

〔3〕 陈明编著：《大数据概论》，科学出版社2015年版，第33页。

〔4〕 参见李志芳、邓仲华："科学研究范式演变视角下的情报学"，载《情报理论与实践》2014年第1期。

〔5〕 参见陈明编著：《大数据概论》，科学出版社2015年版，第36-37页。

数据展开，且数据量大，数据变化快；第二，计算涵盖整个过程，是高性能计算与数据挖掘分析的结合；第三，可以依靠多数据源和动态数据进行分析。[1]

3. 第四范式的基本内容

对于科学研究第四范式的内容，最具有代表性的表述便是格雷法则：格雷制定了几条非正式法则或规则，就如何处理与大型科学数据集有关的数据工程挑战进行了阐述。这主要由五条内容构成。[2]

第一，科学计算趋于数据密集型。观测数据集的分析严重受限于大多数计算平台相对较低的输入/输出（I/O）性能。高性能数值模拟也日益面临"I/O 瓶颈"。一旦数据集超出系统随机存取存储器（RAM）的能力，多层高速缓存的本地化将不再发挥作用。当前，也只有很少的高端平台可以提供足够快的 I/O 子系统。为了进行大数据的分析，需要对问题进行分解，通过解决小问题获得大问题解决的还原论方法是一种重要方法。[3]

第二，解决方案为"横向扩展"的体系结构。横向扩展的解决方案倡导简单的结构单元，在这些结构单元中，数据被本地连接的存储节点所分割。这些结构单元越小、越简单，CPU、磁盘和网络之间的平衡性就越好。格雷构想出了简单的"网络砖块"（CyberBricks），使每个磁盘都有自己的 CPU 和网络。尽管这类系统的节点数将远远大于传统的"纵向扩展"（scale-up）体系结构中的节点数，但每个节点的简易性、低成本和总体性能足以弥补额外的复杂性。[4]

第三，将计算用于数据，而不是数据用于计算。随着数据集的日益增大，进行大多数计算的最有效方法显然是尽可能地使分析功能与数据密切结合，这也使大多数的模式很容易通过集合型的表述语言来表达，这种语

---

〔1〕 参见张凯："密集型数据处理流程：一种新的哲学范式"，载《哲学动态》2016 年第 7 期。

〔2〕 参见 Tony Hey、Stewart Tansley、Kristin Tolle：《第四范式：数据密集型科学发现》，潘教峰等译，科学出版社 2012 年版，第 5-8 页。

〔3〕 参见陈明："数据密集型科研第四范式"，载《计算机教育》2013 年第 9 期。

〔4〕 参见陈明："数据密集型科研第四范式"，载《计算机教育》2013 年第 9 期。

言的运用可以从基于成本的查询优化、自动并行化和索引中获得巨大收益。格雷及其合作者展示了几个现有关系数据库技术成功应用于这方面的项目。有一些项目以无缝的方法来整合用程序语言编写的复杂类库，并将其作为底层数据库引擎的扩展。[1]

第四，以"20个询问"开始设计。格雷提出了"20个询问"的启发式规则。在他参与的每一个项目中，他都寻求研究人员想让数据系统回答的最重要的20个问题。他认为，5个问题不足以识别广泛的模式，100个问题将导致重点不突出。"20个询问"规则是一个设计步骤，使领域科学家与数据库设计者可以对话。这些询问定义了专门领域科学家期望对数据库提出的有关实体与关系方面的精确问题集，填补了科学领域使用的动词与名词之间、数据库中存储的实体与关系之间的语义鸿沟。这种重复实践的结果是专门领域科学家和数据库之间可以使用共同语言。[2]

第五，从"工作至工作"。格雷非常清楚数据驱动的计算体系结构变化有多么迅速，尤其是当它涉及分布式数据的时候。新的分布式计算范式每年都出现并发生变化，使其很难停留于多年的、自上而下的设计和实施周期中。当这样一个项目完成之时，最初的假设已经变得过时。如果我们要建立一个只有在每个组件都正常发挥作用的情况下才能开始运行的系统，那么我们将永远无法完成这个系统。在这样的背景下，唯一的方法就是构建模块化系统。随着潜在技术的发展，这些模块化系统的组件可以被代替，现在以服务为导向的体系结构是模块化系统的优秀范例。[3]

（二）第四范式的产物：大数据经验主义

随着科学研究的新范式由理论驱动转向数据驱动，[4]一种基于海量数据而产生的新经验主义的方法——大数据经验主义迅速兴起，该种进路强调数据本身的自足性与独立价值。具体而言，大数据经验主义主要有以下

---

〔1〕 参见陈明："数据密集型科研第四范式"，载《计算机教育》2013年第9期。

〔2〕 参见陈明："数据密集型科研第四范式"，载《计算机教育》2013年第9期。

〔3〕 参见陈明："数据密集型科研第四范式"，载《计算机教育》2013年第9期。

〔4〕 参见贾向桐："大数据的新经验主义进路及其问题"，载《江西社会科学》2017年第12期。

四种观点。[1]

第一，大数据可以获取全部信息，进而尽可能地做到算无遗策。"在信息处理能力受限的时代，世界需要数据分析，却缺少用来分析所收集数据的工具，因此随机采样应运而生，它也可以被视为那个时代的产物。"[2]但是，在大数据时代，人们可以尽可能地搜集到其想搜集的各种数据，换言之，可能会错过重要信息的样本分析已经结束。更有论者直接指出："在大数据时代，我们完全有条件获取某个对象的所有数据。"[3]结合"数百万（如果不是数十亿的话）的单个数据点"来获得"全球事务的完整解决方案"。[4]整体而言，可以将大数据获取全部信息的愿景概括为三个方面：（1）比其他形式的研究更具包容性和代表性。例如，有论者指出，大数据分析信息"涵盖的数量是盖洛普或皮尤研究的数千倍"。[5]（2）可以分析的数据越多，则结果准确性越高。例如，有论者指出："数据处理需要的是海量的数据，数据越多，数据分析越准确。"[6]（3）更直接和无中介，因为它揭示了"人们实际做了什么，而不是他们说他们做了什么"。[7]例如，有学者认为可以"运用大数据揭示司法审判工作与社会活动、政府行为之间的规律与关联，探析隐藏在大数据背后的社会发展规律及社会治理新需求"。[8]

---

〔1〕 See Gernot Rieder, Judith Simon, "Big Data: A New Empiricism and its Epistemic and Socio-Political Consequences", in Wolfgang Pietsch, Jörg Wernecke, Maximilian Ott ed., *Berechenbarkeit der Welt?*. *Springer VS, Wiesbaden*, 2017, pp. 85-105.

〔2〕 ［英］维克托·迈尔-舍恩伯格、肯尼思·库克耶：《大数据时代 生活、工作与思维的大变革》，盛杨燕、周涛译，浙江人民出版社 2013 年版，第 37 页。

〔3〕 王燃："大数据时代侦查模式的变革及其法律问题研究"，载《法制与社会发展》2018 年第 5 期。

〔4〕 Ian Steadman, Big Data and the Death of the Terrorist, http://www. wired. co. uk/news/archive/2013-01/25/big-data-end-of-theory, last visited on Oct. 21, 2020.

〔5〕 Christian Rudder, *Dataclysm*: *Who We Are*, Crown Publishers, 2014, p. 20.

〔6〕 闫夏秋："长三角区域数据共享的法律审视与治理路径"，载《法治现代化研究》2021 年第 4 期。

〔7〕 Colin Strong, *Humanizing Big Data*: *Marketing at the Meeting of Data*, *Social Science and Consumer Insight*, Kogan Page, 2015, p. 4.

〔8〕 曹磊："市域社会治理中的司法贡献——以 J 市法院行政审判大数据应用为例"，载《云南大学学报（社会科学版）》2020 年第 6 期。

　　第二，如果数据量足够大，数据就可以说明一切，经验可以取代"叙事"并消除对先验理论的任何需要。大数据经验主义者认为智能化分析的结论是从没有人参与的数据中获取的，这使得既定的科学探究形式——假设、模型、测试开始变得过时。甚至有论者直言："我们可以分析数据，而不必假设数据可能会显示什么。我们可以把这些数字投入最大的计算中，世界上从未见过的数字集群让统计算法发现科学无法发现的模式。"[1]"科学家不再需要作出有根据的猜测、构建假设和模型，并用基于数据的实验和例子进行测试。取而代之的是，他们可以从整套数据中挖掘出需要的信息，从而在不进行进一步实验的情况下得出科学结论。"[2]究其原因，大数据不再关注传统统计学所关注的因果关系，而更多关心相关关系。[3]对于很多人而言，知道"是什么"已经足够了，不需要进一步知道"为什么"。[4]例如，沃尔玛超市在对消费者购物行为进行分析时发现，尿布和啤酒放在一起销售可以提升销量，于是尝试推出了将尿布和啤酒摆在一起的促销手段。[5]对其而言，结论远比原因重要得多，其并不需要了解为何这种促销手段会取得良好的效果。除此之外，当"概率和相关性至上"时，大数据时代的先驱和创新者"通常来自他们创造自己的领域之外的领域"，这会导致专业知识和特定领域的知识被认为"无关紧要"。[6]例如，肿瘤治疗理论的突破可能来源于数据学家或是计算学家而并非医生。这也是大数据经验主义否定理论需求的重要原因。

---

　　[1]　Chris Anderson, The End of Theory: The Data Deluge Makes the Scientific Method Obsolete, http://www.wired.com/2008/06/pb-theory/, last visited on Oct. 21, 2020.

　　[2]　Marc Prensky, H. Sapiens Digital: From Digital Immigrants and Digital Natives to Digital Wisdom, http://www.innovateonline.info/index.php? view¼article&id¼705, last visited on Oct. 21, 2020.

　　[3]　参见宋海龙："大数据时代思维方式变革的哲学意蕴"，载《理论导刊》2014 年第 5 期。

　　[4]　参见［英］维克托·迈尔-舍恩伯格、肯尼思·库克耶：《大数据时代　生活、工作与思维的大变革》，盛杨燕、周涛译，浙江人民出版社 2013 年版，第 67 页。

　　[5]　参见项焱、陈曦："大数据时代美国信息隐私权客体之革新——以宪法判例为考察对象"，载《河北法学》2019 年第 11 期。

　　[6]　See Gernot Rieder, Judith Simon, "Big Data: A New Empiricism and its Epistemic and Socio-Political Consequences", in Wolfgang Pietsch, Jörg Wernecke, Maximilian Ott ed., Berechenbarkeit der Welt? . Springer VS, Wiesbaden, 2017, p. 90.

第三，数据被视为无干扰的信息，因此是公平的和客观的。大数据经验主义者认为，大数据从数据中获取信息，可以避免人为参与，减少因人的主观性而导致的不公正，尽可能避免决策过程中的人为偏见，用数字和指标代替感觉和直觉，全自动地提供有关决策的建议。[1]例如，有论者在谈及智能化技术对于事实认定的重要性时指出，大数据的事实认定模式，具有智能性、可视性、还原性，因而具有相当大的客观性和科学性，是一种客观型的事实认定模式。[2]尽管对于指标、数字和量化的信任并非新鲜事物，例如，法治评估的研究者曾指出："统计数据本身的准确性与权威性是其他数据不能比拟的，由于不需要借助社会调研、问卷调查等手段去收集，统计数据也具有极大的便利性，其稳定性更能为法治评估的长效运行提供保障。"[3]但大数据经验主义提供的客观性和中立性的理念似乎更加具有吸引力，甚至有学者直接喊出了"算法客观性"的口号。[4]即使这种口号有夸张的嫌疑，也有不少论者将"算法客观性"称为童话，[5]但智能化技术依然受到了很多人的追捧。人们希望现代数据分析可以作为"强大的武器"在争取平等的斗争中，与广泛领域的歧视做斗争——从就业和教育到执法和医疗保健，再到住房和信贷——"赋权弱势群体"并"确保平等地给予所有人机会"。[6]至少从某种意义上来说，过程机械化确实可以在一定程度上减少人的主观性。

第四，智能化技术的应用旨在提供"不确定世界中的确定性"，为稳

---

〔1〕 See Daniel Gutierrez, Will Big Data Kill the Art of Marketing?, http://insidebigdata.com/2015/01/16/will-big-data-kill-art-marketing/, last visited on Oct. 21, 2020.

〔2〕 杨继文、范彦英："大数据证据的事实认定原理"，载《浙江社会科学》2021年第10期。

〔3〕 周祖成、杨惠琪："法治如何定量——我国法治评估量化方法评析"，载《法学研究》2016年第3期。

〔4〕 See Tarleton Gillespie, Pablo J. Boczkowski, Kirsten A. Foot, *Media Technologies*: *Essays on Communication*, *Materiality*, *and Society*, MIT Press, 2014, p. 168.

〔5〕 参见伊卫风："算法自动决策中的人为歧视及规制"，载《南大法学》2021年第3期。

〔6〕 Future of Privacy Forum, Big Data: A Tool for Fighting Discrimination and Empowering Groups, https://fpf.org/2014/09/11/big-data-a-tool-for-fighting-discrimination-and-empowering-groups/, last visited on Oct. 21, 2020.

健、循证决策生成可靠的知识。[1]减少歧义、建立清晰性和确定风险的能力常常被认为是大数据和人工智能的重要价值，其被认为可以在信息爆炸的社会中蓬勃发展，有望以高精度和准确度找到"噪声中的信号"，做到"大海捞针"。[2]此外，大数据和人工智能对于提升人类社会确定性的另一个重要价值，便是提供预测性功能，这也是智能化技术的核心功能。例如，当前很多国家正在进行的智慧城市建设在某种程度上便利用了这种预测功能，各个地方开始以智能化技术为依托来获知具体的治理重点，进而达到精准施策、精准治理的效果。[3]这种预测性使得人们可以在行事之前便了解事情的风险和机会，进而采取更合理的行动。

三、大数据经验主义的风险

从认识论的视角来看，大数据经验主义提供了一条较为诱人的道路，这种理论较为契合当前社会发展的形式，"开始从新的大数据视角突破个体理性主义传统对自然科学的故步自封的理解，将科学理性与社会合理性结合起来，这有利于科学文化与人文文化走向融合"。[4]人工智能证据便是依托于大数据通过算法分析生成后的结果，其本质上也属于大数据经验主义的产物，这在某种意义上证明了人工智能证据的价值。当然，也需要注意的是，大数据经验主义的部分观点可能过度美化智能化技术的可靠性和客观性，对此也应该适度保持警惕。这主要表现为三个方面。

首先，依据大数据作出的对策并非不可错。一方面，尽管大数据力求获得全面无遗的数据，并且也确实尽可能地对各个领域的数据进行收集，但实际上它所囊括的数据仍然存在限度，数据的获取会不可避免地受到所

---

〔1〕 AppDynamics, AppDynamics Announces New Application Intelligence Platform, https://www.appdynamics.com/press-release/appdynamics-announces-new-application-intelligence-platform/, last visited on Oct. 21, 2020.

〔2〕 See Gernot Rieder, Judith Simon, "Big Data: A New Empiricism and its Epistemic and Socio-Political Consequences", in Wolfgang Pietsch, Jörg Wernecke, Maximilian Ott ed., *Berechenbarkeit der Welt？. Springer VS, Wiesbaden*, 2017, p.91.

〔3〕 参见谢遥："法律地理学论纲"，载《交大法学》2021 年第 2 期。

〔4〕 贾向桐："大数据的新经验主义进路及其问题"，载《江西社会科学》2017 年第 12 期。

使用的数据平台、技术和监管的限制。[1]另一方面，大数据并不能逃脱数据的既有特性——数据的可错性。事实上，无论是关于数据的知识还是数据的构成均有可能存在错误。[2]

其次，"机械客观性"的理想依然不现实。数据本身不可能单独存在，无论是对数据的理解还是对数据所依托算法的认识都需要以相关的理论框架作为基础。正如古尔德（Gould）所言："无生命的数据永远无法自圆其说，我们总是为调查、分析和解释的任务带来一些概念框架，无论是直观的、形式不良的，还是严密的、正式的。"[3]当数据需要借助其他框架进行解释时，其必然会受到人的价值和偏见的影响。可以说，"机械客观性"的理想在夸大经验数据独立性的同时，并没有充分意识到在科学实践活动中人类理性维度的意义和价值。[4]

最后，通过归纳发现事物的相关关系只能作为认识世界的一种方式，而不可能成为全部方式。简言之，即便在大数据时代，因果关系的认识仍十分重要。一方面，相关关系的背后往往蕴含着因果关系。就如同看似神奇的尿布与啤酒的故事，其背后亦有深层次原因可以挖掘。[5]由此，不同事物之间的相关关系并非不能解释，而是需要更深刻的认识。从这一角度来讲，相关分析可以为研究因果关系奠定基础，而非取代因果分析。[6]另一方面，没有因果关系的相关分析并不可靠。如前文所述，大数据本身具有可错性，如果没有一种合理的解释框架，其分析是否正确势必存在疑

---

〔1〕 See Rob Kitchin, "Big Data, New Epistemologies and Paradigm Shifts", *Big Data & Society*, 1 (2014), pp. 4-5.

〔2〕 See Martin Frické, "Big Data and Its Epistemology", *Journal of the Association for Information Science and Technology*, 66 (2015), p. 652.

〔3〕 See Peter Gould, "Letting the Data Speak for Themselves", *Annals of the Association of American Geographers*, 71 (1981), p. 166.

〔4〕 参见贾向桐："论当代大数据发展中的理论终结论"，载《南开学报（哲学社会科学版）》2019年第2期。

〔5〕 一种解释是父亲在给孩子买尿布的时候通常会同时买啤酒犒劳自己。参见赵春玉："大数据时代数据犯罪认定的方法转向与价值回归"，载《思想战线》2021年第5期。

〔6〕 参见［英］维克托·迈尔-舍恩伯格、肯尼思·库克耶：《大数据时代　生活、工作与思维的大变革》，盛杨燕、周涛译，浙江人民出版社2013年版，第88页。

问。究其根源，大数据经验主义对相关关系的理解，更多着眼于数据的语用学视角，但其语义学视角也不可忽视，否则我们只能把世界及其对应的知识模糊化。[1]

基于上述原因，对于依托于大数据经验主义的人工智能证据而言，其可靠性、可解释性等方面仍然可能存在各种问题。也正是从这个角度上讲，人工智能证据并不能逃避相关性、合法性和可靠性等方面的质疑，也就是说，此类证据仍需要经过严格的审查才能在法庭之上加以应用。

---

[1]　参见贾向桐："大数据的新经验主义进路及其问题"，载《江西社会科学》2017年第12期。

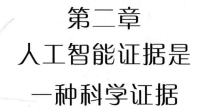

第二章
人工智能证据是
一种科学证据

伴随着科学技术的进步，科学证据逐渐出现在法庭之中。科学证据的形态并不是一成不变的，其会随着人类科学技术水平的提升而不断演进。从最早的指纹证据、痕迹证据，再到 DNA 证据，这些证据既具有科学证据的一般特征，也因不同技术的差异有着各自的特点。作为科学证据的人工智能证据也同样如此。[1]基于此，本章将首先对证据以及科学证据的特点进行介绍。其次分析人工智能证据的概念、典型形式、特点及其对于事实认定的价值。最后本章将进一步讨论人工智能证据对人类证据制度的挑战。

第一节　科学证据是科学技术活动的产物

一、证据的本质是一种信息体

关于证据的概念，法学界和实务界对其内涵和外延一直存有争议，并存在"事实说""材料说""信息说"和"修正的事实说"等竞争性理论。[2]相对而言，"信息说"最能代表证据内容和形式的统一，其对于"证据"的定位更为科学。[3]因此，本书采用"信息说"的观点：证据是与待证事实相关，用于证明当事人所主张事实之存在可能性的信息体。[4]该观点可从三个方面来理解。

（一）证据是由证据事实和证据载体构成的信息体

从信息哲学的视角看，"信息是标志间接存在的哲学范畴，它是物质（直接存在）存在方式和状态的自身显示"。[5]由上述论断不难发现，有

〔1〕　See Sabine Gless, "AI in the Courtroom: A Comparative Analysis of Machine Evidence in Criminal Trials", *Georgetown Journal of International Law*, 51（2020），p. 199.

〔2〕　参见陈林林："法学基本范畴研究：证据"，载《浙江社会科学》2019 年第 6 期。

〔3〕　参见朱健："从新《民事诉讼法》看电子证据的科学定位"，载《法律适用》2013 年第 12 期。

〔4〕　参见张保生主编：《证据法学》，中国政法大学出版社 2018 年版，第 11 页。

〔5〕　邬焜：《信息哲学：理论、体系、方法》，商务印书馆 2005 年版，第 45-46 页。

物质才能有信息，反过来也同样如此，有信息才能有物质，所有的物质都必须以信息编码的形式存在，而载有信息的物质与信息一起被称为信息体。此后，这些信息被人类加工，并最终在人类的头脑中留下痕迹，这便是信息的表征性。"表征"作为信息特性，恰为证据所分享：案件事实一旦发生，就定格为历史事实。但已发生的事实，总要留下某些其曾经存在过的痕迹或标记。因此，某一事实发生或存在过的形态、结构、属性和含义，会以证据的形式保留下来。[1]但证据并不等于事实，"物质的相互作用，必然引起作用双方的内在结构、运动状态和性质的某种改变，这种改变的'痕迹'就是对作用物信息的接收和储存。所以，任何物体都已经将自身演化成了具有特定结构和状态的凝结着种种信息的信息体"。[2]因此，证据只能称为蕴含着历史事实的信息体。这种信息体既具有物质性，也具有信息性。其中，物质性表现为证据载体，即可以直接观察和认识的、蕴含与待证事实具有相关性内容的空气振动、物理载体、纸张、电子媒介等形式，例如承载着文字记录的笔记本、信件。而信息性表现为证据事实，即证据载体所揭示的案件事实片段，[3]它是关于证据载体具有什么性质、证据载体与待证事实具有何种关系的命题。[4]例如，依据笔记本中所记录的内容得出的判断。

对于事实认定而言，相较于证据载体，证据事实往往决定着证明的方向，这是由于事实认定的过程就是证据事实结合概括向待证事实推进的过程。[5]例如，证人1说"我看到张三那天下午4点15分进入李四家"的证言，与概括"一个家庭访客，一般（通常）会在那里待上15分钟"，可以推断出张三那天下午4点15分确实去了李四家，他可能在4点30分实

---

〔1〕 参见张保生主编：《证据法学》，中国政法大学出版社 2018 年版，第 11 页。

〔2〕 参见邬焜："论自在信息"，载《学术月刊》1986 年第 7 期。

〔3〕 参见陈瑞华：《刑事证据法》，北京大学出版社 2018 年版，第 92 页。

〔4〕 参见向燕："论刑事综合型证明模式及其对印证模式的超越"，载《法学研究》2021 年第 1 期。

〔5〕 参见 [美] 特伦斯·安德森、戴维·舒姆、[英] 威廉·特文宁：《证据分析》，张保生等译，中国人民大学出版社 2012 年版，第 79-81 页。

施了谋杀李四的犯罪行为。[1] 在本案中，起决定性作用的，一是证据事实"张三那天下午 4 点 15 分进入李四家"，二是概括"一个家庭访客，一般（通常）会在那里待上 15 分钟"。而作为证据载体的张三的陈述并不会对该推论链条产生影响。通常来说，证据载体是可变的，其形式并不会对事实认定产生根本性影响。例如，相同的内容，无论是记录在笔记本上还是记录在电子邮件中都不会影响事实认定的走向，而最终起决定性作用的是具体记录的内容。

（二）证据是与待证事实相关的信息体

近年来，信息社会和知识时代的来临使得信息以惊人的速度膨胀，[2] 各式各样的信息充斥于人类周围。以新浪网在某个时间点（2021 年 11 月 19 日）的首页信息为例，这些信息囊括中美关系、疫情防控、食品价格、体育比赛等各式各样的内容。而在浩如烟海的信息中，仅有少数属于证据事实。这些信息在案件发生后，储存在现实世界中的某种物品或是某人的大脑之中。但无论是何者，其均或多或少可以与这个案件发生关联。换言之，能被称为证据的信息体，必须包含着与待证事实有所关联的信息。这种关联不是哲学意义上的普遍联系，也并不需要通过法律规定，而是经验意义上的特殊联系。[3] 正如塞耶（Thayer）所说："有一个原则——与其说是一条证据规则，不如说是构成理性证据制度概念本身的前提性预设——这个原则禁止接受任何无相关性、逻辑上不具有证明力的东西。我们何以知道什么是被禁止的东西？不是凭借任何法律规则。法律并未提供相关性的检验标准。因此，人们默认借助逻辑和一般经验，正像许多别的事情被假定已为法官和牧师们所充分知晓那样，我们假定推理原则也为他们所知晓。"[4] 也正是由于这个原因，相关性而非其他属性才是证据的根本属性。

---

[1] 参见张保生主编：《证据法学》，中国政法大学出版社 2018 年版，第 40-41 页。

[2] 参见刘仁文、曹波："人工智能体的刑事风险及其归责"，载《江西社会科学》2021 年第 8 期。

[3] 参见张保生主编：《证据法学》，中国政法大学出版社 2018 年版，第 11 页。

[4] James Bradley Thayer, *A Preliminary Treatise on Evidence at the Common Law*, Little Brown, 1898, pp. 264-266.

(三) 证据是指向事实主张的信息体

证据提出者可以提供证据来主张某种事实，对抗方则可以提供相反证据来反驳该事实主张。[1]因此，诉讼双方总是用不同的证据甚至相同的证据来证明己方的事实主张，从而形成两个大不相同的案情或"故事"。这两个案情或"故事"，若有一真，便必有一假；它们可以同假，却不可能同真。在审判中，诉讼双方都试图提出"看似可信的"所有证据，来说服法官或事实认定者支持己方的事实主张；[2]然而，法官或事实认定者会运用自己的判断，通过评估证据支持其所主张事实之存在的可能性，进行经验推论来认定事实，作出中立的裁判。[3]基于此，证据不具有客观性，法官或事实认定者需要对证据的可靠性进行判断。相关法律规定也证明了这一点。例如，我国《最高人民法院关于适用〈中华人民共和国刑事诉讼法〉的解释》第139条第1款规定："对证据的真实性，应当综合全案证据进行审查。"

二、科学证据分享证据的一般特性

科学证据是指存在于法律事务过程中的，具有科学技术含量、能够证明案件事实或者证据事实的各种信息体。[4]作为证据的一种，科学证据自然也分享证据的一般特性。

首先，科学证据同样包括证据事实和证据载体两部分，并且证据事实对于证明方向起到决定性作用。科学证据的证据事实是专家根据案件现场发现的痕迹或标记，通过科学的方法进行分析，最终形成的关于待证要件事实的判断。其证据载体或是专家鉴定后形成的鉴定报告或是专家的陈述。例如，在北京某生物技术开发公司、习某有等生产、销售有毒、有害食品案中，扬州大学医学院葛晓群教授出具的专家意见和南京医科大学司法鉴定所的鉴定意见证明，盐酸丁二胍与2013年《关于办理危害食品安

---

〔1〕 See Bryan A. Garner, *Black's Law Dictionary*, Thomson West, 2004, 8th ed., p. 595.

〔2〕 在一些国家，事实认定者与法官并不具有同一性。

〔3〕 参见张保生主编：《证据法学》，中国政法大学出版社2018年版，第12页。

〔4〕 参见邱爱民："科学证据内涵和外延的比较法分析"，载《比较法研究》2010年第5期。

全刑事案件适用法律若干问题的解释》第 20 条第 2 项《保健食品中可能非法添加的物质名单》中的其他降糖类西药（盐酸二甲双胍、盐酸苯乙双胍）具有同等属性和同等危害。[1]本案中，证据事实是"盐酸丁二胍与 2013 年《关于办理危害食品安全刑事案件适用法律若干问题的解释》第 20 条第 2 项《保健食品中可能非法添加的物质名单》中的其他降糖类西药（盐酸二甲双胍、盐酸苯乙双胍）具有同等属性和同等危害"，而扬州大学医学院葛晓群教授出具的专家意见和南京医科大学司法鉴定所的鉴定意见证明是证据的载体。显然，最终在事实认定中发挥作用的是科学证据的证据事实部分，其直接决定了有关药物是否存在危害，而证据载体无论是鉴定报告还是具体的专家意见，都不会对待证事实的认定产生太大影响。

其次，科学证据是与待证事实相关的信息体。对于科学证据而言，与待证要件事实具有相关性同样是重中之重。历史上，对于科学证据的审查曾一度忽略科学证据的相关性，最为典型的例证便是美国科学证据审查的演进历史。在 1923 年的弗赖伊案中，被告弗赖伊寻求把早期的血压指数测谎结果提供为证据。上诉法院在支持审判法院排除该证据时指出："虽然在采纳从公认的科学原理或研究发现中推演出的专家证言方面，法院还有很长的路要走，但据以进行推演的事情必须被充分证实到在其所属特定领域获得普遍接受。"[2]自此，科学证据的"普遍接受性"标准便成为美国科学证据审查的主要标准。该标准在一定程度上导致法官无法行使证据审查的职权，即只要科学证据具有"普遍接受性"，就必须被接受。其可能造成两个问题：一是不相关的科学证据，一旦具有"普遍接受性"就可以进入法庭；二是相关的科学证据无论如何重要，只要不具有"普遍接受性"就无法进入法庭。[3]也正是由于这样的问题，弗赖伊案所确定的"普遍接受性"标准被多伯特案提出的新的标准所取代，理由是：依据《美国

---

[1]　本案判决时，最新司法解释还未颁布。参见江苏省扬州市中级人民法院（2014）扬刑二终字第 0032 号刑事裁定书。

[2]　Frye v. United States，293 F. 1013（D. C. Cir. 1923）.

[3]　参见邱爱民、杨宏云："论美国科学证据可采性的多伯特规则及其前因后果"，载《江海学刊》2012 年第 3 期。

联邦证据规则》第401条至第403条，"普遍接受性"不是科学证据可采性的必要前提，相关性才是必要前提，该规则第702条给审判法官设定了这样的职责，即确保专家证言既依赖可靠的基础，又要与手头的案件具有相关性。[1]多伯特标准重新确立了法官在科学证据审查中的主体性地位，对于科学地审查科学证据具有重要意义。上述演进历程证明了，对于科学证据而言，最重要的属性还是相关性。

最后，科学证据是指向事实主张的信息体。科学证据同普通证据相似，同样可能指向不同的主张。例如，在盖巴斯科夫-拉基马洛大坝案中，匈牙利和斯洛伐克均提出了"令人印象深刻的科学材料"（impressive amount of scientific material），但双方的科学证据却指向了截然相反的命题，以至于法院坦言，双方都为其各自的立场提供了科学依据，但这些材料对于法院本身构成了巨大的挑战。[2]除此之外，科学证据同样也不具有客观性。美国"无辜者项目"2019年更新的数据显示，在通过DNA检测被证明无辜的350多起冤案中，有近一半的冤案（45%）竟然是由"法庭科学的不当使用"造成的。[3]而即使是被视为"证据之王"的DNA证据，同样也存在错误的可能。在遗传学家迈克尔·科布尔（Michael Coble）所进行的DNA检测实验中，竟有71%的实验室都出现了错误。[4]此外，即便是充满自信的专家，也难逃犯错的命运。例如，从20世纪80年代起就担任美国俄克拉何马城犯罪实验室主任的乔伊斯·吉尔克里斯特（Joyce Gilchrist）曾吹嘘自己在证据方面能人所不能——她的证言曾将23人送进死牢，其中11人被处决。但此后联邦调查局开展调查，发现她曾在5起案件中作出过误导性证言。[5]

---

〔1〕 Daubert v. Merrell Dow Pharmaceuticals, Inc., 509 U. S. 579 (1993).

〔2〕 参见何田田："徘徊在法律与科学之间——国际法院的专家指定"，载《当代法学》2018年第1期。

〔3〕 See Innocence Project, Misapplication of Forensic Science, https://www. innocenceproject. org/causes/misapplication-forensic-science/, last visited on Oct. 21, 2020.

〔4〕 See Starr Douglas, "When DNA Is Lying", *Science*, 351 (2016), p. 1135.

〔5〕 [美]科林·埃文斯：《证据：历史上最具争议的法医学案例》，毕小青译，生活·读书·新知三联书店2007年版，第85-86页。

三、科学证据的特点

科学证据在分享一般证据特性的同时，也表现出了与其他证据类型的不同特征，这主要表现在科学性、生成性、法律性和伦理性四个方面。

（一）科学性

科学证据是专家依据专门性知识生成的意见，其背后依托于科学技术。正如苏珊·哈克（Susan Haack）所指出的那样："当我写'科学证据'时，我只是指与科学主张和科学理论相关的证据。一般来说，在此意义上的科学证据就像和经验主张有关的证据一样——仅仅是更加如此而已：更复杂、更依靠于观察工具和证据资源的收集。"[1]苏珊·哈克实际上揭示了科学证据科学性的两个重要内容。

一方面，科学证据以科学知识为基础。科学证据之所以被称为科学，就在于其是"利用基于科学原理的专门科学知识对证据价值提出的事实或意见证据"。[2]这点上最为典型的例子便是 DNA 证据。DNA 证据的生成主要涉及的科学知识包括：（1）形态学知识。DNA 证据的生成需要借助观察和分析的方法。例如，通过在显微镜下的观察可以判断是人血还是兽血。（2）化学和生物化学知识。DNA 证据的生成需要借助化学方法进行预试验，鉴别斑迹的种类，如通过联苯胺试验或鲁米诺实验从可疑斑迹中识别出血痕，应用电泳技术分离、检测 DNA 片段。（3）免疫血清学知识。血痕的种属试验、精斑的确证试验等，均离不开免疫血清学的发展与应用。（4）遗传学知识。在亲子鉴定中要应用孟德尔遗传定律来分析父子关系，分析时所使用的遗传标记的基因频率要以群体遗传学理论为基础，通过群体调查来获得。（5）分子生物学知识。DNA 证据的主流分析技术——DNA 分型技术就是分子生物学发展的产物。采用分子生物学技术对 DNA 片段长度多态性和序列多态性进行分析，对生物物证的检测

---

[1]　[美]苏珊·哈克：《理性地捍卫科学——在科学主义与犬儒主义之间》，曾国屏等译，中国人民大学出版社 2008 年版，第 46 页。

[2]　See Bryan A. Garner, *Black's Law Dictionary*, Thomson West, 2004, 8th ed., p. 50.

范围、灵敏度和多态性远远超出了传统的血型遗传标记，在个人识别手段上产生了质的飞跃。（6）生物统计学知识。DNA 遗传标记的发现和研究、DNA 分型数据处理、结果解释等均离不开统计学在生物遗传学方面的应用。[1]

当然，需要指出的是，科学证据中的"科学"与实验科学中的"科学"仍有一定区别。实验科学中的"科学"要求科学方法具有可重复性，换言之，可重复性是科学与非科学的界分标准。[2]可重复性要求在不同研究者、不同实验室、不同时间和地点都能重复验证的事实才可以认定为科学事实。[3]亦有论者指出："如果一篇论文中，用于生成数字和图表的所有代码和数据均可获取，并且得到的结果与发表的结果完全一致，那么这项研究是可重复性的。"[4]对于科学证据而言，只有部分证据依托于具有可重复性的科学技术。例如，对于 DNA 证据而言，同一 DNA 检测样本在不同实验室盲测分型的情况下，只要将样本 PCR 扩增产物与 THOI 等位基因分型标准物同时电泳，分型结果便不会受到影响。[5]但是，很多依靠观察的证据，如指纹证据、痕迹证据等，在一些时候并不具有可重复性。以摩擦嵴分析为例，所谓摩擦嵴分析，是指对指印、掌印和脚掌印等印痕的分析。[6]对于这些印痕的主要鉴定方法是通过视觉进行判断：视觉比对包括辨明、目视"量度"和比较在潜在指印和已知指印的可比较区域内相对应的细节特征。这一步当中，可见的摩擦峰线的数量特征取决于两印痕的清晰度。观察到的细节可能包括潜在指印的总体形状、结构方面的特征、嵴的流向、峰线的总数、核心的形状、三角所在区域和形状、峰线的长

---

〔1〕 参见鲁涤：《法医 DNA 证据相关问题研究》，中国政法大学出版社 2012 年版，第 5-6 页。

〔2〕 See Brian A. Nosek, Jeffrey R. Spies, Matt Motyl, "Scientific Utopia: II. Restructuring Incentives and Practices to Promote Truth Over Publishability", *Perspectives on Psychological Science*, 7 (2012), pp. 615-631.

〔3〕 参见蒋劲松："可重复性原则及其自然观假定"，载《自然辩证法研究》2002 年第 4 期。

〔4〕 Jeffrey T. Leek, Leah R. Jager, "Is Most Published Research Really False?", *Annual Review of Statistics and Its Application*, 4 (2017), pp. 109-112.

〔5〕 参见侯一平等："法医 DNA 分型的可重复性"，载《中国法医学杂志》1998 年第 3 期。

〔6〕 参见美国国家科学院国家研究委员会：《美国法庭科学的加强之路》，王进喜等译，中国人民大学出版社 2012 年版，第 141 页。

度、细节所在处和类型、嵴线和小犁沟的高度、嵴的形状、汗孔位置、帮皱形态、伤疤形状、暂时性的特征形状（如肉赘）。在完成比对后，检验人员要对两个印痕中摩擦嵴构成的一致性进行评估，从而判断作出鉴定（来源同一确证）所用细节特征之充分性。当检验人员基于其经验，认为在潜在手印和已知手印的一致性上有足够数量和质量的摩擦嵴细节特征时，则可以作出来源同一的确认。如果过程表明在潜在手印和已知手印之间有足够的不一致，则可以作出排除来源同一的结论。如果确认同一和排除同一均无法作出，比较的结果就是非结论性的。[1]由上述分析方法不难发现，摩擦嵴分析更多依赖于专家通过显微镜观察后的比对，这种比对没有事先规定的标准，更多凭借观察者的经验分析。并且专家在"评估同一认定时一开始有意要保持主观，以使检验人员就比较细节的质量和数量均予以考虑。其结果是，由于检验人员不同，摩擦嵴分析的结果不必然具有可重复性"。[2]因此，对于科学证据的科学性特征应作广义理解——不仅包括实验科学中"科学"的含义，还包括一些不具有科学特征以及未使用科学方法的专业知识。

另一方面，科学证据依赖于科学仪器。科学证据的形成往往需要专家通过一定科学仪器进行检验，但不同科学水平的科学证据所依赖的仪器有所不同。对于指纹鉴定、痕迹鉴定等证据，通常只需要显微镜即可。例如，对于火器和工具痕迹的鉴定，最为重要的步骤就是"使用比对显微镜（由两个复合的显微镜通过比较器连接在一起，允许同时观察两个物体）检验子弹和弹壳上以及工具痕迹上的显微标记。火器检验人员通过视觉对未知和已知的子弹、弹壳或者工具痕迹的表面进行比对，来评估是否存在匹配"。[3]相对而言，毛发证据的分析要显得更复杂一些，其还涉及一些化

---

〔1〕　参见美国国家科学院国家研究委员会：《美国法庭科学的加强之路》，王进喜等译，中国人民大学出版社 2012 年版，第 143-144 页。

〔2〕　美国国家科学院国家研究委员会：《美国法庭科学的加强之路》，王进喜等译，中国人民大学出版社 2012 年版，第 143-144 页。

〔3〕　美国国家科学院国家研究委员会：《美国法庭科学的加强之路》，王进喜等译，中国人民大学出版社 2012 年版，第 159 页。

学工具的使用，当然，这仅仅是为了辅助显微镜进行更好地观察。[1]正如有论者指出："司法科学中数量最多的现实是，他们利用最新的显微镜对犯罪现场发现的材料的特征进行密切观察和比较。纤维、土壤、玻璃和油漆、弹道、工具痕迹、鞋类和指纹分析都是观察学科，当前和未来的价值在很大程度上取决于现代显微镜的发展。这些调查学科在以概率分析为指导的证据文化中工作，为刑事案件的调查和审判提供协助。"[2]相较于此，DNA 证据要依赖更为复杂的仪器和工具。在 DNA 提取阶段，常用的仪器设备有 DNA 自动提取仪、DNA 提取自动化工作站、离心机、加热保温装置和超净工作台。其中大型设备是 DNA 提取自动化工作站，该工作站是当前建设 DNA 数据库工作中的重要仪器设备，可以大量快速处理待检样本，能够有效提高样本处理效率，防止检验污染产生。[3]在 DNA 扩增过程中，需要应用到 PCR 扩增仪、DNA 荧光复合扩增试剂盒，在进行数据库建设时如果样本量较多，还要配备自动分液装置，以帮助进行扩增试剂分液和扩增样本加样。在样本检测过程中，最重要的设备是基因分析仪，该仪器应用毛细管电泳原理，在凝胶介质中将不同片段长度的 DNA 分离开，运用激光激发技术激发 DNA 片段所携带的荧光基团，获得荧光信号，通过CCD 接收形成检测数据，与之相关的耗材主要有基因分析仪在进行检测分析时所使用的凝胶、缓冲液、毛细管等。[4]而随着科学技术的发展，当前DNA 分析已经进入了自动化阶段，DNA 证据的质量直接与实验室的设备精密程度相挂钩，仪器越是精密，最终生成证据的准确度也就越高。

（二）生成性

证据的产生主要有两种模式，第一种模式是案件发生时留下的痕迹或

---

〔1〕 美国国家科学院国家研究委员会：《美国法庭科学的加强之路》，王进喜等译，中国人民大学出版社 2012 年版，第 163 页。

〔2〕 Terrence F. Kiely, *Forensic Evidence: Science and the Criminal Law*, CRC Press, 2005, 2nd ed., pp. 121-122.

〔3〕 参见赵兴春、季安全、叶健："法庭科学 DNA 检验设备的现状和发展"，载《刑事技术》2011 年第 6 期。

〔4〕 参见赵兴春、季安全、叶健："法庭科学 DNA 检验设备的现状和发展"，载《刑事技术》2011 年第 6 期。

标记。例如，刑事被追诉人持刀杀人，这把杀人用的刀在行凶时便成了证据。而对于看到整个行凶过程的证人而言，其最终用于作证的信息是犯罪发生时看到的内容在头脑中留下的痕迹。因此，普通证据的产生与案件的进行大体具有同步性。此外，这些证据的产生也并非人类有意设计。例如，杀人用的刀在杀人的一刹那就成了证据，并不需要再有后续的操作。同样，当证人看到行凶过程后，便在头脑中形成了印记，该印记的形成也不会受任何规则的影响。

第二种模式则是侦查人员等主体发现了一些现场留下的痕迹或材料，经鉴定后形成的科学证据。例如，犯罪现场发现的刀和指纹均是案件发生时所留下的材料，但科学证据并不以这些材料直接用于证明，而是通过专家对这些材料进行分析后生成意见，再进行证明。该意见的得出虽然需要借助现场发现的各种材料，但最终在法庭上提交的证据是专家生成的鉴定意见。与第一种模式不同的是，科学证据的生成大多滞后于案件发生，同时也是人类有意识干预的结果。

科学证据的这种形成方式便是生成性——不同于物证、书证等展示性证据和证人证言，可以把信息直接传达给事实认定者，而是需要鉴定人或专家通过检验、鉴别和推论等"二次开发"活动，生成鉴定意见证据。[1]具体来说，科学证据的生成性主要表现在以下三个方面。

（1）专家可以生成证据性事实本身。一个例子是对物质进行分析的化学家，诸如在水污染或毒品的刑事诉讼中，对实物的化学成分进行的分析。另一个例子是从事血液或组织分析的医务工作者。这些个人为事实认定者提供基本事实。（2）专家可以教导陪审团有关得出证据性事实的推论所需要的专业或科学信息。例如，关于汽车结构的安全性，工程师可针对构件金属的张力作证。又如，医学专家教给事实认定者关于疾病症状的含义。（3）最常见的，并且在我们看来最不合理的是，专家会向事实认定者提供其也许会服从的推论和结论。对刑事被告精神健全作证的心理学家，

―――――――――

〔1〕　参见张保生主编：《证据法学》，中国政法大学出版社 2018 年版，第 249 页。

是一个例子；就水污染损害健康作证的科学家，是另一个例子。"在两位专家互相冲突又都具有科学高深的结论之间，事实认定者也许不得不多少根据一时的灵感来选择服从和接受其中一位专家的结论。"因此，鉴定并不限于"证据核实行为"，还具有生成证据的功能。[1]

（三）法律性

科学证据的生成往往伴随着特定的目的。例如，在张某、张某某故意伤害案中，因无法确定被害人张某的受伤状况，大连市西岗区人民法院"经大连市中级人民法院委托大连某法医司法鉴定所就被害人张某伤残等级、误工时间、护理时间、营养时间、医疗费是否合理、后续治疗费进行鉴定，鉴定意见为：张某外伤，不构成伤残；误工期为 120 天，需 1 人护理 60 天，需给予 30 天的营养费用；不需后续治疗；2020 年 6 月 5 日检查费为不合理，其余医疗费均为合理"。[2]该鉴定意见被作为事实认定的重要依据。由此可见，科学证据的生成并非像普通证据一样是天然的结果，而是人类为了满足司法证明目的而进行的有意识的证据生成活动。这就意味着，对于科学证据必须设计严格的规则，以避免其与司法证明目的相冲突。

这种通过严格规则对科学证据进行规制的特点，便是科学证据的法律性。具体来说，科学证据和普通证据受到法律规制的程度是不同的。就普通证据而言，证据的可采性审查标准往往不是很高，即使在制定了严格的可采性规则的美国，也只有传闻证据规则、意见证据规则、品性证据规则、不得用以证明过错或责任的规则和非法证据排除规则等个别在特殊情况下限制证据进入法庭的规则。[3]而科学证据则有所不同，其可采性不仅受传统证据可采性规则的限制（除了意见证据规则），还受到可靠性规则的限制。例如，在美国，多伯特案确立了应由法官而不是科学家对科学证

---

〔1〕 张保生主编：《证据法学》，中国政法大学出版社 2018 年版，第 249 页。

〔2〕 辽宁省大连市西岗区人民法院（2021）辽 0203 刑初 60 号刑事附带民事判决书。

〔3〕 参见易延友：《证据法学：原则、规则、案例》，法律出版社 2017 年版，第 19 页。

据的可靠性进行评估，而此后这一可靠性标准也被《美国联邦证据规则》所确认。[1]在澳大利亚，科学证据的可靠性也是可采性的判断标准，法官会根据理论或技术的可检验性以及技术的错误概率等内容，对科学证据进行审查。[2]在我国，鉴定意见的可靠性同样是可采性的审查重点，《关于办理死刑案件审查判断证据若干问题的规定》《最高人民法院关于适用〈中华人民共和国刑事诉讼法〉的解释》等规则均将鉴定意见的可靠性作为其是否具有可采性的主要审查对象。[3]相比之下，普通证据的可靠性问题多是证明力问题，而不影响证据是否可以进入法庭。正如有论者所指出的那样，普通证据的可采性通常并不包含对证据可靠性的判断，它只是对一个证据作为能够证明案件真实情况材料资格的认可，它是一个证据被采信从而作为定案根据的前提。[4]即使是个别涉及可靠性的排除规则，也只有在特殊条件下才能触发。以传闻证据规则为例，其只适用于"陈述者在审理或听证作证时所作陈述外的陈述"的情况，[5]并且有关规则也在日益萎缩。例如，在美国便掀起了一场"传闻证据规则自由化"（the liberalization of the hearsay rule）的运动，受该运动影响，美国许多州的证据法实践，虽有传闻证据规则之形式规定，但却并未被严格遵守。[6]此外，如前文所述，这些针对普通证据的排除规则也大多适用于科学证据，换言之，科学证据在受到这些规则制约的同时，还要受到更严格的法律规制。

（四）伦理性

科学证据的形成有赖于专家依托于自己的专业知识对有关问题进行分析。在这一过程中，专家是距离科学证据最近的人，他们比其他人都更有能力预测科学证据的应用前景，这便要求他们在进行鉴定等活动时，有效

---

〔1〕　参见王进喜：《美国〈联邦证据规则〉（2011 年重塑版）条解》，中国法制出版社 2012 年版，第 216 页。

〔2〕　参见季美君："澳大利亚专家证据可采性规则研究"，载《证据科学》2008 年第 2 期。

〔3〕　参见张永进："美国专家证词的可采性标准"，载《人民检察》2015 年第 19 期。

〔4〕　参见易延友：《证据法学：原则、规则、案例》，法律出版社 2017 年版，第 19 页。

〔5〕　参见《美国联邦证据规则》第 801 条第（c）款。

〔6〕　参见周叔厚：《证据法论》，三民书局 1995 年版，第 796-811 页。

评估科学证据的风险。正如有论者指出的那样：专家"不能是一个'纯粹的'数学家、'纯粹的'生物学家或'纯粹的'社会学家，因为他不能对他工作的成果究竟对人类有用还是有害漠不关心，也不能对科学应用的后果使人民境况变好还是变坏采取漠不关心的态度。不然，他不是在犯罪，就是一种玩世不恭"。[1] 上述内容体现了科学证据生成过程中的伦理性特征。具体而言，这种伦理性对于生成科学证据的专家有两个方面的要求："一是对科学研究本身的行为负责，即在科学研究中，科学家一旦意识到此类研究会威胁到人类生存，或者会对人类生活环境造成不可逆的损害，就应当自觉地约束自己的行为，甚至终止此类研究。二是对科学家的社会行为负责，即科学家应当充分利用所掌握的知识，将自己已经认识或预见到的科学研究可能带来的各种后果，理性地和负责任地告诉公众。"[2] 相较而言，普通证据的形成往往并非人类有意识干预的结果，因此也大多不涉及伦理性问题。

第二节　人工智能证据的机器意见性质

一、人工智能证据概念

（一）人工智能证据是支持事实认定的机器意见

"人工智能证据"一词包含两部分内容：一是"人工智能"；二是"证据"。这也就对应着两项要求。一方面，"人工智能"一词要求人工智能证据需要经过人工智能分析并生成相应的机器意见。此处的人工智能分析既不同于简单的借助机器进行录入，如将文字输入于 Word 文档之中；也不同于传统的借助机器进行分析计算，如借助电脑计算器计算加法。理由在于，上述两项活动并不需要机器自身构建规则：将文字输入于 Word 文档之中只是将人类的想法加以简单记录；而运用计算机进行加法计算的

---

〔1〕　［英］M. 戈德史密斯、A. L. 马凯主编：《科学的科学——技术时代的社会》，赵红州、蒋国华译，科学出版社 1985 年版，第 27 页。

〔2〕　张南宁：《科学证据基本问题研究》，中国政法大学出版社 2013 年版，第 214 页。

算法是人类事先构建的，计算机在计算过程中仅仅承担工具的角色，在这一过程中，机器的本质是人类"形式和功能的延伸与强化"。[1]但人工智能分析则有所不同，如前文所述，机器学习技术已经可以让机器自身构建规则而不为人类所知悉。换言之，机器的运行基础并非人类事先明确建立好的规则，而是根据数据自我构建的规则，即最终的结论是机器生成的意见。另一方面，"证据"一词要求人工智能分析需在法庭中用于待证事实的证明，而不仅是作为发现其他证据的线索等。

基于上述分析，人工智能证据可以定义为基于人工智能分析形成的可用于证明案件事实的机器意见。[2]以则某走私、贩卖、运输、制造毒品案为例，法官在判决书中指出："'智能轨迹分析'材料证实，被告人则某自2015年至2019年与涉毒人员罗某等多次入住景洪市、勐海县等地的宾馆、酒店。"[3]本案中的智能轨迹分析材料便是通过智能分析形成的意见并直接用于待证事实的证明，那么该证据也就属于人工智能证据。

（二）人工智能证据与相关理论概念的区分

与人工智能证据相关联的概念主要有五个，分别为人工智能方法证据、人工智能情报、大数据证据、大数据侦查和机器证据，下面将分别就其与人工智能证据的关系进行分析。

1. 人工智能证据与人工智能方法证据

人工智能方法证据包含的范围十分宽广，即相关证据在任何时间只要使用了人工智能方法便可以称之为人工智能方法证据。这类证据不仅包括人工智能证据，还包括虽然经过机器分析但并不以机器结论用于证明的证据以及未经过机器分析但涉及人工智能技术的证据。

一些时候，出于特定的证明目的，证据出示方可能并不是将机器结论的内容用于证明，而是为了证明人工智能工具可以运转，或人工智能工具是一个有效的信息传递渠道等。换言之，虽然机器明确传递出了一个主

---

〔1〕　曹克："变化和发展中的技术哲学"，载《自然辩证法研究》2000年第6期。

〔2〕　参见马国洋："论刑事诉讼中人工智能证据的审查"，载《中国刑事法杂志》2021年第5期。

〔3〕　云南省高级人民法院（2020）云刑核64757499号刑事裁定书。

张，但是最终用以证明待证事实的并非该主张的具体内容，而是"传递出某个主张"的事件。对于事实认定者而言，其可以从机器生成结论的行为中推断出待证要件事实，而无须机器结论，那么这样的证据便不属于人工智能证据，而只能称之为人工智能方法证据。[1]例如，即使一个人脸识别设备对人脸进行了比对，并形成了相似度的分析报告。但欲证明的事实仅仅是该人脸识别设备在某个时间点可以运行，那么这就不是人工智能证据。这与物证和书证的判别有一定相似性：若一本日记的出示仅仅为了证明被告人确实有一个日记本，而无须其中内容对待证事实加以证明，那么该证据应作为物证而非书证。

此外，有些时候，一些人工智能设备甚至并不需要进行智能分析便可以作为证据。例如，若刑事被追诉人运用智能人脸识别设备殴打某被害人，那么这一设备虽然涉及人工智能技术，但却并非以智能分析的方式证明案件事实，其本质仅仅是物证而非人工智能证据。

2. 人工智能证据与人工智能情报

人工智能情报是指在侦查过程中，侦查人员运用人工智能技术获取的一定线索和信息并用于其他证据的收集。[2]其主要是将人工智能结论用作其他证据获取的前提或铺垫，而不用于最终的法庭举证。对于人工智能情报而言，人工智能技术主要发挥的是工具性作用，如"促进情报资源丰富化、线索发现主动化、案情研判智能化"，[3]但最终用于事实认定的是传统的证据种类。换言之，侦查人员通过人工智能分析发现了传统的物证、书证或证人证言后，最终在法庭上所出示的证据并非人工智能的分析结果，而仅是依靠人工智能分析所挖掘的其他证据。以胡某大诈骗案为例，法院查明："到案经过、受案登记表、立案决定书，证实2019年2月7日16时31分，被害人张某1将一名女子扭送至镇康县公安局南伞刑事侦查中队，声称其被该名女子婚姻诈骗。该女子自称李某，缅甸人。经侦查人

---

〔1〕 See Andrea Roth, "Machine Testimony", *Yale Law Journal*, 126（2017），pp. 2001-2006.

〔2〕 参见林喜芬："大数据证据在刑事司法中的运用初探"，载《法学论坛》2021年第3期。

〔3〕 王燃："大数据时代侦查模式的变革及其法律问题研究"，载《法制与社会发展》2018年第5期。

员通过人脸识别系统对比，该女子为中国籍女子胡某大，但该女子拒不供述其真实有效身份信息，镇康县公安局以胡某大涉嫌诈骗于当日立案侦查。"〔1〕本案中，人工智能分析结果的作用是作为情报用以发现刑事被追诉人胡某大，而并未在法庭之上出示，因此，其便属于人工智能情报而非人工智能证据。基于上述分析不难发现，人工智能情报与人工智能证据的区别就在于人工智能分析意见是否在法庭之上出示并用于待证事实的认定，若其未出示便是人工智能情报，出示便是人工智能证据。

另外需要注意的是，通过人工智能情报发现的证据同样不能认定为人工智能证据，否则有可能引发一份证据（一个证明目的）两个证据种类的困境。例如，通过人工智能分析发现的作案工具本是一种物证，如果因其借助了人工智能技术便称之为人工智能证据，那么该作案工具就具有物证和人工智能证据双重身份，而这两种证据种类在证据审查时需要遵守不同的规则，这就可能引发证据规则的适用困难。当然，运用人工智能情报收集的证据与人工智能证据也并非完全对立，二者均利用了人工智能技术，因此，二者在证据审查时可能面临同样的问题。例如，运用人工智能情报收集的证据适用的核心问题是因为证据获取方式的不合法而导致证据排除，而这一问题人工智能证据同样会面对。因此，厘清人工智能证据的适用问题对于解决运用人工智能情报收集的证据的适用问题同样具有重要意义。〔2〕

3. 人工智能证据与大数据证据

大数据证据是当前我国学界对于经算法分析产生的证据的统称，其主要是指"对海量数据进行筛选、汇总、提炼、形成结论并在审判中使用的证据"。〔3〕从技术的角度上看，虽然如前文所述，当前人工智能技术的发展在一定程度上有赖于大数据技术的出现，但是一些时候，人工智能分析

---

〔1〕 云南省镇康县人民法院（2019）云 0924 刑初 73 号刑事判决书。

〔2〕 参见郑飞、马国洋："大数据证据适用的三重困境及出路"，载《重庆大学学报（社会科学版）》2022 年第 3 期。

〔3〕 郑飞、马国洋："大数据证据适用的三重困境及出路"，载《重庆大学学报（社会科学版）》2022 年第 3 期。

并不需要大数据技术的参与。例如，有论者曾指出："一些小数据并不小，特别是一些区域性数据研究涉及的样本可能高达十几万甚至几十万个，其研究方式可能与大数据研究并无二致，甚至有的小数据研究已经在使用复杂的机器学习。"[1]从这个意义上讲，可以说人工智能证据既可以依托于海量数据分析产生，也可以依托于小数据分析产生。因此，人工智能证据包括大数据证据。

当然，随着现代科学的不断进步，大数据技术已经和人工智能技术实现了紧密的结合，[2]亦有学者将相关技术称为"大数据智能"。[3]当前有不少技术产品都是"大数据智能"的产物。例如，一些电子地图软件可以根据用户出行的大数据为用户画像，然后根据用户的需求合理地推送路线。再如，很多广告投放的"运作机制是根据特定用户和特定情境，通过高效算法确定与之最匹配的广告并进行精准化创意、制作、投放、传播和互动，目的是要解决广告信息、用户、场景三者的匹配问题"。[4]本质上，这种方法是通过大数据分析与机器学习算法提取用户的特征，并在合适的时间和空间将广告推送给用户。因此，考虑到当前的技术发展态势，可以说大数据证据与人工智能证据之间的差距在不断缩小。本书之所以采用人工智能证据这一说法，除人工智能证据的外延更广之外，还有两个方面的因素。一是由于大数据证据定位不清。如前文所述，当前学界对于大数据证据的定义较为混乱，造成这种混乱的原因一定程度上是因为大数据证据这一概念容易与电子数据、电子证据等概念混同。在讨论大数据证据概念的时候，不少学者认为大数据证据除将"通过对海量数据进行筛选、汇总、提炼，进而通过算法形成的结论"作为证据使用的情况外，[5]还包括

---

〔1〕 左卫民："迈向大数据法律研究"，载《法学研究》2018 年第 4 期。

〔2〕 参见刘宪权、朱彦："人工智能时代对传统刑法理论的挑战"，载《上海政法学院学报》2018 年第 2 期。

〔3〕 参见张华平、商建云、刘兆友编著：《大数据智能分析》，清华大学出版社 2019 年版，第 1 页。

〔4〕 段淳林、宋成："用户需求、算法推荐与场景匹配：智能广告的理论逻辑与实践思考"，载《现代传播（中国传媒大学学报）》2020 年第 8 期。

〔5〕 参见丰叶："职务犯罪大数据证据研究"，载《科技与法律》2020 年第 8 期。

"直接将大数据以等量复制的数据副本形式"作为证据使用的情况，[1]在这种情况之下，大数据证据更接近于电子证据。故而，采用这样的定位容易导致"既承认大数据证据不同于电子证据和人工智能证据，又认为大数据证据包括电子证据和人工智能证据"[2]的困境。而法官在审查大数据证据时，需要对证据是电子证据还是人工智能证据进行二次区分，这无疑增加了证据审查的复杂性。事实上，对于大数据数据副本等与电子证据存在形式相近的大数据证据，完全可以依据电子证据审查规则对其进行审查判断，这部分内容无法体现此类证据的特殊性。而大数据证据的独特性就在于其"将大数据经过计算模型处理后的分析结论作为证据使用"的部分，[3]即本书所言的人工智能证据，对该类证据的审查需要构建新的审查体系。因此，为突出此类证据的特殊性，并便于直接审查，使用人工智能证据的概念更为合理。

二是大数据证据的概念使不少学者将此类证据的表现形式拘泥于大数据分析报告，而忽略了更为广阔的人工智能证据应用可能。例如，有学者以 e 租宝案件为例，指出"'e 租宝及芝麻金融数据'至少包括从 4000 多家银行、247 家第三方支付平台、164 家保险公司、114 家券商汇总的 1 万多个账户的几十亿条资金交易流水信息，'集团 OA 系统中关于会议、财务、合同的数据'主要是部署在阿里云平台的、涉及 200 多台服务器的数据。全案数据的总量达到 30TB 左右。这些海量数据交由司法人员一条一条地筛选使用根本不现实，但可以借助数据统计、数据碰撞、数据挖掘与机器学习等方法形成分析报告，用作办案支撑"。[4]另有学者举例，"在某组传销案件中，经鉴定，××××年××月×日至××××年××月×日间，被告人×××等发展世界银联、世界云联会员 93 层，其中注册会员 4 391 449 个，充值会员 885 815 个；通过'宝付''双乾''汇潮''畅捷''迅付'等第三方支

〔1〕 参见谢君泽："论大数据证明"，载《中国刑事法杂志》2020 年第 2 期。
〔2〕 参见徐惠、李晓东："大数据证据之证据属性证成研究"，载《中国人民公安大学学报（社会科学版）》2020 年第 1 期。
〔3〕 参见谢君泽："论大数据证明"，载《中国刑事法杂志》2020 年第 2 期。
〔4〕 刘品新："论大数据证据"，载《环球法律评论》2019 年第 1 期。

付平台共收取会员充值费 118 073 069.59 元，其中会员提现 29 464 750.00 元等内容。其中巨额流水的统计汇总、会员层级的数量和网络图绝非传统案件分析工具和技术所能解决，皆为大数据分析的结果"。[1]由以上内容可以发现，当前研究中针对大数据证据的分析，主要关注的是一些数据量巨大而人力无法企及，因此需要通过大数据分析技术进行统计，并形成相关报告的案件。问题的关键是，此类大数据分析报告并非人工智能（大数据）证据的主要表现形式，其在实践中应用的数量也较为有限。以我国刑事诉讼为例，据笔者统计，以大数据分析报告为证据外在表现形式的案件不足百余例，与之相比，人脸识别证据、智能轨迹分析证据的使用频率已数以千计。[2]显然，相较于大数据分析报告，对于人脸识别证据、智能轨迹分析证据等类型的审查与规制更具有现实意义。换言之，在对大数据证据或人工智能证据进行讨论时，更应该将人脸识别证据、智能轨迹分析证据等形式纳入其中，这样才能更好地回应实践的需求。而囿于大数据证据的概念，学者们往往将注意力集中于"大数据"而非"人工智能分析"，也就自然忽略了此类证据的重点内容。故而，使用人工智能证据的说法也可以更好地将典型的证据表现形式纳入讨论范围，从而更好地展现讨论此类证据的意义。

4. 人工智能证据与大数据侦查

大数据侦查是指侦查人员通过计算机、网络等科技手段采集、储存、共享、验证、比对和分析虚拟空间和实体空间当中的数据资源，发现犯罪线索，收集犯罪信息，缉获刑事被追诉人的方法。[3]随着大数据、人工智能等技术的不断发展，大数据侦查已经成为一种较为流行的侦查手段。[4]例如，美国弗雷斯诺警察局使用了一个名为"当心"的软件系统来警告警

---

〔1〕 徐惠、李晓东："大数据证据之证据属性证成研究"，载《中国人民公安大学学报（社会科学版）》2020 年第 1 期。

〔2〕 下文将对统计方法进行详细介绍。

〔3〕 参见张可："大数据侦查之程序控制：从行政逻辑迈向司法逻辑"，载《中国刑事法杂志》2019 年第 2 期。

〔4〕 参见王燃："大数据时代侦查模式的变革及其法律问题研究"，载《法制与社会发展》2018 年第 5 期。

察 911 呼叫地点的威胁级别。当执法人员在前往该地点的途中，警察总部的工作人员将该地址输入"当心"程序，该程序可快速分析无数数据，包括"逮捕报告、商业数据库、深度网络搜索、社交媒体帖子"等与该地址关联的信息。然后，程序为该位置提供一个等级：绿色表示安全，黄色表示小心，红色表示危险。到达现场的警官可以根据这一评级采取适当的预防措施。[1]

大数据侦查与人工智能证据的关系主要表现在两个方面。一是大数据侦查中获取的少部分信息可以转化为人工智能证据。在刑事诉讼中，通过大数据侦查所获取的信息一些时候可以直接作为人工智能证据加以使用。例如，在胡某鑫运输毒品案中，基于大数据侦查产生的智能轨迹分析被作为独立的证据用以证明车辆移动状况。[2]另外一些时候，大数据侦查所获取的信息并不会直接转化为人工智能证据，而是作为人工智能情报加以应用。例如，在唐某泽盗窃案中，公安机关根据大数据情报系统侦查到被告人唐某泽被关押于贵阳市乌当区三江戒毒所，并将被告人押回调查。[3]一般而言，通过大数据侦查发现的信息真正能转换为人工智能证据的数量十分有限。理由在于，相较于人工智能情报，人工智能证据往往需要经受更严格的审查。换言之，很多人工智能情报可能因无法满足法律的要求而不能作为证据使用。我国的司法实践同样证明了这一点，据有关学者统计，在中国裁判文书网 2016 年度的刑事案件中，共检索到 570 件明确表明适用过技术侦查措施的案件，其中有 113 件使用了智能化技术，但这些智能化技术均未能转化为诉讼证据。换言之，智能化技术锁定刑事被追诉人过程中的相关材料与信息在诉讼过程中基本上无从发挥证明作用。[4]

二是在刑事诉讼中，人工智能证据的主要获取渠道是大数据侦查。如

---

〔1〕　See Justin Jouvenal, The New Way Police Are Surveilling You: Calculating Your Threat "Score", https://www. washingtonpost. com/local/public - safety/the - new - way - police - are - surveilling - you - calculating-your-threat-score/2016/01/10/e42bccac-8el5-11e5-baf4-bdf37355da0cstory. html, last visited on Oct. 21, 2020.

〔2〕　云南省高级人民法院（2016）云刑终 1408 号刑事判决书。

〔3〕　贵州省贵阳市观山湖区人民法院（2019）黔 0115 刑初 228 号刑事判决书。

〔4〕　参见程雷："大数据侦查的法律控制"，载《中国社会科学》2018 年第 11 期。

前文所述，大数据侦查后获取的信息有时可以直接转化为人工智能证据。而除大数据侦查外，第三方主体同样可能生成人工智能证据。这类人工智能证据是通过其他主体借助机器智能分析产生的。例如，在米某平诈骗案中，人脸识别证据便来源于拍拍贷贷款平台。[1]再如，在於某玲等诈骗案中，社会保险管理部门在日常工作过程中，通过医保大数据分析审查，发现励某平等参保人员异常就医、违规配药情况，有诈骗医疗保险金的嫌疑，遂向公安机关报案，相关大数据分析报告最终作为证据加以使用。本案中的人工智能证据同样来源于作为第三方主体的社会保险管理部门。[2]

在上述两种渠道中，大数据侦查是人工智能证据的主要获取渠道。为了更好地展现人工智能证据的获取渠道，本书以"人工智能""大数据""人脸识别""语音文字转换""智能轨迹分析""大数据分析"等内容作为关键词在中国裁判文书网上进行模糊搜索，通过人工检验后，发现当前刑事诉讼中出现的人工智能证据共计 3004 例。[3]对这些案件中人工智能证据的产生渠道进行分析后，发现此类证据主要来源于大数据侦查——在3004 个案件中，有 2875 个案件中的人工智能证据产生于大数据侦查，而由第三方主体生成的人工智能证据的数量远不如基于大数据侦查生成的人工智能证据数量，仅有 129 个。这主要是由于大数据侦查很多时候具有较强的目标性。具体而言，在大数据侦查前，侦查人员大多已经掌握了一定与案件有关的信息，如犯罪嫌疑人的照片、监控录像视频。此时，只需要将这些信息转换为数据并进行人工智能分析即可，而机器会根据输入的信息得出一定与案件有关的信息，如监控录像中的人与人脸识别数据库中的某个人相似度为 90%——这便可以直接作为人工智能证据加以使用。相较而言，通过其他途径产生的人工智能分析结果则可能没有如此强的目的性，换言之，其并不是为了相关案件而进行的人工智能分析，自然很多时候也与待证事实无关，不能用于待证事实的认定。

---

[1] 四川省绵阳市涪城区人民法院 (2019) 川 0703 刑初 597 号刑事判决书。

[2] 浙江省宁波市江北区人民法院 (2017) 浙 0205 刑初 411 号刑事判决书。

[3] 数据来源于北大法宝，最后访问日期：2023 年 5 月 1 日。

5. 人工智能证据与机器证据

机器证据是指温度计、照相机、计算机等仪器通过"黑箱分析"后产生的用以证明待证事实的数据、图像、报告等。[1]从范围上看，机器证据包含人工智能证据，因为人工智能证据也需要经过黑箱计算后生成结论。但人工智能证据与其他机器证据有着根本区别，这主要由于无论是温度计还是照相机，虽然都涉及黑箱运行，但是其运行方法和原理均是人类设计，并且最终形成的数据、图像等内容也可以被人类有效解释。换言之，对于普通机器证据而言，机器并不会自己建立规则，而只能沿着人类设计的规则运行。但对于人工智能证据来说，人工智能所产生的结论是由机器建立规则后形成的，并且其结论可能无法被人类所解释。

当然，继续沿着机器证据的进路规制人工智能证据也是一种可能的选择，如前文所述，有不少学者选择了依靠机器证据进路规制人工智能证据，其中也包括机器证据理论的创始人罗斯。但笔者认为，相较于机器证据的路径，科学证据的路径更胜一筹。理由在于，一方面，人类对于科学证据的审查已经有较长时间历史，并建立了较为成熟的审查体系。例如，美国的多伯特规则、《美国联邦证据规则》第702条至第706条规定了科学证据的运用和审查方法；《德国刑事诉讼法》第161条、第244条、第246条、第248条等分别规定了鉴定人接受鉴定、鉴定请求的批准与拒绝、出庭作证等问题；[2]《俄罗斯联邦刑事诉讼法典》将"鉴定人的结论和陈述"规定为证据之一；[3]我国《刑事诉讼法》第50条第2款将鉴定意见作为法定证据种类的一种，并在《最高人民法院关于适用〈中华人民共和国刑事诉讼法〉的解释》第97条规定了鉴定意见的十项审查标准。而机器证据则是理论界新近提出的概念，不仅尚未完成完整理论体系的建构，并且也未在实践中有所应用。法的安定性原则要求法律具有稳定性，法律和制度不应该被随意修改，在既有规则可以使用的情况下，也不应盲目

---

〔1〕 See Andrea Roth, "Machine Testimony", *Yale Law Journal*, 126（2017）, p. 1972.

〔2〕 参见苏青："鉴定意见概念之比较与界定"，载《法律科学（西北政法大学学报）》2016年第1期。

〔3〕 参见郭华：《鉴定结论论》，中国人民公安大学出版社2007年版，第45页。

求变。[1]对此，阿列克西曾谈道："法的安定性原则要求，法律体系的规范要尽可能是确定的，且它们要被最大程度地遵守。"[2]故而，当可以使用科学证据的有关制度对人工智能证据进行审查与规制时，就没有必要重新构建新的制度。而现有研究表明，对当前科学证据相关制度进行适当调整和改良后便可应对人工智能证据的审查与规制问题，[3]因此，相较于机器证据进路，科学证据进路更具有优势。

另一方面，从未来发展的角度看，科学证据进路更可能应对日新月异的人工智能技术变化所带来的挑战。人工智能的发展是存在一定级别的，其中最为人们熟知的便是弱人工智能（人工智能可以代替人从事某一领域工作）—强人工智能（人工智能可以替代人类的大部分工作）—超人工智能（人工智能完全超越人类的水平）。[4]而人工智能专家桑德普·拉贾尼（Sandeep Rajani）教授则将人工智能划分为四个等级：（1）弱人类级。人工智能比大多数正常人能力要弱，在某一领域内可以掌握人类已经从事的工作，如翻译、协作、驾驶等。（2）强人类级。在某些特定领域，人工智能已经超越了大多数普通人，但是能力还无法达到专业人士水平，如桥牌、动植物识别等。（3）超越人类级。在一些特定领域，人工智能已经可以完全超越人类，既包括普通人，也包括专业人士。例如，在围棋领域，最顶尖的职业棋手也无法击败人工智能。在指纹识别、人脸识别等领域，人工智能也已经超越了人类。（4）巅峰级水平。人工智能可以达成无法超越的最优解，如在五子棋、跳棋等领域，人工智能已经可以掌握所有的可能并制定出最优解。[5]总的来说，无论是何种划分方式，人工智能的未来

---

〔1〕 参见戴建华："论法的安定性原则"，载《法学评论》2020 年第 5 期。

〔2〕 ［德］罗伯特·阿列克西：《法的安定性与正确性》，宋旭光译，载《东方法学》2017 年第 3 期。

〔3〕 See Patrick W. Nutter, "Machine Learning Evidence: Admissibility and Weight", *University of Pennsylvania Journal of Constitutional Law*, 21（2018），p. 919.

〔4〕 参见朱福喜、杜友福、夏定纯主编：《人工智能引论》，武汉大学出版社 2006 年版，第 1-3 页。

〔5〕 See Sandeep Rajani, "Artificial Intelligence-Man or Machine", *International Journal of Information Technology and Knowledge Management*, 4（2011），pp. 175-176.

均可能与人类无异，甚至超越人类。当人工智能与人类无异甚至超越人类时，人工智能证据便类似于人类专家形成的专家意见，此时，直接使用科学证据审查和规制的办法即可，也无须再建立新的规则。相较而言，若采用机器证据进路，则还需要根据不同阶段人工智能的特征设计相应的证据审查方法。

需要说明的是，采用科学证据的规制进路也并不意味着完全放弃机器证据的规制进路。人工智能证据的机器生成性决定了其在主体上不同于传统的科学证据，因此既有的科学证据证明和审查规则并不能完全有效地应用于人工智能证据，故而如何在现有规则和方法的基础上结合人工智能证据的特点进行调整，便是人工智能证据规制的关键。而机器证据进路对于人工智能证据的特点有着不错的把握，故而，调整过程中，有必要适当吸纳机器证据的相关理论和方法。例如，在对人工智能证据进行技术可靠性分析或进行人机交互分析时，便可以借鉴机器证据的相关理论和方法。

二、目前人工智能证据的几种典型形式

综合当前理论研究及世界各国司法实践的状况，现阶段人工智能证据主要表现为以下几种形式。

（一）自动驾驶分析证据

自动驾驶汽车，亦被称为无人驾驶汽车。根据 2017 年《国家车联网产业标准体系建设指南（智能网联汽车）》，智能网联汽车是指"搭载先进的车载传感器、控制器、执行器等装置，并融合现代通信与网络技术，实现车与 X（人、车、路、云端等）智能信息交换、共享，具备复杂环境感知、智能决策、协同控制等功能，可实现'安全、高效、舒适、节能'行驶，并最终可实现替代人来操作的新一代汽车"。根据自动驾驶汽车的自动化程度差异，国际自动机工程师学会（Society of Automotive Engineers，SAE）将其分为六个级别。其中，0 级为无驾驶自动化，1 级为驾驶员辅助，2 级为部分驾驶自动化，3 级为有条件驾驶自动化，4 级为高度驾驶自

动化，5 级为完全驾驶自动化。[1]通常而言，3 级以上的汽车更加近似于"无人驾驶"或"自动驾驶"的说法。[2]从技术上讲，自动驾驶与传统驾驶的区别就在于，自动驾驶技术可以通过传感器感知汽车周围环境，并据此规划和控制汽车的转向及速度，进而控制汽车的行驶。相较而言，传统驾驶则是由人类进行决策并控制汽车行驶。[3]在自动驾驶汽车行进的过程中，机器根据内外部信息所作出的决策便可能成为人工智能证据，其可用于证明案发时驾驶人的状态、事故发生的具体情况、机器对于事故情况的判断等。例如，自动驾驶汽车的睡意检测系统可以对驾驶人的精神状态进行检测和分析，并判断其是否处于疲劳驾驶甚至酒后驾驶。

一般而言，自动驾驶汽车的决策信息主要可以通过四种渠道获取：（1）车载电脑。车载电脑是专门针对汽车特殊运行环境及电器电路特点开发的能与汽车电子电路相融合的汽车信息化产品。[4]其可以反映人工智能对于外部信息的判断。（2）汽车事故数据记录仪。事故数据记录仪（EDR）类似于飞机的"黑匣子"——飞行数据记录仪（FDR），是一种能够记录车辆碰撞事故数据的车载设备。[5]该设备能够记录人工智能对于道路状况的实时判断以及是否需要弹出安全气囊等决策。（3）电子控制单元（ECU）。电子控制原件是发动机电控系统的核心部件。其功能是根据各种传感器和控制开关输入的信号参数，对喷油量、喷油时刻和点火时刻、怠速控制、进气控制、排放控制、自诊断失效保护和备用控制系统等进行控制。[6]该设备包含人工智能根据汽车状况作出决策的相关信息。（4）车联网云服务平台。车联网系统大致分为三个部分，分别为车载终端、网络传输、TSP

---

〔1〕 See Taxonomy and Definitions for Terms Related to Driving Automation Systems for On-Road Motor Vehicles J3016_202104.

〔2〕 参见皮勇："论自动驾驶汽车生产者的刑事责任"，载《比较法研究》2022 年第 1 期。

〔3〕 参见杨世春等：《自动驾驶汽车决策与控制》，清华大学出版社 2020 年版，第 1 页。

〔4〕 参见赵长江、张议芳："智能汽车取证的法律规制研究"，载《重庆邮电大学学报（社会科学版）》2020 年第 3 期。

〔5〕 参见钱宇彬、李威、冯浩："车辆 EDR 数据分析及应用"，载《汽车技术》2017 年第 12 期。

〔6〕 参见谢计红："汽车电子控制单元（ECU）原理与检修"，载《汽车维修》2011 年第 8 期。

平台。车载终端位于汽车内，包括 TBOX、车机等设备，主要负责收集上传车辆相关信息，实现车辆与外界互联网的连接。网络传输主要负责 TBOX 与 TSP 平台、车辆与车主的互联，实现车辆与 TSP 平台以及车主的通信。TSP 平台负责对车辆上传的数据进行存储、计算分析和管理，并对联网用户提供远程控制、在线娱乐、支付、紧急救援等服务。[1]该设备中同样蕴含着大量人工智能分析和决策的信息。

自动驾驶分析证据是基于自动驾驶汽车智能分析形成的可用于证明案件事实的机器意见。值得注意的是，在现有司法实践中，尚未出现此类证据，更多的证据形式仍然是传统的车辆电子数据。但已经有学者注意到此类证据，并就相关问题进行了探讨。[2]可以预见，随着自动驾驶技术的发展，这类证据将逐渐出现于法庭之中。

（二）智能轨迹分析证据

智能轨迹分析是人工智能系统通过智能手机、GPS 导航仪等工具获取的个人位置信息数据，将其在一组连续时间点上的位置"串联"起来后，就形成了他在这个时间段内的行为轨迹。一般而言，智能轨迹分析主要包括三个步骤，分别是"数据采集—位置匹配—应用分析"。[3]事实上，轨迹分析并非机器学习时代的产物：通过各种情报信息系统，查明违法犯罪嫌疑人历史活动信息中的各个活动节点，以发现更多的犯罪线索、犯罪同伙，进而扩大侦查破案效果的轨迹分析法，很早便为侦查机关所采用。[4]而智能轨迹分析的进步之处，就在于人工智能技术可以自主学习，经过海量数据的练习，对多个目标进行自动识别、检索、跟踪和刻画行动轨迹。当前，智能轨迹分析技术已经在实践中得到了广泛的应用，很多公司以智

〔1〕　参见武翔宇、赵德华、郝铁亮："车联网系统安全研究"，载《汽车实用技术》2019 年第 20 期。

〔2〕　See Sabine Gless, "AI in the Courtroom: A Comparative Analysis of Machine Evidence in Criminal Trials", *Georgetown Journal of International Law*, 51 (2020), p. 197.

〔3〕　参见陈康等："基于位置信息的用户行为轨迹分析与应用综述"，载《电信科学》2013 年第 4 期。

〔4〕　参见马忠红："刑事案件侦查中的轨迹分析法"，载《中国刑事法杂志》2012 年第 8 期。

能轨迹分析为基础，提供智能交通服务，甚至提供有关商业信息。例如，百度地图便具有智能轨迹导航功能，其可以根据用户的历史记录，将最优的选择推荐给用户，以提供智能化和个性化的服务。而一些社交软件也可以根据用户的位置信息，向其推荐电影、广告、旅游信息等，甚至可以基于不同用户的位置信息进行好友推荐。[1]

智能轨迹分析证据是基于智能轨迹分析形成的可用于证明案件事实的机器意见。在司法实践中，智能轨迹分析证据已经得到了一定程度的应用。一个典型的案例是提拉德案，[2]本案中，在被告被逮捕的同时，警方记录了相应的位置信息，而检察官将这些信息输入 Google 地图，并基于 Google 地图生成了相应的"图钉"（tack）。法官承认这些"图钉"是由机器生成的，而不是由信息输入的人所生成的，理由在于，尽管坐标是由人类输入，但是在确定具体方位时，人类无法起到作用，真正的工作是由计算机完成的。在我国的司法实践中，智能轨迹分析证据同样也有所应用，其典型表现形式是智能轨迹分析材料、报告等。例如，在扎某1、扎某2走私、贩卖、运输、制造毒品案中，法院指出："'智能轨迹分析'材料证实，被告人扎某1从2019年2月至10月在昆明、澜沧、孟连、思茅等地活动，原审被告人扎某2从2019年5月至10月2日在昆明、孟连、思茅等地活动。"[3]在李某、中国人民财产保险公司祥云支公司交通肇事案中，法院查明："李某1的智能轨迹分析，证实被告人之子李某1于2019年2月4日19时11分乘坐 D8720 号列车从祥云到昆明，当日21时31分入住昆铁国旅集团铁路大厦第三招待所，次日12时0分在昆明长水国际机场乘坐 MU5807 航班35A座从昆明到上海虹桥的情况。"[4]在刘某某运输毒品案中，法院查明："智能轨迹分析证实被告人刘某某2017年7月30日至

〔1〕 See Huy Pham, Ling Hu, Cyrus Shahabi, "Towards Integrating Real-world Spatiotemporal Data with Social Networks", in Proceedings of the 19th ACM SIGSPATIAL International Conference on Advances in Geographic Information Systems, 2011, pp. 453-457.

〔2〕 United States v. Lizarraga-Tirado, 789 F. 3d 1107 (9th Cir. 2015).

〔3〕 云南省高级人民法院（2020）云刑核28559167号刑事裁定书。

〔4〕 云南省大理白族自治州中级人民法院（2020）云29刑终196号刑事附带民事裁定书。

2019 年 8 月 13 日从昆明至临沧边境的出行轨迹情况。"[1]

（三）人脸识别证据

"人脸识别是一种依据人脸图像进行身份识别的生物特征识别技术。"[2]该技术主要是通过采集人脸的图像和视频等数据，然后与数据库进行对比，进而完成人身份的认证和识别。其技术步骤包括人脸检测、人脸对齐、标准化、数据预处理、特征学习、特征比对、结果输出等。[3]人脸识别的特征包括非接触性、主体唯一性和不易复制性，同时也具有无须携带、易于采集、成本低廉等特点。[4]与轨迹分析类似，人脸识别同样产生于机器学习时代前：关于计算机识别人脸的最早商业应用研究可追溯至19 世纪 70 年代在日本大阪举办的世博会上日本电气公司（NEC）名为"计算机定点画像"（Computer Physiognomy）的技术展览。[5]但传统的人脸识别技术如主动形状模型（Active Shape Model，ASM）、特征脸方法（Eigenface）、线性判别分析法（Linear Discriminant Analysis，LDA）等，更多依赖于人的专业知识，容易受到外部环境的影响，这便导致上述方法的识别速度和精度均难以保障。而进入大数据时代，基于机器学习算法的人脸识别可以从大量数据中学习，其速度和准确率得到显著提升。[6]故而，当前人脸识别技术已经得到了广泛的应用，在学校、银行、军队等场所，人脸识别的实践已经十分丰富。针对人脸识别的广泛应用，我国最高人民法院专门出台了《关于审理使用人脸识别技术处理个人信息相关民事案件适用法律若干问题的规定》，以应对法庭之中日益增多的人脸识别案件。

---

〔1〕　云南省楚雄彝族自治州中级人民法院（2020）云 23 刑初 6 号刑事判决书。

〔2〕　余璀璨、李慧斌："基于深度学习的人脸识别方法综述"，载《工程数学学报》2021 年第 4 期。

〔3〕　参见余璀璨、李慧斌："基于深度学习的人脸识别方法综述"，载《工程数学学报》2021 年第 4 期。

〔4〕　参见张勇："个人生物信息安全的法律保护——以人脸识别为例"，载《江西社会科学》2021 年第 5 期。

〔5〕　参见杜嘉雯、皮勇："人工智能时代生物识别信息刑法保护的国际视野与中国立场——从‘人脸识别技术’应用下滥用信息问题切入"，载《河北法学》2022 年第 1 期。

〔6〕　参见杨巨成等："基于深度学习的人脸识别方法研究综述"，载《天津科技大学学报》2016 年第 6 期。

人脸识别证据是基于人脸识别系统分析形成的可用于证明案件事实的机器意见。伴随着人脸识别技术的发展，人脸识别证据也大量出现于司法实践中。例如，在美国查尔斯·希尔德案中，法官便依据人脸识别证据判处了被告人25年监禁。[1]在西班牙和德国，人脸识别证据也曾出现在儿童性虐待案件之中。[2]在我国，人脸识别证据同样存在不少实践案例，其呈现方式包括人脸识别照片、人脸识别图像、人脸识别比对结果等。例如，在黄某云盗窃案中，法院查明："人脸识别比对，证实根据攸县攸衡路某服装店监控拍下的嫌疑人像的人脸结构特征与被告人黄某云的照片进行比对，相似比例为91.22%。"[3]在唐某忠盗窃案中，法院查明："监控视频、人员轨迹及人脸识别截图等，证明2020年7月7日20时48分许，有一穿黑色T恤胸口有白色阿迪达斯logo的男子出现在案发现场受害人停放的电瓶车旁，且有翻动电瓶车座位的动作。经监控视频轨迹查询，并经人脸比对识别系被告人唐某忠。"[4]此外，从反面同样可以证明法院对于人脸识别证据的认可程度：一些法官会在图像模糊时直接指出，该信息无法进行人脸识别而不予认定。例如，在易某轩盗窃案中，法院指出："本案被盗现场和XX线的视频图像模糊，以上两段视频均无法进行人脸识别、同一性比对技术鉴定，且两段视频中的男子衣服颜色和款式不相同，无法证实视频中的人与原审被告人是同一个人。"[5]在何某炎盗窃案中，法院指出："公诉机关指控的第4单，因无上述明显特征且无人像面部识别，本院不予认定。"[6]

（四）语音识别证据

语音识别是指根据个人、群体、环境表现出的语音特征参数或表现在

〔1〕 See Lydia F. Venditti, Jim Fleming, Kara Kugelmeyer, "Algorithmic Surveillance: A Hidden Danger in Recognizing Faces", Honors Thesis, Colby College, 2019, pp. 36-37.

〔2〕 Katherine Quezada-Tavárez, "Plixavra Vogiatzoglou, Sofie Royer, Legal Challenges in Bringing AI Evidence to the Criminal Courtroom", *New Journal of European Criminal Law*, 12（2021）, p. 532.

〔3〕 湖南省攸县人民法院（2018）湘0223刑初242号刑事判决书。

〔4〕 浙江省慈溪市人民法院（2020）浙0282刑初1371号刑事判决书。

〔5〕 湖南省株洲市中级人民法院（2020）湘02刑终244号刑事判决书。

〔6〕 广东省深圳市宝安区人民法院（2019）粤0306刑初2504号刑事判决书。

仪器上的波纹来识别说话人身份，并将其转化为文本或命令。人说话的声音就像人的指纹一样，具有"人各不一"的个体特征，形成原因与每个人的生理特点、生存环境、文化修养及语言习惯密切相关。通过声音可以分析言语者的年龄、性别、职业、地域等个体特征，这也是语音识别技术产生和发展的基础。[1]语音识别技术的主要突破来源于机器学习技术的发展。2006年，辛顿（Hinton）等人提出逐层贪婪无监督预训练深度网络，该方法被微软应用于其语音识别系统中，大幅度提高了语音识别的成功率。[2]语音识别技术主要包括预处理、特征提取、解码搜索、结果输出等步骤。[3]当前，该技术已经被广泛应用，如法庭中书记员通过语音识别完成相关记录、医生通过语音识别生成相应的医疗报告、微信语音转换文字、车辆行驶过程中的语音辅助系统、残疾人语音识别系统等。

语音识别证据是基于语音识别系统分析形成的可用于证明案件事实的机器意见。在司法实践中，相较于智能轨迹分析证据和人脸识别证据，语音识别证据的使用频率并不是特别高，我国曾出现过少量此类证据，其典型的表现形式是将微信等工具中的语音转换为文字。例如，在陈某华走私、贩卖、运输、制造毒品案中，法院指出："被告人陈某华与证人杨某1、杨某2、何某1的微信聊天记录及语音转换文字资料证实，被告人陈某华通过微信向杨某1、杨某2、何某1收取毒资、发送藏毒地点，证人杨某2称毒品分量太少，陈某华回应称'这些东西全部都是阿林整的，我都看过，整的时候不经过我手，有什么不妥的地方等阿林回来再跟他说好了，如果阿林点头同意补给你我才能给你，我做不了主'。"[4]在张某彩贩卖毒品案中，法院接受了将语音文字转换后的内容直接作为证据加以使用的方式："经语音转换，被告人张某彩于2016年3月2日和微信备注名为'小

---

〔1〕　参见刘海涛："语音技术视阈下的顺化高孖方言古今语音比较"，载《贵州警察学院学报》2020年第6期。

〔2〕　Geoffrey E. Hinton, Simon Osindero, Yee-Whye Teh, "A Fast Learning Algorithm for Deep Belief Nets", *Neural Computation*, 18（2006）, pp. 1527-1554.

〔3〕　参见侯一民、周慧琼、王政一："深度学习在语音识别中的研究进展综述"，载《计算机应用研究》2017年第8期。

〔4〕　广东省中山市第二人民法院（2017）粤2072刑初2171号刑事判决书。

妹'的人说:'不是我装的,我说给你,我去拿,拿一个 80,但是东西我一点也不拿,我只是一个赚两角钱,人家装多少我就拿给你多少。''来就么快来,要不然我一会去爬山了。''我在县政府红绿灯旁等着你。'2016年 3 月 20 日和微信备注名为'小妹'的人说:'你现在哪,你来嘛,你来小塔那股,我在小塔那股等你。'"[1]此外,从反面同样可以证明法官对于语音识别证据的认可度。例如,在周某走私、贩卖、运输、制造毒品案中,法院指出:"双方微信语音聊天内容只能截屏,无法进行语音转换。"[2]在黄某 1、黄某 2 走私、贩卖、运输、制造毒品案中,法院指出:"侦查机关虽调取了证人黄某与被告人黄某 1 的微信聊天记录截图,但由于未能及时固定证据,未能保存二人的原始微信语音,也未将微信语音转换成文字记录保存,无法证实二人在微信中确定交易毒品的数量及最终交易价格。"[3]

（五）大数据分析报告或人工智能分析报告

在司法实践中,一些证据没有人脸识别证据、智能轨迹分析证据等较为明确的外在形式,而仅仅表现为对于数据的统计分析,这类证据通常以大数据分析报告或人工智能分析报告等统计报告的形式呈现。例如,比利时曾在加密网络犯罪中使用了人工智能驱动的大数据分析工具,并形成了分析报告作为证据。[4]在我国陈某某故意伤害案中,法院同样认定了大数据分析报告作为证据使用的效力:"关于对命案逃犯陈某某大数据分析报告,证实公安机关对在逃人员陈某某进行大数据分析比对,发现其疑似伪造身份信息为刘某。"[5]此外,前文所提及的 e 租宝案以及某传销案中的大数据分析报告也属于该类型。

上述实践表明,当前,各种类型的人工智能证据已经开始出现在法庭

〔1〕 云南省腾冲市人民法院（2016）云 0581 刑初 482 号刑事判决书。
〔2〕 内蒙古自治区包头市青山区人民法院（2019）内 0204 刑初 485 号刑事判决书。
〔3〕 广东省珠海市香洲区人民法院（2019）粤 0402 刑初 723 号刑事判决书。
〔4〕 Katherine Quezada-Tavárez, "Plixavra Vogiatzoglou, Sofie Royer, Legal Challenges in Bringing AI Evidence to the Criminal Courtroom", *New Journal of European Criminal Law*, 12（2021）, p. 532.
〔5〕 新疆维吾尔自治区乌鲁木齐市中级人民法院（2020）新 01 刑初 45 号刑事附带民事判决书。

之上，并且随着时间的推移，这种证据出现的数量也在逐渐增多。[1]可以预见，随着人工智能技术的发展，其他类型的人工智能证据也可能更多地出现于法庭之中。例如，当前的一些人工智能系统可以通过人的照片分析其性取向。[2]在强奸、猥亵等案件中，刑事被追诉人的性取向将可能直接影响其是否会获罪。而机器结论可能是关于刑事被追诉人性取向的关键证据甚至是唯一结论，其在法庭上的出示将可能直接影响最终的事实认定结果。甚至从某种意义上可以说，人工智能证据的表现形式仅仅受制于科学技术的水平和人类的想象力。

三、人工智能证据的特点

如前文所述，科学证据的核心要求便是使用科学技术，并在事实认定中加以应用。人工智能证据依托于作为第四次工业革命核心的人工智能技术，自然也属于科学证据的一种，分享科学证据的特点。但人工智能证据又不同于常规科学证据，因为其是机器依照数据生成的意见，而非人类专家分析的结果。

（一）人工智能证据分享科学证据的一般特性

作为一种科学证据，人工智能证据同样具有科学性、生成性、法律性和伦理性。

首先，人工智能证据具有科学性。人工智能证据所依赖的人工智能技术不仅涉及大量科学知识，同时也依托于较为精密的仪器。具体来说，人工智能证据涉及的科学知识包括：（1）计算机科学。人工智能是计算机科学的一个分支，人工智能的实现需要借助大量计算机基础知识、编程语言、互联网知识、物联网知识、软件工程知识、信息安全知识。（2）数学。人工智能需要处理大量的数据，所以数学也很重要，这包括高数知

---

〔1〕 See Francesca Palmiotto, "Regulating Algorithmic Opacity In Criminal Proceedings: An Opportunity For The EU Legislator?", *Maastricht Law*, *Faculty of Law WP*, 1 (2020), p. 7.

〔2〕 See Wang Yilun, Michal Kosinski, "Deep Neural Networks Are More Accurate than Humans at Detecting Sexual Orientation from Facial Images", *Journal of Personality and Social Psychology*, 114 (2018), p. 246.

识、数学与应用数学知识、信息与计算科学知识、数理基础科学知识、数据科学知识等。(3)心理学。人工智能的目标是使机器像人类一样思考，而心理学是关于人类大脑活动的学科。因此，人工智能技术的发展势必需要心理学的辅助。(4)语言学。知识表示（如何把知识翻译成计算机可用来推理的形式的研究）中的大量早期工作与语言联系在一起并从语言学的研究中获取信息。[1]除上述学科外，人工智能证据涉及的学科还包括神经科学、认知学、哲学和经济学等各种自然学科和社会学科等，这种多学科交叉的特征也可以在一定程度上反映人工智能证据的科学性。[2]此外，人工智能证据同样像常规科学证据一样依赖于精密的仪器。正如有论者指出："运用人工智能来对付智能犯罪等，刑事、民事、行政等各种诉讼证据都要涉及物理学、化学、机械学、材料学、电子学等极为广泛的现代科技知识，更需要各种精密的仪器设备。"[3]以人脸识别证据为例，就工具而言，智能人脸识别系统至少需要人脸识别模块、LCD 模块、处理器以及人机交互模块等四个模块。[4]再如，智能指纹识别证据科学性的一个重要表现就是依赖于性能并行计算设备，该设备本质是"把任务分发给不同架构的硬件计算单元（CPU、GPU、FPGA、ASIC 等），从软件角度促进高效的开发过程，从硬件角度通过多种不同类型的计算单元、利用更多时钟频率和内核数量提高计算能力，并通过技术优化提高计算的执行效率。"[5]

其次，人工智能证据具有生成性。人工智能证据的形成过程是将需要检测的内容输入机器之中，机器根据其所建立的规则对待检测内容进行分析，并生成相应的结论。可见，该证据形成的过程并不同于普通证据的形成过程，机器不能在犯罪发生的一刹那目击犯罪行为的发生，而只能根据

---

〔1〕 参见［美］罗素、诺维格：《人工智能：一种现代方法》，殷建平等译，清华大学出版社 2013 年版，第 9-16 页。

〔2〕 参见王秋月等编著：《人工智能与机器学习》，中国人民大学出版社 2020 年版，第 6 页。

〔3〕 文盛堂："论现代科技发展的态势功用及与法制的关系"，载《科技与法律》1996 年第 1 期。

〔4〕 参见王一炜、孙楠："基于激光扫描的面部智能识别人机交互界面"，载《激光杂志》2019 年第 4 期。

〔5〕 徐杰等："人工智能指纹识别技术在警务实战中的应用"，载《刑事技术》2021 年第 3 期。

有关的照片、声音或是视频等材料进行二次分析。与常规科学证据相同，人工智能证据的生成性也表现为三个方面：（1）机器可以生成证据性事实。例如，在食品中毒案件中，人工智能系统可以对食品中的成分进行分析并形成意见，该意见便是典型的证据性事实。因为此后还需要事实认定者根据该证据性事实进一步推论，包括相关成分是否会导致中毒，会导致何种程度的中毒等。再如，智能轨迹分析材料可以勾勒出刑事被追诉人的行动轨迹，而事实认定者需要根据轨迹进一步分析刑事被追诉人是否出现在犯罪现场、是否有机会行凶等。（2）机器可以教导事实认定者有关得出证据性事实的推论所需要的专业或科学信息。[1]例如，某证据表明一份食品中含有某种化学物质，只有通过概括"该种化学物质可能会致死"，才能进一步推断出推断性事实或要件事实。此时，人工智能便可以形成相关结论以帮助事实认定者生成相关概括，即该种化学物质是否会致死。（3）机器可以直接形成令事实认定者服从的结论，即人工智能证据可以直接实现对某些待证事实的证明。例如，自动驾驶汽车的睡意分析系统可以对案件发生时刑事被追诉人的精神状态作出分析，其是否处于疲劳状态或是否存在酒驾的情况将直接影响犯罪事实的认定。

再次，人工智能证据具有法律性。相较于普通证据，人工智能证据的应用会受到更严格的规制，这不仅包括证据规则，还包括人工智能应用的有关规则。现阶段，由于人工智能证据的理论体系尚未成熟，应用规模也较为有限。因此，各国尚未出台相应的证据规则加以限制。但是，当前各国已经通过立法对人工智能的应用进行了严密的限制。例如，2021年4月，欧盟提交了立法提案《欧洲议会和理事会关于制定人工智能统一规则（人工智能法）和修订某些欧盟立法的条例》，该规则将人工智能应用风险分为4个层级，从高到低为不可接受的风险、高风险、有限风险和低风险，并且规定了严格禁止使用人工智能的情况。[2]法国于2019年3月颁布了

---

〔1〕 参见张保生主编：《证据法学》，中国政法大学出版社2018年版，第249页。

〔2〕 参见邱惠君、梁冬晗、李凯："欧盟人工智能立法提案的核心思想及未来影响分析"，载《信息安全与通信保密》2021年第9期。

第2019-222号法律，明确规定，法官和书记官的个人数据不能被用于评估、分析、比较或预测他们的实际作出或将要作出的专业行为，任何违反该条新规的人都可能被判入狱5年。[1]2019年5月，美国旧金山市颁布全球首个禁止人脸识别技术的规定《反监控条例》，禁止当地警方和其他政府机关使用人脸识别技术，以防止公权力机关滥用人脸信息监控个人。[2]我国《个人信息保护法》第24条第1款规定："个人信息处理者利用个人信息进行自动化决策，应当保证决策的透明度和结果公平、公正，不得对个人在交易价格等交易条件上实行不合理的差别待遇。"事实上，这些规则不仅构成了对于人工智能技术使用的限制，某种意义上也构成了对于人工智能证据使用的限制。一旦人工智能证据大规模进入法庭，有关人工智能技术的限制性规则均可能转化为证据审查的依据。

最后，人工智能证据具有伦理性。如前文所述，由于人工智能可能存在的准确性、安全性等风险，人类需要对其运行进行控制，以保证其应用符合人类伦理的需求。对此，一种典型的方式便是就人工智能的发展设计一定伦理要求。例如，"中国标准化委员会在人工智能伦理标准制定中已经提出了两个基本原则，分别是人的根本利益原则和责任原则。人的根本利益原则指的是技术必须促进人类的善，责任原则是指在越来越发达的机器的自主性背景下必须确认人的主体性"。[3]对于人工智能证据的应用同样也受到这些伦理要求的限制，在其生成和使用的各个环节，人类应该避免此类证据可能引发的各种伦理问题，如由机器控制法庭、机器对刑事被追诉人施加不良影响等。

（二）人工智能证据与常规科学证据的差异

人工智能证据在分享科学证据特性的同时，也与常规科学证据有一定

---

〔1〕 参见施鹏鹏："法国缘何禁止人工智能指引裁判"，载《检察日报》2019年10月30日，第3版。

〔2〕 参见张燕："警方也不可以！美国旧金山为何禁止官方使用人脸识别技术？"，载《中国经济周刊》2019年第10期。

〔3〕 郭锐："人工智能的伦理风险及其治理"，载《北京航空航天大学学报（社会科学版）》2020年第6期。

区别，这也让其具有独立讨论的价值。

1. 机器决定性

常规科学证据最典型的存在方式就是专家证据、鉴定意见或专家辅助人意见。这类证据的特点是，专家依据相关程序，运用科学原理或方法（特殊技能或经验），对争议中的专门性问题进行检验、分析或鉴定后得出意见。[1]尽管在检验、分析或鉴定的过程中，专家需要借助仪器的帮助，但这一过程是由专家主导的，最终也是由人类专家作出意见。[2]而人工智能证据的得出基本不需要专家的参与，即人工智能证据是由机器算法给出的实质判断——不同于以往专家借助仪器设备作出判断。[3]以专家指纹检测和机器人脸识别为例，专家指纹检测的过程是专家获取相关样本后，首先对其进行处理，然后借助显微镜等工具进行观察和比对，最后根据比对结果生成意见。在这个过程中，最终意见生成的决定性因素是专家的观察和比对，仪器只是起到辅助作用。但人脸识别则有所不同，算法工程师将人脸照片输入机器后，其便不再需要任何操作，只需要等待机器根据相关算法和数据进行分析并形成结论即可，换言之，最终结论的生成完全由机器控制，人类在这一过程中并不需要发挥太大作用。

2. 机器复杂性

人工智能证据所依赖的人工智能技术具有高度复杂性："人工智能算法的涌现性具有这样一些特点：（1）智能行为不是一种底层简单规则的加和，而是从底层到高层的层次跨越，高层具有底层个体所不具备的复杂特性。（2）无法通过底层算法来准确预测高层的涌现，智能是算法前提无法决定的'新奇性'。（3）涌现不是单一行为而是由众多简单个体行为到复杂集体行为的演化。"[4]基于此，人工智能的行为方式并不同于人类，一

---

〔1〕参见张保生等：《证据科学论纲》，经济科学出版社 2019 年版，第 324 页。

〔2〕参见马国洋："论刑事诉讼中人工智能证据的审查"，载《中国刑事法杂志》2021 年第 5 期。

〔3〕参见刘品新："论大数据证据"，载《环球法律评论》2019 年第 1 期。

〔4〕刘劲杨："人工智能算法的复杂性特质及伦理挑战"，载《光明日报》2017 年 9 月 4 日，第 15 版。

些看起来难以理解的结论，也可能是人工智能整体考量后的结果。这便不难解释，人工智能在一些棋局之中看似昏招频出，但就全局而言，昏招却变成了胜招。这种复杂性就导致很多时候人类并不能有效把握基于"机器经验"产生的结论，其在某种程度上已经超越了人类可以理解和认知的范围。亦有论者指出，人工智能已经可以在一定程度上突破人类的限制，使机器具有"不断改进其性能，而无需人类精确地解释如何完成相应的任务"的能力。[1]例如，在斯坦福大学构建的旨在通过人的面部表情分析性取向的机器学习算法中，研究人员收集了来自不同约会网站的75 000个用户的面部图像，并使用这些用户自我报告的同性恋或异性恋身份来训练算法。在经过对15 000名用户的35 000张图片的训练后，该算法已经可以较为准确地判断不同人的性取向。但研究人员并不能解释机器基于何种规则对不同人的性取向进行判断，只能进行相关的猜测和假设。[2]人工智能技术的这种复杂性就导致人工智能证据可能无法为人类所理解或解释。

与此相反，常规科学证据的结论尚属于人类可以理解的范围。换言之，常规科学证据无论多么复杂，人类都能找到有关原因并对结论进行解释。例如，在DNA检测领域较为罕见的"奇美拉"现象主要指有的人可以携带一组以上基因。人类对此现象已经有了较为科学的解释："人群中'奇美拉'现象的产生，有先天和后天两方面的原因。就前者而言，主要是遗传因素，即受精卵在发育过程中，个别染色体发生基因突变；或者与另外一个受精卵融合在一起，吸收另一个受精卵的部分基因，从而形成两组DNA。目前，已有遗传学者推算，大约有10%以上的人身体内存在'奇美拉'现象。就后者而言，主要是医疗行为，即个体在治疗过程中因接受输血、骨髓或者器官移植而使身体内形成两组DNA。"[3]

---

〔1〕 See Erik Brynjolfsson, Andrew McAfee, The Business of Artificial Intelligence, https://hbr. org/2017/07/the-business-of-artificial-intelligence, last visited on Oct. 21, 2020.

〔2〕 See Wang Yilun, Michal Kosinski, "Deep Neural Networks Are More Accurate than Humans at Detecting Sexual Orientation from Facial Images", *Journal of Personality and Social Psychology*, 114 (2018), p. 276.

〔3〕 陈学权："科学对待DNA证据的证明力"，载《政法论坛》2010年第5期。

3. 数据依赖性

如前文所述，"一切人工智能都必须基于充分的大数据，有数据方有人工智能"。[1]这也决定了人工智能证据的形成同样依赖于大量数据的分析，甚至有论者直接指出："从证据关联性的角度来看，大数据证据（人工智能证据）具有信息全覆盖的趋向，能够为司法裁判提供有关构成要件事实的全方位数据信息。"[2]也正是基于这个原因，当前各国侦查机关一个重要的任务就是数据库的扩充。例如，美国用于执法的人脸识别数据库至少包含了 1.17 亿美国人的数据信息，而这些数据均可能作为人脸识别证据的基础。[3]相较而言，常规科学证据对于数据的依赖性远不如人工智能证据，甚至很多时候不需要数据支持。例如，痕迹鉴定只需要专家对犯罪现场发现的痕迹和有关枪支、弹药、车辆等物品进行比对即可，其中需要应用的数据十分有限。

人工智能证据数据依赖性的特点导致了部分人工智能证据的数据前置性或预测性。如前文所述，智能化技术的重要价值便是预测性，而实践中这种预测性的应用也并不少见。例如，美国洛杉矶警方开展了一个名为"PredPol"（预测性警务）的项目，其在犯罪较为猖獗的地方使用犯罪预测软件，最终他们的犯罪率在四个月内下降了 13%。[4]芝加哥警察局则利用伊利诺伊理工学院一名工程师设计的特殊算法，创建了一份"最有可能参与枪击或凶杀案"的 400 人"热点名单"（hot list），警方将据此部署资源，比其他人更密切地监视这些人，试图通过让他们知道他们受到越来越多的监视来阻止他们的犯罪行为，或者在他们犯罪时迅速逮捕他们。[5]在

---

〔1〕　左卫民："关于法律人工智能在中国运用前景的若干思考"，载《清华法学》2018 年第 2 期。

〔2〕　元轶："证据制度循环演进视角下大数据证据的程序规制——以神示证据为切入"，载《政法论坛》2021 年第 3 期。

〔3〕　参见丁琳："国外如何应用人脸识别技术"，载《科技之友》2017 年第 4 期。

〔4〕　See Maurice Chammah, Policing the Future, http://www.theverge.com/2016/2/3/10895804/st-louis-police-hunchlab-predictive-policing-marshall-project, last visited on Oct. 21, 2020.

〔5〕　See Ric Simmons, "Quantifying Criminal Procedure: How to Unlock the Potential of Big Data in Our Criminal Justice System", *Michigan State Law Review*, 2016 (2016), p.956.

我国，犯罪预测和犯罪热点图的应用同样不少。例如，湖南"神鹰"系统在打击犯罪、防控风险上发挥了重要作用，全省公安机关先后分析研判、预警防控涉众型风险主体 780 个，侦办涉众型经济犯罪案件 501 起，打击处理 2388 人，挽回经济损失 72 亿元。[1]正如相关报告指出："以大数据战略为抓手、以整治突出违法犯罪问题为目标、以预测预警预防的智能化警务模式为平台、以规范和改进司法执法工作和加强政法队伍建设为动力的新的违法犯罪打防机制已初步形成。"[2]上述基于大数据侦查生成的预测性信息，很多便可以作为证据使用。也就是说，在当前的司法活动中，部分人工智能证据已经不仅限于确认有关待证事实，转而开始进行主动预测，即没有预设前提下的信息挖掘和知识发现。[3]人工智能证据的这种数据前置性或预测性，也与常规科学证据形成了较大区别。如前文所述，常规科学证据主要生成于案件发生后。以刑事诉讼中的咬痕鉴定为例，对于这类痕迹的鉴定，一般要求"在对证据进行现场记录以后，对证据加以保存并可能使用增强效果的技术，诸如基于化学（例如金属探测）、物理特征（例如超级胶熏、刷显粉末、铸模）的方法，或者将其转移到对比性的表面（例如静电转移或者胶提取法）"，然后再由专家对咬痕进行处理分析。[4]因此，这类证据能够进行鉴定的前提是咬痕的存在。此外，侦查人员还需要发现刑事被追诉人并提取其生物信息进行对比。也就是说，常规科学证据的鉴定一般需要两个重要信息：一是犯罪现场发现的信息，即犯罪现场留下的咬痕等痕迹；二是刑事被追诉人或是犯罪工具等信息。上述信息的发现往往需要以犯罪行为的发生为前提，这就凸显出了常规科学证

---

〔1〕 参见向雪妮、敖银雪："全国人大代表袁友方：应用大数据打防经济犯罪，提升预测预警能力"，载搜狐网，https://www.sohu.com/a/397836197_161795?_trans_=000019_hao123_pc，最后访问日期：2021 年 7 月 1 日。

〔2〕 靳高风、朱双洋、林晞楠："中国犯罪形势分析与预测（2017—2018）"，载《中国人民公安大学学报（社会科学版）》2018 年第 2 期。

〔3〕 参见王禄生："司法大数据与人工智能技术应用的风险及伦理规制"，载《法商研究》2019 年第 2 期。

〔4〕 美国国家科学院国家研究委员会：《美国法庭科学的加强之路》，王进喜等译，中国人民大学出版社 2012 年版，第 172 页。

据的滞后性。

四、人工智能证据对于事实认定的价值

价值是"可能对立法、政策适用和司法判决等行为产生影响的非法律因素。它们是一些体现对事物之价值或可取性的评价的观念或普遍原则，在遇到争议的情形时，它们可能以这种或那种方式极大地影响人们的判断"。[1]而当前社会的主要价值追求包括："国家安全，公民的自由，共同的或公共的利益，维护财产权利，法律面前的平等、公平、维持道德标准等。此外，还包括一些较次要的价值因素，如便利、统一、实用性等。"[2]具体到证据法的价值追求，不同学者有着不同的认知。例如，艾伦（Allen）认为美国证据法主要有五个重要的价值追求，（1）解决争端的适当方式；（2）知识的性质；（3）小群体决策的动因；（4）道德和伦理关怀；（5）正义理想和效率价值的关系。[3]伯格兰（Bergland）列举了构成美国证据规则基础的八项价值：（1）生命；（2）个人自由；（3）稳定性，包括社会稳定性，政府稳定性，商业稳定性；（4）正当程序；（5）事实真相；（6）司法经济；（7）联邦制；（8）健康和安全。[4]整体而言，在证据法的诸多价值因素中，最具普遍意义的价值是准确、公正、和谐与效率，它们构成了证据法的四大价值支柱。[5]对于人工智能证据而言，其进入法庭符合准确、公正和效率这三项价值追求，这也为其应用提供了正当性。

（一）人工智能证据可以提升事实认定的准确性

信息论的奠基人香农（Shannon）从狭义信息论的角度给信息下过一

---

〔1〕　参见李德顺：《价值论》，中国人民大学出版社 2007 年版，第 6 页。

〔2〕　［英］戴维·M. 沃克：《牛津法律大辞典》，李双元等译，法律出版社 2003 年版，第1152 页。

〔3〕　参见［美］罗纳德·J. 艾伦、库恩斯、斯威夫特：《证据法：文本、问题和案例》，张保生、王进喜、赵滢译，高等教育出版社 2006 年版，第 49 页、第 136 页。

〔4〕　［美］戴维·伯格兰：《证据法的价值分析》，张保生、郑林涛译，载《证据学论坛》2007 年第 2 期。

〔5〕　参见张保生主编：《证据法学》，中国政法大学出版社 2018 年版，第 67 页。

个定义：信息是人们对事物了解的不确定性的消除或减少。[1]证据是与案件事实相关的信息体，这决定了证据的作用主要是消除事实认定的不确定性。[2]也正是由于这个原因，很多学者将准确作为证据法的重要价值。例如，艾伦认为："事实在某种重要意义上比权利更为根本。权利和义务取决于事实。再考虑一下个人财产所有权这种最基本的权利。如果我主张你的财产是我的，你会做什么？你将向官方事实认定者提供证据，以说服其相信，在过去的某个时间点上事物处于这样一种状态：你有权占有、消费或处置某些个人财产。"[3]斯坦（Stein）则认为："只有那些促进内部事实认定目标的规则才真正地属于证据法；促进其他目标和价值的规则虽然关涉证据，但不属于证据法领域。"[4]人工智能证据对于提升事实认定的准确性同样具有重要意义。

1. 人工智能证据进入法庭符合证据法鼓励采纳证据的基本精神

从普遍意义上讲，人工智能证据与其他证据一样，均可以为法庭提供更多证据，从而提升事实认定的准确性。事实上，鼓励采纳证据一直以来都是证据法的基本精神。一方面，各国的证据法实践均强调证据的采纳。在英美法系，包容性原则是证据法系统化之初的基本原则之一，该原则认为，任何具有证明力的证据都应该进入法庭，除非有一个明确的法律上的政策理由将其排除在外。[5]而此后的《美国联邦证据规则》更是将该原则具体化为第402条："相关证据具有可采性，下列规定另有规定者除外：《合众国宪法》；联邦制定法；本证据规则；或者最高法院制定的其他规则。不相关证据不可采。"在大陆法系，证据采纳标准更加宽松，"按照大陆

---

　　[1]　Claude E. Shannon, "A Mathematical Theory of Communication", *Bell System Technical Journal*, 27（1948），pp. 379-423, 632-656.

　　[2]　参见张保生："广义证据科学导论"，载《证据科学》2019年第2期。

　　[3]　[美]罗纳德·J. 艾伦："证据的相关性和可采性"，张保生、强卉译，载《证据科学》2010年第3期。

　　[4]　[美]亚历克斯·斯坦：《证据法的根基》，樊传明等译，中国人民大学出版社2018年版，第1页。

　　[5]　James Bradley Thayer, *A Preliminary Treatise on Evidence at the Common Law*, Little Brown, 1898, p. 314.

法系国家的司法传统，法律并不对证据的采纳做出明确的限制性规定"。[1]甚至即使是搜集方式违法的证据，很多时候法官也不会直接排除。以德国为例，"证据使用禁止固然是程序违法最为直观、严重的法律后果，但又并非程序违法的必然法律后果，甚至可以说证据使用禁止属于少数例外情形，仅适用于后果严重的程序违法。在更多情况下，取证程序违法不会导致证据使用禁止，而是在利益权衡之后允许使用"。[2]我国证据规则和证据理论同样有对于证据数量的追求，有论者指出："我国司法理念中长期存在的'有罪必究'的观念促使当前的证据规则和证据审查之中往往将证据的合法性与真实性相勾连，甚至如果仅仅是取证手段违法而真实性未受影响的证据一般也不会被排除。"[3]当然，这种过度追求证据真实性的立场有待商榷，但却可以在某种程度上反映更多证据进入法庭对于准确事实认定的价值。

另一方面，从证明原理的角度看，现代司法证明理论同样强调证据获取的重要性。当前学界关于司法证明范式的讨论主要有两条进路：一是概率主义进路；二是解释主义进路。[4]尽管二者在事实认定的方式上存在较大分歧，但其均强调证据在司法证明中的重要性。概率主义进路主要以贝叶斯定理为基础，其基本表达式为：后验概率＝标准相似度×先验概率。其中，先验概率表示在获取证据前事实认定者对待证事实的确信程度；相似度表示证据的力度和强度；而后验概率表示获得新证据后事实认定者对待证事实的确信程度。贝叶斯定理强调证据总是不完善的，因此需要不断通过新的信息和证据对既有认识进行修正，以更接近事实。[5]因此，更多的证据进入法庭对于接近事实真相具有重要意义。解释主义进路的代表理论

---

〔1〕 何家弘、姚永吉："两大法系证据制度比较论"，载《比较法研究》2003年第4期。

〔2〕 王颖："德国刑事证据禁止利益权衡理论的演进及其借鉴"，载《环球法律评论》2021年第4期。

〔3〕 参见吴宏耀："非法证据排除的规则与实效——兼论我国非法证据排除规则的完善进路"，载《现代法学》2014年第4期。

〔4〕 ［美］罗纳德·J. 艾伦、迈克尔·S. 帕尔多："相对似真性及其批评"，熊晓彪、郑凯心译，载《证据科学》2020年第4期。

〔5〕 参见丰叶："职务犯罪大数据证据研究"，载《科技与法律》2020年第1期。

是艾伦提出的"似真性"理论。该理论在批判传统概率主义进路后,提出了一种整体解释方法——最佳解释推论。该理论认为,事实认定不应该局限于单一证据,而应将全部证据拼凑起来,进而对事实进行整体性把握。[1]以刑事诉讼为例,事实认定者需要根据双方提出的证据构建自己的解释,当证据不足时,事实认定者无法构建出似真的犯罪案情,或者只能构建出似真的犯罪案情与似真的无罪案情同时存在的情况,那么此时犯罪嫌疑人就无罪。[2]由此可见,解释主义进路同样强调需要根据证据构建相应的解释,证据越多,解释构建的难度便越小,准确度也就越高。

无论是理论还是实践,均以鼓励采纳证据为证据法的基本精神,而人工智能证据的出现为事实认定提供了一种新的信息来源,因此允许人工智能证据进入法庭对于提升事实认定的准确性具有积极意义。

2. 人工智能证据可以为法庭提供更多的信息

根据"证据之镜"原理,证据是事实认定的必要条件和"唯一桥梁",换言之,证据是消除法庭事实认定不确定性的唯一信息来源。[3]而人工智能证据则可以提供比普通证据更多的信息。这主要是由于,人工智能证据是大数据收集分析后的产物,而大数据也是信息的一种,是人类社会发展到一定阶段的产物:"所谓大数据信息就是指标示复杂系统各方面状况的数据组合。"[4]其也具有信息的一般特征,包括标示性、确定性、重复不增值性、可存储性、可提取性、可处理性、可传递性、非守恒性、共享性、可计量性等。[5]相较而言,传统证据或是不依靠数据便直接生成,或是依靠小数据生成,其信息量远远没有依靠大数据生成的人工智能证据多。以前,对海量数据的处理只能使用抽样的方法,但是在大数据时代,我们可以直接分析全量数据,我们可以采用最简单的统计分析算法,将大

---

〔1〕 参见张保生:"法学与历史学事实认定方法的比较",载《厦门大学学报(哲学社会科学版)》2020年第1期。

〔2〕 参见张保生主编:《证据法学》,中国政法大学出版社2018年版,第86—87页。

〔3〕 参见张保生:"事实、证据与事实认定",载《中国社会科学》2017年第8期。

〔4〕 常绍舜:"大数据与信息论和系统论",载《系统科学学报》2020年第2期。

〔5〕 参见常绍舜:"大数据与信息论和系统论",载《系统科学学报》2020年第2期。

量数据不经过假设直接交给高性能计算机处理，这样就能发现某些传统科学方法难以得到的规律和结论。[1]这也就意味着，人工智能证据可能解决传统证据无法解决的问题。例如，对于一张人类以及传统机器无法识别的模糊照片，智能模糊照片识别系统可以依托海量数据对照片进行分析，从而确认照片上的人与犯罪嫌疑人的关系。而如果一起刑事案件的唯一证据便是一张凶案发生时的模糊照片，那该人工智能结论便将发挥更大的证明作用。

3. 人工智能证据具有较高的准确性

有关研究显示，"从人为证明到机器生成证明的转变，总体上提高了事实认定的准确性和客观性"。[2]这主要是由于人工智能在很多领域的能力都超过了人类。其中，最具有代表性的例子就是 AlphaGo Zero 在围棋领域的统治级别表现，其先后与数十位顶尖棋手对局，最终取得了 60 胜 0 败的战绩。[3]除此之外，在多个领域，人工智能同样取得了超越人类的成绩。例如，在医疗诊断领域，人工智能在经过一定时间学习后，对疾病的诊断率已经可以达到 87.0%，而人类只有 86.4%。在识别无病患问题上，人工智能的准确率为 92.5%，比专业的医护人员还要高两个百分点。[4]具体到肿瘤、心脏病、抑郁症等问题的诊断上，人工智能同样有更好的发挥。[5]在微表情测谎问题上，马里兰大学和达特茅斯学院的研究人员开发出的 DARE 人工智能系统在测谎准确率上已经超过了人类，其准确识别微

〔1〕　参见徐晟：《大话机器智能　一书看透 AI 的底层运行逻辑》，机械工业出版社 2022 年版，第 104 页。

〔2〕　See Andrea Roth, "Machine Testimony", *Yale Law Journal*, 126 (2017), p. 1976.

〔3〕　参见陈静："'人机大战'2.0 看点在胜负之外"，载《经济日报》2017 年 4 月 12 日，第 8 版。

〔4〕　See Liu Xiaoxuan, et al., "A Comparison of Deep Learning Performance against Health-care Professionals in Detecting Diseases from Medical Imaging: A Systematic Review and Meta-analysis", *The Lancet Digital Health*, 1 (2019), E271.

〔5〕　参见祁亮、沈洁："机器学习在肝癌诊疗领域的应用进展"，载《癌症进展》2019 年第 5 期；谢稳等："人工智能在先天性心脏病学中的应用"，载《中国胸心血管外科临床杂志》2020 年第 3 期；袁钦湄等："基于人工智能技术的抑郁症研究进展"，载《中国临床心理学杂志》2020 年第 1 期。

表情的比例达到了 92%，而人类只有 81%。[1] 在天气预测领域，人工智能对于冰雹、雷暴等灾害性天气的预测同样已经超越了人类预报员。[2]

上述案例证明，人工智能技术的可靠性在很多时候已经超过了人类，这也就意味着一些人工智能证据的可靠性将更强。以人脸识别证据为例，人眼对面部的自然识别精确度约为 97%，而人工智能的识别准确率已经从最初阶段的 70% 至 80%，提高到现在的 99.8%。[3] 这也就说明，基于该人脸识别系统生成的证据，可靠性要超过一般的人类观察。换言之，在不考虑其他因素的情况下，人脸识别分析对于刑事被追诉人辨认的可信度要高于普通证人。

（二）人工智能证据可以提升事实认定的公正性

正义是"社会制度的首要价值"，[4] 也是现代证据制度的首要价值。证据制度作为法治国家的一项基本制度，其作用在于减少证据的误用、滥用和人为操纵，保证案件事实得到公正的认定。因此，证据制度构成了司法公正的基石。[5] 尽管有一些学者更加强调准确在事实认定中的作用，但从整体上看，公正仍然是最为重要的价值。[6] 正如安德森（Anderson）等人所言："理性主义传统的核心信条是，裁判法（或诉讼法）之主要目的是在裁判中达到'裁决公正'，就是说，法律正确适用于证明为真的事实。该信条对当今（司法）事业产生了三个引申性影响。第一，关于事实争端问题，该信条假定，那个目的之实现涉及通过理性方式对'事实真相'的追求。……第二，这种理性主义传统反映了一种持久不变的认识，即追求事实真相作为依法保障正义（填补正义）的手段，具有很高优先地位，但

---

[1]　参见"美高校研发出测谎能的人工智能系统"，载《机器人技术与应用》2018 年第 1 期。

[2]　参见华凌："预报天气，人工智能比人类更擅长？"，载《科技日报》2020 年 7 月 29 日，第 5 版。

[3]　参见徐瑞哲："健康绿码：戴着口罩也能精准识别"，载《解放日报》2021 年 5 月 26 日，第 5 版。

[4]　[美] 约翰·罗尔斯：《正义论》，何怀宏、何包钢、廖申白译，中国社会科学出版社 1988 年版，第 1 页。

[5]　参见张保生主编：《证据法学》，中国政法大学出版社 2018 年版，第 68 页。

[6]　参见张保生："证据法的基本权利保障取向"，载《政法论坛》2021 年第 2 期。

并非高于一切。第三，裁判模式本身是工具主义的，通过推理而追求事实真相只是达到填补正义目的的一种手段，填补正义被视为实体法的实现。"[1]人工智能证据同样对于保护当事人权利，实现裁判正义具有重要意义。

1. 人工智能证据可以作为过程证据规范取证行为

证据来源的合法性原则体现了法治国家人权保护的价值，采纳非法证据将严重侵犯宪法和法律所赋予的公民权利和当事人的合法权益。[2]换言之，之所以对取证行为进行严格限制，就是因为很多非法取证行为可能侵犯公民的基本权利。这集中体现于法定证据主义时期，刑讯逼供对权利的侵犯。彼时，被告人不是诉讼主体而是诉讼客体，没有诉讼权利，不能辩护，只是被拷问的对象，唯有法院才是诉讼主体，审判秘密进行，并不公开，容易使刑讯逼供合法化。[3]例如，《加罗林纳法典》第31条规定："假如某人被怀疑对他人有损害行为，而嫌疑犯被发觉在被害人面前躲躲闪闪、形迹可疑，同时嫌疑犯又可能是犯这类罪时，那么这就是足以适用刑讯的证据。"[4]基于此，证据裁判相较于口供裁判的重要进步，便是刑讯逼供的废除。

我国21世纪以来发生的佘祥林、杜培武、赵作海和张玉环等一系列冤假错案，凸显了当前侦查活动中权利保障的危机。对此，引入过程证据，对刑讯逼供等行为进行限制，便成了保障刑事被追诉人权利的重要方式。所谓过程证据，是指一种记录特定诉讼行为过程事实的证据，其主要功能是规范取证行为，用于证明证据合法性。[5]例如，对讯问从开始到结束的过程进行同步的、完整的、全面的、客观的同步录音录像就是典型的

---

〔1〕 ［美］特伦斯·安德森、戴维·舒姆、［英］威廉·特文宁：《证据分析》，张保生等译，中国人民大学出版社2012年版，第103-104页。

〔2〕 参见张保生："证据规则的价值基础和理论体系"，载《法学研究》2008年第2期。

〔3〕 参见樊崇义："从'应当如实回答'到'不得强迫自证其罪'"，载《法学研究》2008年第2期。

〔4〕 参见陈一云主编：《证据学》，中国人民大学出版社1991年版，第27页。

〔5〕 参见谢小剑："讯问录音录像的功能发展：从过程证据到结果证据"，载《政治与法律》2021年第8期。

过程证据。[1]在美国，从 20 世纪初开始，州警察就陆续引入讯问录音录像制度，并得到各州审判法院、上诉法院和州最高法院以及学界的大力支持。[2]在日本，《日本刑事诉讼法》对闭路录像方式询问证人画面的证据能力进行了规定，对于符合《日本刑事诉讼法》第 321 条规定的询问画面可以直接作为证据使用。[3]在我国，2012 年《刑事诉讼法》确立了同步录音录像制度以更好地防范刑讯逼供行为，此后各类文件不断对该制度进行完善。例如，《人民检察院讯问职务犯罪嫌疑人实行全程同步录音录像的规定》第 2 条第 1 款规定，讯问犯罪嫌疑人时，应当对每一次讯问的全过程实施不间断的录音录像。而这些同步录音录像便可以作为过程证据，证明侦查行为的合法性，也为法官非法证据排除提供依据。正如时任最高人民检察院副检察长孙谦所言："讯问同步录音录像本身不能作为证明犯罪事实的证据……但当被告人或辩护律师对讯问笔录提出异议或提出讯问过程可能存在刑讯逼供时，录音录像可以作为证明证据合法性的证据使用。"[4]除了同步录音录像，侦查人员依照有关规定使用执法记录仪、自动检测仪等办案设备和无人机航拍、卫星遥感等技术手段形成的图片、录音录像等信息，很多时候也可以作为过程证据，用以证明取证手段的合法性。此外，一些笔录证据、情况说明材料、侦查人员证言等，均可以作为过程证据。可以说，这些证据几乎不能证明犯罪构成要件事实，而通常对那些发生在刑事诉讼中的过程事实提供证明。[5]与过程证据相对应的是结果证据，即用于证明案件事实的证据，这种证据更为常见，如目击证人就看到的犯罪过程提出的证言、杀人的凶器等。总体而言，结果证据的主要目标

---

〔1〕 参见陈奇敏："全面推广讯问同步录音录像制度之我见"，载《刑事法判解》2009 年第1 期。

〔2〕 参见佴化强："讯问录音录像的功能定位：在审判中心主义与避免冤案之间"，载《法学论坛》2020 年第 4 期。

〔3〕 参见 [日] 田口守一：《刑事诉讼法》，张凌、于秀峰译，法律出版社 2019 年版，第525 页。

〔4〕 孙谦："关于修改后刑事诉讼法执行情况的若干思考"，载《国家检察官学院学报》2015 年第 3 期。

〔5〕 参见陈瑞华："论刑事诉讼中的过程证据"，载《法商研究》2015 年第 1 期。

是促进事实认定的准确性，而过程证据的主要目标是避免公权力的肆意妄为。

　　人工智能证据同样可以作为过程证据用以限制侦查权力，并作为法官非法证据排除的依据。一方面，人工智能证据可以对传统的侦查方法进行限制。例如，若要求侦查人员需要出示基于人工智能分析的犯罪热点图等证据，以证明其从事搜查等行为的合法性，则将在很大程度上限制其侦查的随意性。在美国，已经有学者提出了这一可能："特里停止"规则规定警察在怀疑有关人员持有武器时，可以进行拍身搜查。但这种怀疑的合理性和尺度往往会遭人诟病。若警察可以出示犯罪热点图等证据证明被搜查人具有一定犯罪风险，进而对其实施搜查，那么该侦查行为便更加具有正当性。[1]反过来讲，当侦查人员无法提供人工智能证据时，其取证行为的合法性便可能存疑。另一方面，人工智能证据可以对大数据侦查进行限制。随着大数据侦查方式的出现，通过智能化技术侵犯公民权利的现象也开始不断增加。对于这种侦查行为的启动，大部分学者都认为应采取限制，例如有论者指出："应对立案前预警、调查核实阶段的大数据侦查设置更为严格的启动门槛。比如，对行为人的预警与调查核实，应仅限于严重危害社会的犯罪案件；对涉案银行卡、电话卡等物品的预警与调查核实，因不直接涉及侵犯公民的合法权益，可将其范围设定为社会危害程度较大的犯罪案件。"[2]这种对于大数据侦查的限制其实是比例原则的引入，即只有较为严重的犯罪或是在特殊条件下，才可以启动大数据侦查。此时，人工智能证据便可以作为过程证据，证明大数据侦查启动的合法性。例如，人工智能证据可以对案件的严重程度、威胁程度进行评估，其评估结果便可以作为启动大数据侦查是否合法的依据。

　　2. 人工智能证据可以作为无罪证据保护刑事被追诉人的权利

　　如前文所述，人工智能证据是基于海量数据分析所产生的，这大大提

────────────

　　〔1〕　See Ric Simmons, "Quantifying Criminal Procedure: How to Unlock the Potential of Big Data in Our Criminal Justice System", *Michigan State Law Review*, 2016（2016），p. 1001.

　　〔2〕　刘玫、陈雨楠："从冲突到融入：刑事侦查中公民个人信息保护的规则建构"，载《法治研究》2021 年第 5 期。

升了人类发现新信息的可能性。值得注意的是，在基于智能化技术产生的证明有罪的信息增加的同时，证明无罪的信息同样也在增加。特别是在当下数字监控日益发达的情况下，大量的数据在网络上被储存，而这些痕迹很可能作为刑事被追诉人无罪的判断依据。所谓"数字无罪"，便是寻求利用新型数据的工具和内容，以防止错误定罪，并为那些已经定罪的人提供实际清白的确凿证据。[1]这一概念并非对数据滥用的妥协，而是基于现状之下一种更加合理的选择。具体而言，人工智能证据在无罪证明中可能发挥两个方面的作用：一是人工智能可以直接形成关于刑事被追诉人无罪的意见。例如，在故意杀人案中，智能轨迹分析系统可以对刑事被追诉人某个时间段的活动轨迹进行确认，进而确定刑事被追诉人不在犯罪现场，而判定其无罪。二是人工智能可以对判定刑事被追诉人有罪的证据进行分析，通过否定相关证据的可采性或证明力的方法判定刑事被追诉人无罪。例如，在一起故意伤害案中，公诉方出具了刑事被追诉人实施犯罪的视频，但经过人工智能分析，发现该视频是深度伪造视频，这便可以在某种程度上帮助刑事被追诉人洗清嫌疑。事实上，当前已经有社会组织开始尝试挖掘作为无罪证据的人工智能证据，美国康涅狄格州的数字证据无罪倡议组织（Digital Evidence Innocence Initiative）就旨在通过发展数字鉴定技术强化数字证据在洗脱嫌疑、证明无罪方面的作用。[2]

（三）人工智能证据可以提升事实认定的效率性

及时性是现代司法的重要要求之一，其要求司法活动过程中不应存在不必要的拖延行为，以免有损诉讼公正或造成不必要的资源浪费。[3]一方面，低效的司法活动不利于迅速地发现真相，及时惩罚犯罪。"犯罪与刑罚之间的时间隔得越短，在人们心中，犯罪与刑罚这两个概念的联系就越突出、越持续，因而，人们就很自然地把犯罪看作起因，把刑罚看作不可

---

〔1〕 See Joshua A. T. Fairfield, Erik Luna, "Digital Innocence", *Cornell Law Review*, 99（2014），p. 986.

〔2〕 参见裴炜：“论刑事数字辩护：以有效辩护为视角”，载《法治现代化研究》2020年第4期。

〔3〕 参见李哲：“刑事诉讼中的诉讼及时原则”，载《国家检察官学院学报》2004年第4期。

缺少的必然结果。"[1]另一方面，低效的司法活动不利于权利保障的实现：一是司法效率低下容易造成案件积压，大量纠纷无法得到有效处理，会使当事人求助司法救济的期待落空，影响社会稳定，激化矛盾；[2]二是司法效率低下容易使诉讼当事人的权利长时间处于不安状态，如在刑事诉讼中，低下的司法效率将导致刑事被追诉人在审判前遭受不适当的监禁从而增加其与被指控犯罪有关的焦虑和耻辱感，而且可能会由于证据或证人丢失而损害刑事被追诉人提出有效辩护的能力。[3]因此，各国法律均通过有关规定以维护司法的及时性，其中提升事实认定的效率被作为提升司法效率的重要内容。例如，《美国联邦证据规则》第403条把"在实质上超过相关证据的证明力"的"过分拖延、浪费时间或无需出示累积证据"，作为排除相关证据的理由之一。而我国《刑事诉讼法》第2条所言"及时地查明犯罪事实"也是对于事实认定效率的追求。

　　人工智能证据的应用同样可以有效提升事实认定的效率，这主要是由于人工智能证据具有更强的信息整合和分析能力，并且可以弥补人类在算力上的缺陷。如前文所述，证据的本质便是信息体，而事实认定活动实际上是从各种信息中筛选出与待证要件事实有关的信息并进行分析整合。虽然相关信息的数量越多，事实认定的准确性也就越高。但是，这也会增加信息筛选和分析的时间。而人工智能证据则可以在一定程度上解决这一问题。具体来说，人工智能证据可采取多层次、多渠道的途径获取存在于社会各个领域的信息资料，并在短时间内提取与待证要件事实相关的信息，还可根据事实认定需求切换不同的分析角度，对信息进行组合分析和深入挖掘，从而辅助事实认定者快速确定重点，大幅度提升事实认定效率。[4]

---

〔1〕〔意〕贝卡里亚：《论犯罪与刑罚》，黄风译，中国大百科全书出版社1993年版，第56-57页。

〔2〕参见范愉、彭小龙、黄娟编著：《司法制度概论》，中国人民大学出版社2016年版，第26页。

〔3〕See Po H. Chiu, Doggett V., "United States: Adapting the Barker Speedy Trial Test to Due Process Violations", *Whittier Law Review*, 14（1993），p. 898.

〔4〕参见樊崇义、张自超："大数据时代下职务犯罪侦查模式的变革探究"，载《河南社会科学》2016年第12期。

例如，在丁某光侵犯公民个人信息案中，某网站实际开房记录查询 49 698 条，全站信息总计浏览次数为 454 553 次，开房信息浏览次数为 5077 次，利用身份证号对应的字段名"idcard"为关键字建立唯一索引并消除重复数据，获取消除重复数据后的结果为 19 846 399 条记录。[1]对这些信息逐一进行分析显然十分困难且浪费时间。而人工智能分析报告便可以迅速完成计算并提供事实认定所需要的信息，这便在一定程度上提升了事实认定的效率。正如有论者指出："在一线司法机关办理的涉众型犯罪案件中证据材料就达到数千卷，背后是司法人员庞大的人力与时间付出。此种情形下，仅仅凭借传统证据来证明案件事实面临着难以承受之重。与之相反，通过大数据（人工智能）证明案件事实就明显高效得多，尤其是基于海量数据的分析报告通常浓缩为具体的一份或多份文书证据，使用起来更具可操作性。"[2]

第三节　人工智能证据对人类证据制度的挑战

人工智能证据是一把双刃剑，其虽有利于事实认定，但也对人类证据制度带来了巨大的挑战。这主要表现在三个方面：首先，人类既有的证据开示程序、证据出示程序和证据质证程序均无法直接应用于人工智能证据的证明；其次，人类既有的证据审查体系同样与人工智能证据不能完全契合，证据相关性、可靠性等方面的审查规则亟待明确；最后，人工智能证据对于人类权利保障带来了前所未有的挑战，这更加需要人类尽快通过有效的方法进行规制。

一、人工智能证据在司法证明中的运行方式之谜

作为一种全新的证据，人工智能证据的证据开示、证据出示和证据质证均存在一定程度的特殊性，也需要建立独特的规则和方法。

---

[1]　浙江省乐清市人民法院（2016）浙 0382 刑初 2332 号刑事判决书。
[2]　刘品新："论大数据证据"，载《环球法律评论》2019 年第 1 期。

（一）人工智能证据对证据开示的挑战

常规科学证据的开示，通常是以书面的形式，对专家的意见以及相关的信息进行说明。例如，《美国联邦刑事诉讼规则》第 16 条第（a）款第 G 项规定了专家证言的开示内容：如果控方依据《美国联邦证据规则》第 702 条、第 703 条或第 705 条的规定，打算在诉讼中使用专家证言的，则控方在被告人的请求下，必须向其提供一份专家证言的概要（Summary）。这份概要必须描述专家的意见、基础依据、推理理由以及专家证人的资格。[1]在德国的刑事审判中，控方在诉讼早期将实验室报告纳入案卷是正常的操作程序。这种文件将说明审判庭任命一名专家来评估案件的具体情况，并将包括专家进行的测试和随后的调查结果。但就目前的实践来看，实验室报告一般不会透露像雷达枪这样的数字测量设备的细节。换言之，只要设备已被证明是作为证据工具使用的，测量的原始数据和数据使用的细节通常不会透露给辩方。[2]在我国，2012 年《刑事诉讼法》恢复了全部案卷移送主义之后，包括鉴定意见在内的证据都将在案卷中出现，律师阅卷范围比 1996 年《刑事诉讼法》规定的范围有所扩大，辩护律师可以通过阅卷掌握鉴定意见的基本情况。[3]但总体来看，对于鉴定意见的证据开示所能发挥的效果较为有限，这主要是由于我国没有详细规定鉴定意见的开示范围和开示方法。[4]这就导致在实践中，"部分鉴定意见书没有写明鉴定所依据或参照的技术标准、操作规范等技术性规范，这样即使辩护律师通过查阅案卷了解鉴定意见，但鉴定意见书可供了解的信息很有限"。[5]

---

〔1〕　参见陈邦达："科学证据质证程序研究——基于中美两国的比较"，载《现代法学》2017 年第 4 期。

〔2〕　See Sabine Gless, "AI in the Courtroom: A Comparative Analysis of Machine Evidence in Criminal Trials", *Georgetown Journal of International Law*, 51（2020）, pp. 227-228.

〔3〕　参见陈邦达："以审判为中心视角下科学证据质证问题研究"，载《中国司法鉴定》2017 年第 3 期。

〔4〕　参见陈邦达："以审判为中心视角下科学证据质证问题研究"，载《中国司法鉴定》2017 年第 3 期。

〔5〕　陈邦达："科学证据质证程序研究——基于中美两国的比较"，载《现代法学》2017 年第 4 期。

上述科学证据的开示方法并不能满足人工智能证据的开示需求。如前文所述，人工智能证据具有高度的机器复杂性，因此，非人工智能证据持有的一方需要一定时间对人工智能证据进行准备和分析。但如果只给出人工智能最终形成的结论，其根本无法知道该意见是如何形成的。甚至即便像美国一样给出基础依据和推理理由，也无法帮助对方理解人工智能证据。因为在没有相关算法和数据的情况下，任何人都无法掌握人工智能证据具体的形成过程，也就无法对其进行分析和检验，这也便丧失了证据开示的意义。因此，如何构建有效的人工智能证据开示程序，便成了一项重要挑战。

（二）人工智能证据对证据出示的挑战

人工智能证据对证据出示程序的挑战主要表现为三个方面。

首先，人工智能证据的辨认鉴真更为复杂。这种复杂性主要体现为人工智能证据辨认鉴真内容的丰富性。就普通证据而言，其辨认鉴真的对象往往比较单一，例如，物证的辨认鉴真只需要对所出示的物品进行。相对而言，常规科学证据的辨认鉴真要复杂一些，其辨认鉴真一是要求有关专家对待证要件事实具有专业知识，[1]二是要求鉴定所用的"检材"具有同一性。"鉴定人对实物证据作出可信鉴定的前提条件是，该证据是真实可靠的检材，而不是被替换、伪造、变造、剪裁、篡改过的实物证据。"[2]但人工智能证据的辨认鉴真要复杂很多。如前文所述，人工智能证据的生成过程，实际上是算法工程师先输入代码，然后机器根据数据构建规则，最后对被检测的内容进行分析并形成意见的过程。基于这一流程，人工智能证据的辨认鉴真实际上涉及检材、技术、数据和结论四个层面。其中既要对相关源代码进行检验，也要对数据和数据库进行检验，还要对结论以及检材进行检验。对于这些内容的辨认鉴真，既有的方法几乎无法给出答案，因此，如何设计辨认鉴真的规则和方法也就成了一项挑战。

---

〔1〕 See Ronald J. Allen, et al., *An Analytical Approach to Evidence*: *Text*, *Problems*, *and Cases*, Wolters Kluwer Law & Business, 2016, 6th ed., p.193.

〔2〕 陈瑞华：《刑事证据法》，北京大学出版社 2018 年版，第 315 页。

其次，人工智能证据的鉴定较为困难。人工智能证据的复杂性决定了很多时候需要专家对其进行鉴定。但人工智能作为一个新兴领域，当前尚未形成成熟的鉴定机构。更为严峻的是，人工智能证据的鉴定涉及检材、技术、数据和结论等多个层面，不仅具有高度复杂性，而且需要大量专家协作进行，例如，对于代码进行检验和对于人工智能的结论进行解释就涉及两个全然不同的方向，这进一步提升了鉴定难度。由此便产生了人工智能证据鉴定供给不足的问题。除此之外，人工智能证据的鉴定还可能涉及大量公民的隐私信息、国家秘密和商业秘密，对此问题，有论者指出，人工智能证据的鉴定需要刑事司法系统更加谨慎，不能再延续既有的司法鉴定模式。[1]因此，如何实现人工智能证据的有效且合法的鉴定便成为一项挑战。

最后，人工智能证据的出示方法有待厘清。当前科学证据的出示方法主要有两种，一种是专家出庭作证。例如，据英国苏格兰场法庭科学服务部（FSS）的专家介绍，2006 年该机构的出庭率为 40%，而且只有经过出庭培训的高级鉴定人才才有资格出庭作证。[2]这种方式显然不适合人工智能证据，因为机器不能说话，也没法像人类一样出庭。另一种是以书面报告的形式进行出示，很多欧洲国家便采取这种出示的方法。[3]对于人工智能证据而言，这种方式更加具有可实现性，因此，当前人工智能证据多以这种书面的形式出示。以我国为例，在王某奇盗窃案中，人工智能证据的出示形式便是报告书；[4]在江某、廖某盗窃案中，人工智能证据以对比表的形式加以出示；[5]在黄某 4、房某交通肇事案中，人工智能证据以照片的形式进行出示。[6]但就如同人工智能证据在证据开示时面临的问题一

[1] See Erin Murphy, "The New Forensics: Criminal Justice, False Certainty, and the Second Generation of Scientific Evidence", *California Law Review*, 95（2007），p. 778.

[2] 参见刘建伟："关于我国司法鉴定人出庭作证现状的几点思考——从鉴定人出庭率低说起"，载何家弘主编：《证据学论坛　第 14 卷》，法律出版社 2008 年版，第 223 页。

[3] 参见张保生等：《证据科学论纲》，经济科学出版社 2019 年版，第 334 页。

[4] 江苏省东海县人民法院（2019）苏 0722 刑初 830 号刑事判决书。

[5] 湖北省武汉市江岸区人民法院（2018）鄂 0102 刑初 1123 号刑事判决书。

[6] 湖南省永州市中级人民法院（2021）湘 11 刑终 13 号刑事附带民事裁定书。

样，这种出示方式根本无法有效展示人工智能证据的全部信息，也无法帮助法官有效审查人工智能证据。除此之外，若将人工智能视为独立的主体，那么通过这种书面的形式出示还可能违背直接言词原则。由此，如何协调人工智能证据出示方式与直接言词原则之间的矛盾，便也需要进一步讨论。故而，如何更好地出示人工智能证据也将是制度构建时需要面临的挑战。

（三）人工智能证据对证据质证的挑战

对于人工智能证据而言，质证的主体并不会发生太大的变化，即具有证明权的主体可以行使质证的权利。[1]而接受质证的主体则有所不同。就常规科学证据而言，接受质证的主体往往是生成意见的专家证人或是鉴定人。与之类比，人工智能证据是由机器生成的，如果认为机器具有一定主体性，那么其便应该接受质证。然而，机器不能像人一样思考，也不能像人一样表达。正如维特根斯坦所认为的：其一，人的思维不是某种发生在大脑之中的生理过程，不能还原为发生在大脑之中的脑电波，因为我们无法断定有某种特定生理过程以某种方式与思维相对应，从根本上讲，思维是一种符号操作活动；其二，人的阅读理解也不是发生在心灵之中的，并且机器也不会阅读、不会理解；其三，由于机器与人之间存在无法逾越的鸿沟，所以即使能做到在机器上模拟某种脑电波，也根本不可能让机器像人一样思维。[2]此外，机器不及人之处还在于——没有本能冲动、自我意识、自由意志、心灵结构和语言构造能力，无法在语言游戏之中，感受和创生丰富的意义世界。[3]也正是由于这样的原因，人类不能直接对机器进行质询，无法依据"证言三角形"中的各项影响因素判断机器的可靠性，也无法观察机器的表情、语言变化，分析其是否可能说谎。故而，对于机器的质证需要通过一定转化加以实现，这至少涉及两个问题：一是以何种

---

〔1〕 参见张保生主编：《证据法学》，中国政法大学出版社 2018 年版，第 277 页。

〔2〕 参见孟令朋："论维特根斯坦关于人工智能的基本观点"，载《山东社会科学》2012 年第 5 期。

〔3〕 参见王海东："维特根斯坦论意义盲人及人工智能"，载《云南大学学报（社会科学版）》2019 年第 4 期。

方式代替机器接受质证；二是质证的内容应包括什么。但当前的质证程序尚缺乏此类转化机制。因此，人工智能证据的出现也对证据质证程序形成了挑战。

二、人工智能证据审查判断之难

有关研究显示，无论是大陆法系国家还是英美法系国家，都没有找到有效的人工智能证据的审查办法："无论是欧洲大陆盛行的询问制，还是美国采用的对抗制，都没有为法庭上的人工智能做好准备，因此无法有效利用相关的人工智能证据。虽然其一直在努力寻找足够的防御工具来对抗这种新形式的信息，但几乎没有可行的方法来对人工智能证据进行彻底审查。"[1]在我国同样如此，当前司法实践中，法官几乎不对人工智能证据进行审查，就直接接受了人工智能证据的效力。即使在个别采取审查措施的案件中，法官使用的审查方法也并不系统。例如，在周某民盗窃案中，法院认为："公安机关运用'衡阳静态鹰眼人脸识别系统'对 2018 年 9 月 19 日东亮超市被盗现场提取的嫌疑人图像进行比对，结果有 16 人与图像中的人像相似度在 70% 以上，其中发现排名第四的被告人周某民相似度达到 69.41%。从该情况来看，对监控截图照片比对相似度在 70% 以上的有 16 人，相似的人数较多，只是因为被告人周某民是衡山籍贯而被列为重点嫌疑人，该比对结果不能排除他人作案的可能，不具有唯一性，不足以认定被告人周某民为该起盗窃的作案人，故对公诉机关指控的 2018 年 9 月 18 日盗窃事实，本院不予认定。"[2]相较于其他案件，本案对于人工智能证据进行的审查具有一定进步性，但也只审查了证据的可靠性，而且审查方法也仅仅是对于准确率进行了分析。上述问题显示了当前人工智能证据审查体系的缺失，这主要表现为三个方面。

首先，人类尚缺乏人工智能证据具体的审查原则。法律原则是法理的

---

[1] See Sabine Gless, "AI in the Courtroom: A Comparative Analysis of Machine Evidence in Criminal Trials", *Georgetown Journal of International Law*, 51 (2020), p. 199.

[2] 湖南省衡山县人民法院（2020）湘 0423 刑初 11 号刑事判决书。

普遍形态，其中的普适性原则和基本原则，体现着一个社会的基本法理，是整个法律活动的指导思想和出发点，构成一个法律体系的灵魂，决定着法律的内在统一性和稳定性。法律规则的正当性和有效性有赖于原则的证成和支持。[1]对于人工智能证据的审查，除了要遵循证据审查的一般原则，还应该根据人工智能证据的特性建立新的原则，如关于人机关系的原则、关于价值权衡的原则等，这些原则可以为法官或事实认定者在人工智能证据审查时提供根本性指导。但在当前各国的司法实践中，尚未形成较为明确的审查原则。

其次，人类既有的证据审查规则无法完全应对人工智能证据的审查。人工智能证据的审查涉及技术相关性、可靠性，数据相关性、数据来源和数据标注可靠性，结论相关性和可解释性等不同的内容，这比常规科学证据涉及的内容要更加复杂，因此，常规科学证据的审查规则可能无法满足人工智能证据的审查需求。以可靠性规则为例，我国现有规则主要集中于科学证据可靠性外部因素的审查，而较少涉及对科学证据可靠性内部因素的审查。[2]但由于人工智能证据的形成并不需要鉴定人或鉴定机构的参与，这就产生了如何构建人工智能证据可靠性规则的新问题。而即使是对科学证据可靠性内部因素进行审查的美国，既有规则同样也有空白之处：人工智能证据很多时候具有不可解释性，那么如何在证据审查中应对这种不可解释性便需要构建新的规则。此外，如何结合人工智能证据的特点将其和多伯特规则进行有效结合（如人工智能证据的错误率是什么），也需要进一步厘清。再如，人工智能证据的相关性涉及技术、数据和结论等层面，不同层面的相关性的判断方法同样无法在既有规则中发现答案。因此，人类需要围绕人工智能证据设计更为全面系统的审查体系。

最后，人类尚缺乏人工智能证据的审查方法。即使确立了人工智能证据的审查原则和规则，具体通过何种方法落实这些内容同样需要加以明

---

〔1〕 参见张文显："法理：法理学的中心主题和法学的共同关注"，载《清华法学》2017年第4期。

〔2〕 参见杨建国："论科学证据可靠性的审查认定——基于判决书中鉴定结论审查认定的实证研究与似真推理分析"，载《中国刑事法杂志》2012年第1期。

确。例如，人工智能证据的审查涉及技术、数据、结论等内容，如何确认这些内容的审查顺序；人工智能证据的审查内容较为复杂，审查时应采取何种策略提升证据审查的有效性；面对较为复杂的人工智能证据，应如何发挥专家的作用等。

三、人工智能证据对人权保障的挑战

人工智能证据的出现对于公民权利保障产生了空前的威胁。这主要表现在两个方面。一是权利侵犯扩张化。一般来说，常规证据即使涉及权利侵犯问题，也大多是关于刑事被追诉人，[1]但人工智能证据则有所不同。人工智能证据的形成通常需要通过大量数据进行训练，而这些数据既包括刑事被追诉人的信息也包括其他公民的信息。例如，智能人脸识别系统的有效运转便依赖于大量不同的人脸照片。如前文所述，美国联邦调查局人脸识别数据库所掌握的人脸数据已经达到 1.17 亿，而由此生成的人脸识别证据，也是以这 1.17 亿的数据为基础的；再如，e 租宝案件中的大数据分析证据是依托于 4000 多家银行、247 家第三方支付平台、164 家保险公司、114 家券商汇总的 1 万多个账户的几十亿条资金交易流水信息生成的，也就是说，该证据的生成很可能包含上万人的账户信息。[2]当上述信息涉及隐私问题时，就存在大规模侵权的风险。换言之，非法人工智能证据侵犯隐私权的对象不仅限于刑事被追诉人，也会拓展至大量其他的公民。二是权利侵犯实时化。在传统的侦查模式下，侦查机关的取证往往有较为明确的程序限制。以我国为例，若侦查人员在侦查过程中想要从有关单位或者个人处调取证据，必须制作《呈请调取证据报告书》，并报办案部门负责人批准。但对于人工智能证据的数据调取和算法使用则并没有相关程序限制。在大数据平台下，公民的相关隐私信息被直接存入平台，而当需要形成人工智能证据时，侦查人员便可以立刻调取数据，并依靠相关算法进行

---

〔1〕 参见袁相亭、刘方权："监察与司法的管辖衔接机制研究"，载《交大法学》2019 年第 4 期。

〔2〕 参见刘品新："论大数据证据"，载《环球法律评论》2019 年第 1 期。

分析。换言之，侦查人员便可以随意使用各种算法以及公民的信息而缺少相应的程序发动条件。[1]因此，人工智能证据所依赖的算法和数据的使用并没有具体的行为时间点，证据最终的形成是之前不断搜集数据并利用数据进行算法分析的结果，这也就导致了证据具有实时侵权的风险。

与人工智能证据不同，对于常规科学证据而言，证据的权利保护问题大多不是需要重点考察的对象。例如，笔迹鉴定、痕迹鉴定、指纹鉴定等科学证据，几乎不涉及权利的侵犯。因为其所能揭示的信息往往只限于案件事实——笔迹、指纹、弹痕等分析很难与人的种族、生理状况、性取向等隐私信息发生关联。尽管曾经有论者试图通过笔迹等信息分析人的种族、遗传、精神状况等有关信息：一些笔迹分析人员认为通过对笔迹进行分析，可以有效地解释人的个性特征，相关研究被称为笔迹学或是笔迹心理学。该研究方向认为书写是在大脑支配下的一种身体活动，人的伤残、疾病、疲劳、困倦、饥饿等生理状态能直接影响书写过程而使笔迹发生变化。书写又是大脑进行的一种精神活动，不但伴随着注意、感知、记忆、思维、想象等心理过程，而且一个人的能力、气质和性格、情绪等均会影响书写过程，而在笔迹中有所反映。[2]但该研究方向的科学性和结论的可靠性却广受争议："笔迹学的从业者可能从事与社会工作、咨询、心理学以及神职人员相关的职业。然而，大多数从事笔迹学的人只是作为一种有趣的爱好，用来给朋友和亲戚带来惊喜或娱乐。笔迹学，或者它被称为'笔迹分析'的'科学'，能否真正从一个人的写作中可靠地确定性格特征，这是一个有很多争议的问题。笔迹学在任何涉及性格评估或咨询的公认大学课程中都没有被正式教授。有些人将笔迹学等同于茶叶占卜、算命、颅相学、占星术、施法或巫术。"[3]相较而言，DNA 鉴定因涉及基因

---

〔1〕 参见蒋勇："大数据时代个人信息权在侦查程序中的导入"，载《武汉大学学报（哲学社会科学版）》2019 年第 3 期。

〔2〕 参见郑日昌主编：《笔迹心理学：书写心理透视与不良个性矫正》，辽海出版社 2000 年版，序第 1 页。

〔3〕 Andre A. Moenssens, "Handwriting Identification Evidence in the Post – Daubert World", *UMKC Law Review*, 66（1997），pp. 261–262.

问题，有些时候可能会侵犯当事人的隐私权。例如，基因信息能揭示一个人的体格状况和易患病体质甚至他精神特征的"个体的本质信息"，这些信息的泄露可能会对人的隐私权产生威胁，引发歧视、刻板印象、社会孤立等问题。[1]但这种权利侵犯通常涉及的范围不大，且频率较为有限。因此，常规科学证据对于人类权利侵犯的问题并不是特别显著，而各国的证据审查体系，往往也不把科学证据的非法证据排除问题作为重点关注对象。[2]这也就意味着，既有对于常规科学证据的规制办法，并不能有效应对人工智能证据引发的权利侵害风险。即使试图借助其他证据的非法证据排除规则，人类仍然需要首先回答，非法人工智能证据具体包括哪些、非法人工智能证据是如何侵犯人类权利的等问题。显然，各国既有的制度尚无法给出这些问题的答案。如前文所述，公正是证据制度的首要价值追求，而若不能正确应对人工智能证据对权利保障的冲击，将不利于公正价值的实现。因此，如何通过有效的规则避免这种权利侵犯的风险也对各国证据制度建设形成了重要挑战。

---

〔1〕　参见邱格屏："刑事 DNA 数据库的基因隐私权分析"，载《法学论坛》2008 年第 2 期。

〔2〕　参见张南宁："科学证据可采性标准的认识论反思与重构"，载《法学研究》2010 年第 1 期。

第三章

人工智能证据的

可采性

证据的可采性，又称"证据能力"，是指"在听审、审判或其他程序中被允许进入证据的品质或状况"，[1]证据的可采性审查主要是判断证据是否具有证据资格，确认其是否可以进入诉讼的"大门"。[2]通常来说，影响证据的可采性的因素包括相关性、合法性以及证明力与危险性的平衡检验三项内容。而当某项证据是科学证据时，其可靠性便也成了可采性的影响因素。[3]作为一种科学证据，人工智能证据的可采性同样受上述四项因素的影响，故而，本章将分别从这四个角度来介绍其可采性。

第一节　人工智能证据的相关性检验

相关性，又称"关联性"，是指证据与待证要件事实之间具有证明关系，有助于法官审查判断事实发生之可能性的属性。相关性是可采性的必要条件，这具有两层含义：其一，没有相关性，便没有可采性，应当绝对排除。其二，具有相关性的证据并不必然具有可采性。也就是说，不相关是排除证据的主要理由，但不是唯一理由，某些证据可能基于法律所规定的其他理由而被排除。[4]对人工智能证据而言同样如此，只有具有相关性的人工智能证据才具有可采性。

人工智能证据的相关性由技术相关性、数据相关性和结论相关性三个层面构成，对相关性进行审查时应遵循"适当"标准和"实质性"标准。[5]

---

〔1〕　See Bryan A. Garner, *Black's Law Dictionary*, Thomson West, 2004, 8th ed, p. 50.

〔2〕　参见何家弘："证据的采纳和采信——从两个'证据规定'的语言问题说起"，载《法学研究》2011年第3期。

〔3〕　参见张保生主编：《证据法学》，中国政法大学出版社2018年版，第23页。

〔4〕　参见张保生主编：《证据法学》，中国政法大学出版社2018年版，第14页。

〔5〕　参见马国洋："论刑事诉讼中人工智能证据的审查"，载《中国刑事法杂志》2021年第5期。

一、人工智能证据相关性检验标准

作为一种科学证据，人工智能证据相关性的判断既要符合一般证据相关性的要求，也要符合科学证据相关性的要求。

对于一般证据相关性的标准，最具代表性的就是《美国联邦证据规则》第401条的规定："在下列情况下，证据具有相关性：（a）该证据具有与没有该证据相比，使得某事实更可能存在或者更不可能存在的任何趋向；并且（b）该事实对于确定诉讼具有重要意义。"基于此，衡量证据的相关性主要应从两个方面入手：第一，提出的某个证据与证明案件中的某个待证事实是否相关（更可能或更不可能）；第二，提出的证据对实质性问题（要件事实）是否具有证明作用。[1]

对于科学证据相关性的判断，最为经典的规则便是《美国联邦证据规则》第702条的规定："如果科学、技术或者其他专业知识将有助于事实裁判者理解证据或确定争议事实，凭其知识、技能、经验、训练或教育够格为专家的证人可以用意见或其他方式作证。"该规则确立了以辅助性为主的科学证据相关性规则，即科学证据需满足的科学相关性标准。这一科学相关性标准通常被表述为"适当"标准，该说法始创于美国诉唐宁案。[2]该标准要求提供科学证据的一方必须准确地表述该证据与待证事实之间的关系。[3]

上述内容看似提出了三项标准：（1）"适当"标准；（2）"更可能或更不可能"标准；（3）"实质性"标准。但科学证据相关性判断的"适当"标准与普通证据相关性判断的"更可能或更不可能"标准实际上并没有本质差异。申言之，在判断证据是否会使事实变得"更可能或更不可能"时，有一个问题是必须讨论的：一项证据的存在究竟会改变什么？按

---

〔1〕 参见张保生主编：《证据法学》，中国政法大学出版社2018年版，第14页。

〔2〕 United States v. Downing, 753 F. 2d 1224, 1242 (3d Cir. 1985).

〔3〕 See Clifton T. Hutchinson, Danny S. Ashby, "Daubert v. Merrell Dow Pharmaceuticals, Inc. : Redefining the Bases for Admissibility of Expert Scientific Testimony", *Cardozo Law Review*, 15 (1993), p. 1912.

照属加种差定义法，事实是人的感官和思维所把握的真实存在。其中，真实存在决定了事实的真实性，这种真实性表现为一种"既成性"，指事实一旦发生，不管你喜不喜欢，它都成为不能更改的历史事实。[1]因此，一项证据的出现与否对于事实中的客观存在部分并不能造成任何影响，而证据只能改变人们的认知，即感官和思维的部分，这是由事实的经验性所决定的。换言之，证据实际上影响的是人们对于事实的思维上的把握，即"各方事实主张之可能性的判断"。[2]本质上讲，事实认定的过程就是事实认定者通过加工证据所提供的信息并建构知识体系从而获得真理或真相的过程。这一过程"是在相互竞争的律师介绍的两个案情（故事版本）之间进行选择（或采纳他们自己的一个版本），并据此裁决本案"。[3]由以上分析便可以得出，相关性判断中使某项事实"更可能或更不可能"的对象主要是人们思维上的把握，而并非某项"存在"即事实客观性的部分。故而，判断证据是否具有相关性，实际上是在判断证据是否可以对事实认定者的思维产生影响，或者说事实认定者是否更有可能发现真相。[4]而"有助于"标准所影响的对象同样是事实认定者的思维，即只有科学证据使得事实认定者对于某个待证要件事实产生新的理解或认知之后，该证据才可以称得上"有助于"事实认定。否则，无论是否存在该科学证据，事实认定者都不会产生任何认知改变，那么这一证据也就无法称得上帮助。因此，无论是"适当"标准还是"更可能或更不可能"标准，均是指证据的证明有效性。例如，对月相的研究，可对某天夜晚是否黑暗提供有效的科学"知识"，如果黑暗是个有争议的事实，该知识将辅助事实认定者。然而（在缺乏支持这种联系的可信根据的情况下），关于某晚是满月的证据，将不会辅助事实认定者裁断某个人在那天晚上是否非常可能从事了非理性

---

[1]　参见张保生主编：《证据法学》，中国政法大学出版社 2018 年版，第 2—3 页。

[2]　张保生："事实、证据与事实认定"，载《中国社会科学》2017 年第 8 期，第 125 页。

[3]　[美]特伦斯·安德森、戴维·舒姆、[英]威廉·特文宁：《证据分析》，张保生等译，中国人民大学出版社 2012 年版，第 199 页。

[4]　See Robert D. Brain, Daniel J. Broderick, "The Derivative Relevance of Demonstrative Evidence: Charting Its Proper Evidentiary Status", *U. C. Davis Law Review*, 25（1991），p. 1021.

的行为。[1]该案例有效解释了"适当"标准对于证明有效性的要求。实际上，如果事实认定者无法因该知识判断某人在那天晚上是否会从事非理性行为，那么这个证据也就无法使待证要件事实"更可能或更不可能"。因此，可以说，"适当"标准是"更可能或更不可能"标准在科学证据问题上的诠释或是进一步解释。

除"适当"标准或"更可能或更不可能"标准外，无论是普通证据还是科学证据，都需要满足"实质性"标准，即证据必须有助于待证要件事实的认定，才具有相关性。例如，在故意杀人案中，某科学证据证明刑事被追诉人患有皮肤病，但刑事被追诉人是否患有皮肤病并非故意杀人案件的待证要件事实，因此该科学证据并不具有相关性。

基于上述分析，对于人工智能证据相关性的判断实际上包括两项标准，一是"适当"标准（"更可能或更不可能"标准），即人工智能证据应有助于待证要件事实的认定；二是"实质性"标准，即人工智能证据应指向待证要件事实。

二、人工智能证据的技术相关性检验

技术相关性是指人工智能证据所使用的技术与待证要件事实之间的相关性，即人工智能技术是否有助于争议要件事实的解决。如前文所述，现阶段的人工智能技术已经涉及各个领域，而不同的领域也需要不同的技术。故而，针对特定领域的技术可能不适用于其他领域，也就无法帮助待证要件事实的认定。例如，在确认刑事被追诉人是否出现在某地时，人脸识别系统、语音识别系统以及智能轨迹分析系统均可以就该问题予以证明，但文字识别系统可能就无法发挥作用。如果争议的问题转变为模糊文字识别，那么文字识别系统便可能具有相关性而人脸识别系统、语音识别系统以及智能轨迹分析系统便不再具有相关性。[2]再如，在前文提到的王

---

[1] See Ronald J. Allen, et al., *An Analytical Approach to Evidence: Text, Problems, and Cases*, Wolters Kluwer Law & Business, 2016, 6th ed., p. 717.

[2] 参见马国洋："论刑事诉讼中人工智能证据的审查"，载《中国刑事法杂志》2021 年第 5 期。

某诈骗案中，智能分析报告可以证明刑事被追诉人的诈骗金额，从而有助于待证要件事实的认定。在该问题上，无论是智能人脸识别技术还是语音文字转换技术，可能发挥的作用都较为有限，而基于此类技术产生的人工智能证据也就不具有相关性。

值得注意的是，一项人工智能技术可能提供的信息不仅仅限于其主要作用的领域。以人脸识别系统为例，其可能提供的信息既包括人的相貌特征等与人脸直接相关的信息，还可能反映人的位置等间接相关的信息。[1] 例如，在魏某涛盗窃案中，人脸识别证据就主要用于证明刑事被追诉人的轨迹："人脸识别比对系统截图，证实将 2018 年 10 月 8 日冀 B××××× 号长城牌小型汽车在宝坻界内行驶的抓拍照片，经比对该车驾驶员与魏某涛照片一致。"[2] 因此，在判断人工智能证据的技术相关性时，应充分分析相关技术可能提供的信息内容。

需要说明的是，对于人工智能证据技术相关性的判断，不宜设置过高的要求。即只要一项技术可能对于待证要件事实起到证明作用，就应认定其具有技术相关性。理由在于，一方面，相关性的审查虽然十分重要，但其标准往往不高。[3] 例如，《美国联邦证据规则》第 401 条对于证据相关性的判断仅要求有该证据比没有该证据可以使待证要件事实更可能或更不可能。艾伦将这种最低标准表述为："如果与不知道该证据相比，理性的陪审团能认为，它使一个要素性事实略微更有可能或更不可能，法官就将认定该证据具有相关性。"[4] 而鲍尔（Ball）则指出："当（且仅当）有没有该证据……可能性都是相同的，该证据才没有相关性……如果这些可能性是不同的，该证据就是相关的。从各方面来说，（可能性）变化的程度在确定相关性方面并不重要。相关性不存在程度问题……'相

〔1〕　参见马国洋："论刑事诉讼中人工智能证据的审查"，载《中国刑事法杂志》2021 年第 5 期。

〔2〕　天津市宝坻区人民法院（2019）津 0115 刑初 340 号刑事判决书。

〔3〕　参见马国洋："论刑事诉讼中人工智能证据的审查"，载《中国刑事法杂志》2021 年第 5 期。

〔4〕　See Ronald J. Allen, et al., *An Analytical Approach to Evidence: Text, Problems, and Cases*, Wolters Kluwer Law & Business, 2016, 6th ed., pp. 137-138.

关'一词是指，某种证明力和毫无证明力之间的区别……可能发生某种变化和没有变化之间的区别，这种似乎已得到普遍的认同。"[1]这种最低限度的相关性要求的目的是让事实认定者更多地接触证据，从而促进理性决策。[2]

另一方面，技术相关性的审查仅仅是人工智能证据相关性审查的一道门槛，被审查证据能否提供相关信息还要接受数据相关性以及结论相关性的审查，这足以将不相关证据排除在外。[3]例如，在前述魏某涛盗窃案中，即使法官无法确定人脸识别技术是否可以发挥和轨迹分析技术一样的效果，但是根据最终的结论，其完全可以判断该技术是否有利于待证事实的认定。可以说，技术相关性只是一道十分简单的门槛，其对于法官的要求仅仅是在法官十分确定相关技术不可能帮助待证事实的认定时，直接将证据进行排除。例如，对于前述诈骗案件具体诈骗数额的确定，人脸识别技术几乎不可能发挥什么作用，因此，法官没有必要再根据结论对其相关性进行判断。但如果法官不能确定其是否具有相关性时，便可以根据其他内容进行进一步分析判断。

三、人工智能证据的数据相关性检验

数据相关性是指人工智能技术所依赖的数据与待证要件事实之间的相关性。以机器学习技术为核心的人工智能一般需要大量的数据以从中抽取特征值来进行不同预测任务，从而获取与真实值近似或相同的值。[4]换言之，人类希望通过给定的训练集让计算机自动寻找相应的函数。因此，训练数据以及相应的数据标注将直接影响人工智能最终的分析结论。在不同

---

[1] Vaughn C. Ball, "The Myth of Conditional Relevancy", *Arizona State Law Journal*, 1977 (1977), p. 304.

[2] 参见王进喜：《美国〈联邦证据规则〉（2011 年重塑版）条解》，中国法制出版社 2012 年版，第 56-58 页。

[3] 参见马国洋："论刑事诉讼中人工智能证据的审查"，载《中国刑事法杂志》2021 年第 5 期。

[4] 参见张华平、商建云、刘兆友编著：《大数据智能分析》，清华大学出版社 2019 年版，第 40 页。

领域和问题上，人工智能往往需要通过不同的数据加以训练。[1]以人工智能辅助事实认定为例，在事实认定环节，一方面，法官需要根据证据规则对证据进行审查。例如，根据我国《最高人民法院关于适用〈中华人民共和国刑事诉讼法〉的解释》第123条第1项，法官需要对采用殴打、违法使用戒具等暴力方法或者变相肉刑的恶劣手段，使被告人遭受难以忍受的痛苦而违背意愿作出的供述进行排除。根据《美国联邦证据规则》第801条，法官需要排除传闻证据。另一方面，法官需要依靠自身的逻辑和一般经验形成"概括"以连接证据性事实、推断性事实和要件事实。人工智能技术若想要实现前者，需要用法律大数据进行训练，因为证据规则主要来源于《刑事诉讼法》《最高人民法院关于适用〈中华人民共和国刑事诉讼法〉的解释》等相关的法律法规；[2]若欲实现后者，则应不限制数据来源的范围，因为"概括"的形成来源于一般人的社会"知识库"——从科学定律到直觉、成见、印象、推测或偏见。[3]因此，在事实认定环节，至少需要两个不同的训练集才能保证人工智能辅助事实认定的有效性。若未针对性使用相关的训练集，则最终得出的结论很可能与预期目标的关联较小，甚至不具有相关性。[4]

对于人工智能证据而言同样如此，如果未使用恰当的数据集，那么整个数据集与案件的待证要件事实之间便可能不具有关联性，进而这一人工智能证据也就不具有相关性。换言之，如果整个数据集同案件中的人事物时空没有关联，那么人工智能证据的相关性也就没有搭建起来。[5]例如，若某人脸识别系统的训练数据全部来源于男性案例，而争议事实主要围绕一女性刑事被追诉人发生，那么该人脸识别系统便很难帮助事实认定者准

---

〔1〕 参见马国洋："论刑事诉讼中人工智能证据的审查"，载《中国刑事法杂志》2021年第5期。

〔2〕 参见马国洋："论刑事诉讼中人工智能证据的审查"，载《中国刑事法杂志》2021年第5期。

〔3〕 参见张保生："事实、证据与事实认定"，载《中国社会科学》2017年第8期。

〔4〕 参见马国洋："论刑事诉讼中人工智能证据的审查"，载《中国刑事法杂志》2021年第5期。

〔5〕 参见刘品新："论大数据证据"，载《环球法律评论》2019年第1期。

确认定事实，该证据也就因数据问题而不具有相关性。[1]当然，在很多情况下，数据集中的数据可能并不都具有相关性，换言之，在审查数据相关性时可能会出现一些数据具有相关性而一些数据不具有相关性的情况："在越来越多的情况下，使用所有可获取的数据变得更为可能，但为此也要付出一定的代价。数据量的大幅增加会造成结果的不准确，与此同时，一些错误的数据也会混进数据库。"[2]对于该问题，同样可以遵循在技术相关性判断时所依据的最低限度的相关性标准，即只要有部分数据具有相关性，就应认定该人工智能证据具有数据相关性。[3]其理由与技术相关性的判定有一定相似性，即只要有一部分数据具有相关性，其就可能对待证要件事实的证明发挥作用。至于这些无关的数据是否会影响最终结果的准确性，则属于可靠性问题。此外，就大数据分析的特点而言，很多数据可能与最终结论之间的关系无法被人类把握，即人类经验暂时无法确定某个数据是否与待证要件事实有关联。因此，不宜过度否定数据的相关性。

四、人工智能证据的结论相关性检验

结论相关性是指人工智能最终得出的结论与待证要件事实之间的相关性，相较于技术相关性和数据相关性，结论相关性是人工智能证据相关性审查的重难点。如前文所述，关于结论相关性的审查方式主要有两种不同的观点，一种观点认为人工智能结论与其他证据在相关性问题上的判断差异并不大，可以依据已有相关性规则进行判断。[4]另一种观点则认为，由于人类经验与"机器经验"的差异，人工智能分析的部分结论已超过人类的经验范围，因此应探索基于"机器经验"或"数据经验"的新型相关性

---

〔1〕 参见马国洋："论刑事诉讼中人工智能证据的审查"，载《中国刑事法杂志》2021年第5期。

〔2〕 参见［英］维克托·迈尔—舍恩伯格、肯尼思·库克耶：《大数据时代 生活、工作与思维的大变革》，盛杨燕、周涛译，浙江人民出版社2013年版，第46页。

〔3〕 参见马国洋："论刑事诉讼中人工智能证据的审查"，载《中国刑事法杂志》2021年第5期。

〔4〕 参见张建伟："司法的科技应用：两个维度的观察与分析"，载《浙江工商大学学报》2021年第5期。

规则。[1]笔者赞成第一种观点，事实上，第二种观点混淆了人工智能证据的相关性与可靠性。以图像识别系统为例，如果一张关于行凶者的模糊照片被机器判定为该照片上的行凶者就是张三，那么在判断该证据是否具有相关性时，应审查这一结论与待证要件事实（行凶者是张三）之间的关系。显然，该结论与待证要件事实之间的相关性分析与常规科学证据的相关性分析并无实质差异，仅仅是作出结论的主体有所不同。至于图像识别系统基于何种经验产生的这一结论，则是之前的一个环节，即模糊照片与人工智能结论之间的关系，其并不直接影响人工智能证据相关性的判断，只可能因人类经验与"机器经验"的差异而影响该证据的可靠性判断。[2]

因此，人工智能证据结论相关性的判断依然应使用"适当"标准和"实质性"标准。其主要包括两项要求：第一，人工智能所形成的结论与待证要件事实有关，即人工智能结论指向待证要件事实。以前文所谈到的则三走私、贩卖、运输、制造毒品案为例，本案中，智能轨迹分析证据的最终结论可以指向刑事被追诉人曾出现于犯罪场所（景洪市、勐海县等地的宾馆、酒店）实施犯罪行为。因此，该人工智能结论应认为与待证要件事实有关。与之相反，若人工智能结论无法指向待证要件事实，则不具有相关性。例如，在一起故意杀人案中，某智能分析系统经过分析，发现刑事被追诉人患有某种难以发现的骨骼病。这一结论虽然与刑事被追诉人患有骨骼病这一事实相关，但却与该故意杀人案的待证要件事实无关，其无法帮助事实认定者对待证要件事实进行判断。因此，该人工智能证据并不具有相关性。[3]第二，人工智能所形成的结论对于待证要件事实而言是有效结论。[4]换言之，人工智能结论应确实可以在对待证要件事实的证明过

---

〔1〕 参见刘品新："论大数据证据"，载《环球法律评论》2019 年第 1 期。

〔2〕 参见马国洋："论刑事诉讼中人工智能证据的审查"，载《中国刑事法杂志》2021 年第 5 期。

〔3〕 参见马国洋："论刑事诉讼中人工智能证据的审查"，载《中国刑事法杂志》2021 年第 5 期。

〔4〕 See Clifton T. Hutchinson, Danny S. Ashby, "Daubert v. Merrell Dow Pharmaceuticals, Inc.: Redefining the Bases for Admissibility of Expert Scientific Testimony", *Cardozo Law Review*, 15（1993），p. 1915.

程中发挥证明效果。仍然以则三走私、贩卖、运输、制造毒品案为例，本案中的人工智能结论确实可以进一步提升作出刑事被追诉人实施了犯罪行为的判断的可能性，因为只有出现在犯罪现场的人才具有实施犯罪行为的可能，因此该证据具有相关性。但如果人工智能证据无法发挥证明效果，则不应认定其具有相关性。例如，某人工智能系统经过分析，认为阴雨天将更容易导致目击证人作出非理性判断。但如果有确实的证据表明争议发生当日为晴天，那么该人工智能结论便不会辅助事实认定者判断目击证人是否可能作出非理性判断，而这一证据也便不再具有相关性。又如，某人工智能分析系统认为食用某种食物将在 10 日内提升某种疾病的发生率，但有确切证据表明，被害人发病时间是食用该种食物 10 日之后，那么该分析结论同样无法辅助事实认定者进行判断，该案例中的人工智能证据同样不具有相关性。以上两个例子中的人工智能分析结论可能十分准确，但由于已无法达到特定的证明效果，因此便丧失了相关性。从这一意义上讲，人工智能证据不能因为与案情有关就逃避"适当"标准和"实质性"标准的审查。[1]

第二节　人工智能证据的可靠性审查

可靠性是指一项证据或一个证据来源可被相信的程度，[2]在我国也被称为真实性，是证据的基本属性之一。为了保持概念的一致性，本书统一使用可靠性的概念。需要指出的是，可靠性和同一性有一定区别。同一性是指庭审出示证据与案件现场证据的一致性。[3]从广义上讲，同一性属于可靠性的影响因素之一，显然，被篡改或是被替换的证据难言可靠。但同

---

〔1〕　参见马国洋："论刑事诉讼中人工智能证据的审查"，载《中国刑事法杂志》2021 年第 5 期。

〔2〕　参见［美］特伦斯·安德森、戴维·舒姆、［英］威廉·特文宁：《证据分析》，张保生等译，中国人民大学出版社 2012 年版，第 493 页。

〔3〕　参见李锟："论物证鉴真的方法与效力——以毒品案件为切入"，载《中国刑事法杂志》2019 年第 2 期。

一性只能解决证据"形式可靠性"的问题，申言之，同一性的证明可以从证据的存在形式、载体、来源、保管状态等方面检验证据是否被替换或篡改，但是并不能揭示证据所包含的信息，因此无法解决证据的"实质可靠性"问题。[1]故而，对于同一性问题的判断，主要是通过辨认鉴真等方法加以解决。而对于实质可靠性的审查还需要深入证据内部进行分析。为方便讨论，本书所称可靠性是指证据的"实质可靠性"，而同一性则是指"形式可靠性"。同时，本书将同一性问题归为证据铺垫问题，而不归为可靠性或可采性问题。[2]

如前文所述，对于科学证据而言，可靠性不仅是其基本属性之一，更是可采性的判断依据，因此需要由法官进行判断。对于人工智能证据而言同样如此，其可靠性也是可采性的影响因素之一。具体来说，人工智能证据的可靠性主要包括技术可靠性、数据可靠性和结论的可解释性三个层面。

一、人工智能证据的技术可靠性审查

人工智能证据的技术可靠性主要是指人工智能证据所使用的理论、技术和方法的可靠性。对于人工智能证据而言，很多技术错误难以避免。一方面，算法的设计者可能故意或无意识地造成算法错误。[3]这种错误一般开始于源代码错误，而且很多时候并非有意为之。广义地说，"源代码"是在编程语言中具有特定含义的单词和数学符号的组合。源代码规定了计算机程序执行哪些任务，程序如何执行这些任务，以及程序执行任务的顺序。对于人工智能算法而言，其数百万行代码常常是由无数的源代码拼凑而成，它们会存在简单的转录错误、条件编程错误、软件损坏或对遗留代码的错误更新。[4]研究表明，"在源代码包含的所有表达式中，几乎1%是

---

〔1〕参见廖思蕴："中国语境下实物证据鉴真规则的构建"，载《证据科学》2021年第3期。

〔2〕本节主要讨论可靠性问题，同一性问题在第四章进行讨论。

〔3〕参见马国洋："论刑事诉讼中人工智能证据的审查"，载《中国刑事法杂志》2021年第5期。

〔4〕See Patrick W. Nutter, "Machine Learning Evidence: Admissibility and Weight", *University of Pennsylvania Journal of Constitutional Law*, 21 (2018), p. 940.

错误的"。[1]在既有的实践中，因源代码编写错误而导致的问题并不罕见。例如，著名的 Therac-25 事件，就是因为源代码编写错误而导致的医疗事故。[2]除了无意的错误，技术人员的故意错误也可能导致人工智能证据的不可靠。尽管机器没有感情，但是它可以被人类通过编程的方式呈现出"说谎"的效果。在不涉及人工智能的领域，这一方式其实屡见不鲜。例如，大众汽车公司的工程师曾使用"秘密软件"对柴油车进行编程，以便在污染测试中报告误导性的排放数据。在使用人工智能的机器中，这一问题同样存在。例如，一个智能机器人电话推销员被设计要求"谎称自己是真人"。当有人问它"你是个骗子吗?"，它的回答是"无可奉告"。[3]因此，"只要编程技术存在，并且说谎或欺骗的动机存在，算法工程师就面临着'教授产品策略性说谎的诱惑'"。[4]

另一方面，机器自身学习的错误同样可能导致其可靠性减损。如前文所述，很多时候，人类无法控制且无法理解人工智能学习的过程。在这一过程中，机器可能因为错误学习而导致结论出现误差，"过度拟合""维度诅咒"等现象都是机器错误的典型表现。以智能案件分析系统为例，人工智能系统很可能因为输入的样本中有刑事被追诉人穿着红色的衣服，便认为穿红色衣服的人更有可能实施某种犯罪。或许在特定地区的特定时间，这种分析有一定依据，但是在大面积案例的预测中，这一结论很可能遭遇挑战。因此，人工智能系统可能会因为错误构建规则而导致分析错误，进而降低人工智能证据的可靠性。

为避免因上述情况导致的证据可靠性问题，对技术可靠性的检验十分重要。在技术可靠性的判断标准上，较为有借鉴意义的是美国多伯特案所

---

〔1〕 Derek M. Jones, "Operand Names Influence Operator Precedence Decisions", *C Vu*, 20 (2008), p. 2.

〔2〕 参见李三波、项赟:"现代软件工程技术分析 Therac-25 灾难事故"，载《计算机系统应用》2007 年第 7 期。

〔3〕 Zeke Miller, Denver Nicks, Meet the Robot Telemarketer Who Denies She's a Robot, http://newsfeed. time. com/2013/12/10/meet-the-robot-telemarketer-who-denies-shes-a-robot, last visited on Oct. 21, 2020.

〔4〕 See Andrea Roth, "Machine Testimony", *Yale Law Journal*, 126 (2017), p. 1991.

确立的四项规则：（1）理论或技术是否能够或已经被检验；（2）理论或技术是否经过同行评审发表；（3）是否存在错误率；（4）理论或技术是否在该领域或科学界得到普遍接受。[1]而此标准在锦湖轮胎公司诉卡米切尔案中，被确认可以在其他技术和专门知识的审查中使用。[2]以此为基础，人工智能证据技术可靠性的审查也可以从以上四个方面展开。

首先，人工智能技术是否可以被检验。可检验性是科学方法的基本要求，一般而言，科学方法意味着在一个可检验的假设中构造一个关于事物如何运行的想法，然后再检验该假设是否为真。[3]而这种可检验性实际上也是一种可证伪性，如波普尔所说："对一种理论任何的真正的检验，都是企图否证它或驳倒它。可检验性就是可证伪性：但是可检验性有程度上的不同。"[4]总体来看，对于人工智能证据可检验性的判断难度并不高，基于机器学习等技术所产生的结果完全可以实现证伪。[5]例如，2018年，宁波"行人非机动车闯红灯抓拍系统"误将公交车身上的广告头像识别为闯红灯的行人并进行了播报。[6]这一事件便可以有效地检验该项技术是否存在问题。

其次，人工智能技术能否经过同行评议。这一标准也很容易在人工智能技术问题上进行判断。人工智能技术已经成为当下学术研究的热点。例如，2010年图灵奖授予了哈佛大学瓦里安特（Valiant）教授，以表彰他在机器学习理论以及计算机科学诸多方面的奠基性贡献。[7]此外，笔者在知网上以"人工智能"为主题进行检索，相关文章数量已超过20万篇，这也同样证明了该技术是否经过同行评议易于被考察。[8]

---

〔1〕　参见陈邦达："美国科学证据采信规则的嬗变及启示"，载《比较法研究》2014年第3期。

〔2〕　Kumho Tire Co. v. Carmichael, 526 U. S. 137 (1999).

〔3〕　参见张南宁："科学证据论"，载《证据科学》2019年第3期。

〔4〕　［英］卡尔·波普尔：《猜想与反驳：科学知识的增长》，傅季重等译，上海译文出版社2005年版，第52页。

〔5〕　参见马国洋："论刑事诉讼中人工智能证据的审查"，载《中国刑事法杂志》2021年第5期。

〔6〕　参见常莽："中国智慧城市的'病与痛'"，载《计算机与网络》2020年第1期。

〔7〕　参见刘瑞挺："哈佛大学教授获2010年图灵奖"，载《计算机教育》2011年第21期。

〔8〕　参见马国洋："论刑事诉讼中人工智能证据的审查"，载《中国刑事法杂志》2021年第5期。

再次，人工智能技术是否已被普遍接受。这一标准同样容易被检验，其中最为直接的方式就是观察实践中的应用情况。换言之，只需要根据相关技术在实践中的应用程度就可以对该问题进行判断。目前一些相对成熟的人工智能技术已经受到了广泛欢迎，并在实践中大量应用，如人脸识别技术、语音识别技术、自动驾驶技术、犯罪预测技术等。而还未成熟的方法则使用率不高，如智能同声传译技术等。[1]

最后，人工智能技术是否存在错误率。错误率是指模型输出错误结果的样本比率，以机器学习为核心的人工智能技术通常包括两个重要的错误率，一是测试集测试结果的错误率，这是研究人员评估系统性能的重要方式；二是人工智能技术运用到具体案例中的错误率。[2]在技术可靠性判断过程中，人工智能技术两个错误率的准确性将是最大难点。一方面，对于正确和错误的评价有时可能存在困难。例如，对于一个只做到"信"而未做到"达"和"雅"的机器翻译，很难直接对其正确与否进行判断。即使是将其评价为部分正确，正确的程度也很难准确衡量，而正确与否的评价，也很可能因不同的算法工程师或不同情况而有所差异。[3]例如，美国危害风险评估工具对于假阴性的重视程度远远高于假阳性，这并非涉及策略，而是基于社会政策的选择。[4]除此之外，在法庭之上，对人工智能证据的评价有时只能在对与错之间进行选择，而不能作出部分正确或部分错误的评价。例如，通过人脸识别系统评价被告是否就是现场行凶之人时，只可能存在是或否两个选择。这进一步加剧了人工智能证据正确与否的判断困境。[5]另一方面，当人工智能并未针对分析对象的独有特征进行分类

〔1〕 参见马国洋："论刑事诉讼中人工智能证据的审查"，载《中国刑事法杂志》2021年第5期。

〔2〕 参见〔美〕伊恩·古德费洛、〔加〕约书亚·本吉奥、亚伦·库维尔：《深度学习》，赵申剑等译，人民邮电出版社2017年版，第66页。

〔3〕 参见马国洋："论刑事诉讼中人工智能证据的审查"，载《中国刑事法杂志》2021年第5期。

〔4〕 参见〔英〕凯伦·杨、马丁·洛奇编：《驯服算法——数字歧视与算法规制》，林少伟、唐林垚译，上海人民出版社2020年版，第68页。

〔5〕 See Patrick W. Nutter, "Machine Learning Evidence: Admissibility and Weight", *University of Pennsylvania Journal of Constitutional Law*, 21（2018），p. 934.

时，机器的总体错误率可能掩盖更高的错误率。[1]以前文所提到的性取向识别系统为例，该系统的正确率（错误率）在判断不同性别时存在一定差异。其根据一张照片判断男性性取向的正确率为81%，而判断女性性取向的正确率仅为71%；根据五张照片判断男性性取向的正确率为91%，而判断女性性取向的正确率仅为83%。[2]同样的问题可能发生在语音识别技术之中。调查显示，Google和Amazon生产的智能音箱能够听懂非美国口音的可能性比本土用户低30%。[3]而科大讯飞的语音准确识别率高达98%，但对于四川话的语音识别准确率却仅为85%。[4]值得注意的是，一些人工智能算法并未对这种差异进行有效划分。例如，有关研究显示，某人脸识别系统的准确率可以达到97.35%，但这一识别系统并未考虑种族和性别问题。这就导致了无从确认这一人脸识别系统的高准确率是否适用于未很好代表的人员。[5]另外，一些时候，选择一个与系统理想表现相对应的性能度量可能十分困难。例如，当执行转录任务时，就需要面临度量整个系统转录的错误率还是运用更细的指标度量其中部分元素的错误率的选择，差异化的选择可能导致不同的结果。[6]

二、人工智能证据的数据可靠性审查

人工智能证据的数据可靠性是指人工智能证据所依赖的数据的准确

---

〔1〕 参见马国洋："论刑事诉讼中人工智能证据的审查"，载《中国刑事法杂志》2021年第5期。

〔2〕 See Wang Yilun, Michal Kosinski, "Deep Neural Networks Are More Accurate than Humans at Detecting Sexual Orientation from Facial Images", *Journal of Personality and Social Psychology*, 114 (2018), p. 246.

〔3〕 参见"对话Geoffrey Hinton & Demis Hassabis：人工智能离我们有多远?"，载搜狐网，https://www.sohu.com/a/288731261_651893，最后访问日期：2020年9月9日。

〔4〕 参见"科大讯飞正式发布四川话语音识别技术"，载网易网，http://mobile.163.com/14/0303/14/9MDVDMQT0011671M.html，最后访问日期：2020年9月9日。

〔5〕 See Joy Buolamwini, Timnit Gebru, "Gender Shades: Intersectional Accuracy Disparities in Commercial Gender Classification", in Proceedings of the 1st Conference on Fairness, Accountability and Transparency, 2018, p. 79.

〔6〕 参见［美］伊恩·古德费洛、［加］约书亚·本吉奥、亚伦·库维尔：《深度学习》，赵申剑等译，人民邮电出版社2017年版，第66页。

性。如前文所述，数据是人工智能的基础，即使人工智能技术已经足够完善，如果没有准确的数据，人工智能证据的可靠性也无法得到保障。[1]就人工智能证据而言，其数据可靠性问题将主要发生在数据收集和数据标注两个阶段。

（一）数据收集的可靠性问题

在数据收集阶段，数据的来源和收集方式均可能影响人工智能证据的可靠性。从数据来源角度看，数据样本量的充分性至关重要。一般而言，数据样本量是否足够主要是由机器学习算法训练数据对于给定的任务而言是否足够大决定的。机器学习算法一般需要巨大的数据集进行学习，根据任务的复杂程度，机器学习算法所需要的数据量也有所不同，越复杂的任务往往需要越多的数据。[2]例如，人工智能早在1997年就击败了国际象棋世界冠军，而击败围棋世界冠军却晚了将近20年。这是因为国际象棋平均每回合约有35种可能，而围棋却约有250种可能。[3]由此，对于较为简单的任务，如简单的手写识别，其所需要的样本量就相对较少；对于较为复杂的任务，如同声传译，则需要大量样本。

除了数据的来源，数据的收集方式同样可以影响人工智能证据的可靠性。申言之，数据应该是"干净的"，即没有重大错误或缺漏等。但很多时候，人工智能证据所依赖的数据的准确性并没有足够的保障。如果数据的可靠性本身就存在疑问，那么基于这样的数据所获取的人工智能证据的可靠性也势必存在问题。

随着大数据时代的到来，更应当加强官方数据的可靠性。当前，建立大数据共享机制和共享平台，打破不同权力机关所形成的数据岛屿之间的割裂和封闭，同时建立起和众多社会公共部门、私营部门之间的数

〔1〕 参见马国洋："论刑事诉讼中人工智能证据的审查"，载《中国刑事法杂志》2021年第5期。

〔2〕 参见马国洋："论刑事诉讼中人工智能证据的审查"，载《中国刑事法杂志》2021年第5期。

〔3〕 参见孟欣："机器人'学会'了下围棋"，载《中国文化报》2016年2月4日，第4版。

据连接机制已经成为智慧治理的重要要求。[1]但这种广泛的数据合作也提升了错误数据修改的难度，快速的数据流转将导致即使更正了一个数据库中的错误，如果这个数据库的初始错误被复制到另一个数据库中，那么这一初始错误仍可能被进一步延续，[2]而这种风险并未引起足够的重视。

（二）数据标注的可靠性问题

数据标注是将未处理的初级数据进行加工处理，并转化为机器可识别信息的过程。[3]数据标注的实质是由"原始数据"向"训练数据"转化，目前实践中主要采取的方式是自动标注与人工标注相结合的方式。[4]在自动驾驶、智能医疗、智能安全等领域，数据标注技术已经得到了广泛的应用。[5]在人工智能证据数据可靠性的问题上，正确有效的标注同样至关重要。例如，"证据排除"一词就可以表述为"不具有可采性""不具有证据能力""不予采纳"等多种说法，此时就需要对文字的真实含义进行识别。一般而言，对数据标注可靠性的判断主要应考查以下内容：（1）数据标注任务专业化程度。目前数据标注行业的精细化程度不足，无法满足不同行业的需求。例如，当前法律领域的自然语言处理技术发展明显较为滞后，导致文书挖掘技术中自动抽取信息的精准性较低。[6]而人工标注则需要极强的专业性，如"证据能力""证明力""采信""采纳"等用词，并非一般人基于常识就可以进行标注，这就进一步带来了标注的困境。因此，数据标注任务专业性程度越高，标注的可靠性程度往往就越低。[7]

---

〔1〕　参见宋晓晖："'智慧司法'基础设施建设路径探析"，载《人民论坛》2020年第31期。

〔2〕　See Wayne A. Logan, Andrew Guthrie Ferguson, "Policing Criminal Justice Data", *Minnesota Law Review*, 101（2016），p. 588.

〔3〕　参见蔡莉等："数据标注研究综述"，载《软件学报》2020年第2期。

〔4〕　参见王禄生："论法律大数据'领域理论'的构建"，载《中国法学》2020年第2期。

〔5〕　参见马国洋："论刑事诉讼中人工智能证据的审查"，载《中国刑事法杂志》2021年第5期。

〔6〕　参见王禄生："论法律大数据'领域理论'的构建"，载《中国法学》2020年第2期。

〔7〕　参见马国洋："论刑事诉讼中人工智能证据的审查"，载《中国刑事法杂志》2021年第5期。

（2）数据标注人员素质。目前的数据标注工作受标注人员影响较大，很多工作都需要通过人力完成，而实践中参与标注人员的质量参差不齐。不同人对待标注的不同态度可能会影响数据标注的准确性，进而导致人工智能证据可靠性的下降。[1]（3）数据标注平台所采取的运营模式。数据标注平台常见的运营模式包括众包模式和外包模式，其中又以众包模式为主流。[2]众包模式是指企业将创新或研发等核心价值的重任委托给外部大众处理，给予平台支持，让大众提出创意或解决问题。[3]众包模式可以较为迅速地完成大量简单的需求，但其缺点也很明显，即数据标注质量无法得到有效保证，特别是目前数据标注平台的监管还不太严格，更加容易降低标注的合格率。相较于众包模式，将标注任务分配给外包公司的外包模式的数据标注质量要相对较高，但是由于该模式成本相对较高，因此其并非数据标注平台的主流运营模式。[4]

数据标注质量的不足，不仅会对本算法造成影响，还会影响其他算法的数据质量。理由在于，如果一个机器学习算法使用了某标注，那么其他机器学习算法也会使用这些标注来学习其他任务，这显然可以提升机器学习的效率，但却可能进一步增加错误的潜在风险。[5]

三、人工智能证据结论的可解释性

人工智能证据结论的可解释性是指人类可以对人工智能所产生的结论进行理解和解释。如前文所述，人工智能证据不同于一般的科学证据，其最终的结论判断由机器完成，这就可能引发人类对该结论的理解困境。造

---

〔1〕 参见马国洋："论刑事诉讼中人工智能证据的审查"，载《中国刑事法杂志》2021年第5期。

〔2〕 参见蔡莉等："数据标注研究综述"，载《软件学报》2020年第2期。

〔3〕 参见侯文华、郝琳娜：《众包模式——企业创新的新助力》，科学出版社2016年版，第3页。

〔4〕 参见马国洋："论刑事诉讼中人工智能证据的审查"，载《中国刑事法杂志》2021年第5期。

〔5〕 See Patrick W. Nutter, "Machine Learning Evidence：Admissibility and Weight", *University of Pennsylvania Journal of Constitutional Law*, 21（2018），pp. 929-930.

成这种困境的原因主要有两个方面。[1]

一是人工智能算法的黑箱性。所谓算法黑箱，多指算法技术的不透明性。"在人工智能系统输入的数据和其输出的结果之间，存在着人们无法洞悉的'隐层'，这就是算法'黑箱'"。[2]"黑箱"掩盖了算法对于数据的利用，用户无从得知算法的目的和意图，无法掌握算法推演的相关逻辑，不可能获悉算法学习规则的相关信息，更谈不上对其进行评判和监督。[3]例如，对于人脸识别系统而言，其识别张三的依据既可能是双眼距离、眉毛长度等脸部特征，亦有可能是照片拍摄时的环境。而如果是后者，则势必引发人类的怀疑：一旦环境改变，人工智能算法可能将无法正确识别出张三。更为严峻的是，一些研发人员也因黑箱性的存在而无法了解人工智能算法结论的依据和原理，前文所谈到的性取向识别系统就是典型的案例。因此，不透明性导致人们根本无法了解算法究竟是基于何种原因得出的结论，这些原因既有可能是人类较为熟悉且可以接受的，也有可能是人类无法接受的，同样有可能是人类无法观察到的。[4]

二是人工智能算法的复杂性。很多时候，即使算法试图向人类解释其作出决策的依据，人类也很可能无法理解。如前文所述，人工智能往往能够开发出全新的观察方式，甚至是思维方式，而这些方式对人类来说可能无法理解。[5]以人工智能审查签证为例，算法可能将签证申请人的收入状况、工作状况、婚姻家庭状况、犯罪记录等内容进行审查判断，最后给出是否通过签证的决策。而这一决策的科学性来源于人工智能技术基于大量案例的不断调整，如一些时候增加收入状况的判断比重或减少工作状况的

---

〔1〕　参见马国洋："论刑事诉讼中人工智能证据的审查"，载《中国刑事法杂志》2021 年第5 期。

〔2〕　参见徐凤："人工智能算法黑箱的法律规制——以智能投顾为例展开"，载《东方法学》2019 年第6 期。

〔3〕　参见王聪："'共同善'维度下的算法规制"，载《法学》2019 年第12 期。

〔4〕　参见马国洋："论刑事诉讼中人工智能证据的审查"，载《中国刑事法杂志》2021 年第5 期。

〔5〕　See Cliff Kuang, "Can A. I. Be Taught to Explain Itself?", *The New York Times Magazine*, Nov. 26, 2017, p. 48.

判断比重等——直到其可以处理一系列新情况，并预测签证通过的可能风险。然而，问题的关键是，这种不断学习和改变的过程很可能无法为人类通过既有的知识所解释。造成这种理解困境的关键是，机器相关性的思维方式与人类因果性的思维方式存在一定程度的冲突，这种冲突引发了人类对机器思维的理解困境。[1]申言之，人工智能系统的运作始于基础的数据模型，通过编码形成算法程序，对源源不断的新数据进行分析，其"并不会将已经学到的内容存储在整齐的数字存储模块中，而是以一种极难解读的方式将信息散乱地存放着"。[2]这些编码程序等内容专业性极强，突破了传统的线性逻辑思维，以神经网络的方式实现对物的认知和判断，这就使得对系统得出结论进行解释的难度骤然增加。如哥伦比亚大学的机器人学家霍德·利普森（Hod Lipson）所说，计算机在向我们解释事物上存在很大的困难，在某种程度上，这就像是向一只狗解释莎士比亚。[3]可以说，复杂性是较黑箱性更为深入的问题，其意味着人类现有思维无法掌握人工智能到底在做什么。[4]

因黑箱性和复杂性引发的人类对于人工智能的理解困境将导致人工智能证据可靠性的不足。申言之，对于人工智能证据而言，即使其数据准确，技术完美，但也有可能因人类无法理解基于"机器经验"产生的结论而导致可靠性不足，这种可靠性不足的本质是由于其不可解释性引发的可靠性减损。[5]一个医疗领域的案例可以佐证这点。在评估肺炎患者是否存在致命风险时，人工智能技术的准确性是最高的。但很多医生依然不敢依靠人工智能技术产生的结论，因为他们认为该技术无法解释作出决策的原

---

〔1〕 参见马国洋："论刑事诉讼中人工智能证据的审查"，载《中国刑事法杂志》2021 年第5 期。

〔2〕 Davide Castelvecchi, "Can We Open the Black Box of AI?", *Nature News*, 538（2016），p. 21.

〔3〕 See Davide Castelvecchi, "Can We Open the Black Box of AI?", *Nature News*, 538（2016），p. 22.

〔4〕 参见马国洋："论刑事诉讼中人工智能证据的审查"，载《中国刑事法杂志》2021 年第5 期。

〔5〕 参见马国洋："论刑事诉讼中人工智能证据的审查"，载《中国刑事法杂志》2021 年第5 期。

因。[1]反之，对于人工智能证据的合理解释，将有效提升该证据的可靠性。有关研究显示，人们会对更好理解的模型产生更多的信任，即使这种理解没有意义。[2]从这一角度上讲，技术和数据可靠性不足可以称为人工智能证据"绝对的可靠性不足"，而可解释性问题则可以称为人工智能证据"相对的可靠性不足"。即便如此，在人类无法解释人工智能结论时，其也不应具有可靠性。换言之，在人工智能结论难以理解时，人工智能证据的出示方应基于人工智能结论提出一种符合人类思维的解释，否则该证据就不具有可靠性。[3]

第三节　人工智能证据的合法性审查

证据合法性是指证据符合法律对于进入诉讼的证据的基本要求。[4]与证据合法性要求相对应的是非法证据排除规则，即不符合法律要求的证据将依据非法证据排除规则予以排除。1914 年，美国联邦最高法院在威克斯诉合众国案中裁定，[5]违反宪法第四修正案而非法搜查和扣押获得的证据，不得在联邦法庭上使用。这标志着非法证据排除规则正式确立。自此之后，世界各国也纷纷设立了类似规则。但由于不同的诉讼结构，各国在非法证据排除过程中也采用了不同的方式方法。总体来看，当前非法证据排除的方式可以分为两种，一种是以庭审为中心的非法证据排除，即不具有合法性的证据也不具有可采性而不得在法庭中出示，其典型代表是英美法系国家。另一种是贯穿诉讼全过程的诉讼行为制裁方式，这又包括两种模式，一是以法国、意大利为代表的程序制裁模式，二是以德国为代表的

---

〔1〕 See Cliff Kuang, "Can A. I. Be Taught to Explain Itself?", *The New York Times Magazine*, Nov. 26, 2017, p. 49.

〔2〕 See Zachary C. Lipton, "The Mythos of Model Interpretability", *Queue*, 16（2018）, pp. 31-57.

〔3〕 参见马国洋："论刑事诉讼中人工智能证据的审查"，载《中国刑事法杂志》2021 年第5 期。

〔4〕 参见郑飞："证据属性层次论——基于证据规则结构体系的理论反思"，载《法学研究》2021 年第 2 期。

〔5〕 Weeks v. United States, 232 U. S. 383（1914）.

实体制裁模式。其中，程序制裁模式是在程序法层面对可能侵扰基本权利的侦查行为进行干预，审查主体主要为刑事法官或者预审法官。宪法法官的介入机制主要为抽象性的违宪审查，极少介入具体刑事案件的评价。而实体制裁模式则是以基本权利为基础，对损害基本权利的诉讼行为进行合宪性审查并对不具有正当性的行为进行制裁。[1]尽管各国刑事诉讼中的非法证据排除规则不尽相同，但设立这一规则的目的或初衷是相同的：都是从人权保障的价值出发。[2]如前文所述，人工智能证据的使用将对法律所保护的公民权利造成较大威胁，因此，此类证据也应该受到合法性审查的限制。具体而言，人工智能证据涉及的合法性问题主要包括两个方面，一是因算法歧视导致的平等权侵害，二是因数据使用导致的隐私权侵害。

一、人工智能证据的技术合法性审查

人工智能证据的技术合法性主要针对的对象是因算法歧视侵犯平等权的人工智能证据。平等权是指公民平等地享有权利，不受任何差别对待，要求国家给予同等保护的权利与原则。[3]平等权最早为法国的《人权宣言》所确认："法律对于所有的人，无论是施行保护或处罚都是一样的。在法律面前所有的公民都是平等的，故他们都能平等地按其能力担任一切官职，除德行和才能的差别外不应有其他差别。"1919 年德国《魏玛宪法》规定了财产权的受制约性以及劳动权、生存权等社会基本权，其目的是克服形式平等的弊端，以实现实质意义的平等。此后，现代宪法国家均通过各种方式确定了平等权。[4]我国《宪法》第 33 条第 2 款至第 3 款规定："中华人民共和国公民在法律面前一律平等。国家尊重和保障人权。"

---

〔1〕 参见施鹏鹏、陈薇因："非法证据排除规则的适用状况研究——基于典型个案的考察"，载吴宏耀主编、孙道萃执行主编：《刑事法学研究 2021 年第 2 辑》，中国政法大学出版社 2021 年版，第 98-147 页。

〔2〕 参见樊崇义、徐歌旋："非法证据排除规则的确立和发展"，载《学习与探索》2017 年第 7 期。

〔3〕 参见韩大元：《宪法学基础理论》，中国政法大学出版社 2008 年版，第 250 页。

〔4〕 参见韩大元：《宪法学基础理论》，中国政法大学出版社 2008 年版，第 251 页。

该规定为公民享有平等权提供了宪法基础。具体到公民和国家的关系上，平等权主要表现为"公民有权要求国家提供平等的保护，不因公民性别、年龄、职业、出身等原因给予差别对待"。[1]

算法是为完成某项任务在软件设计时嵌入的数字化流程或规则，其可以为人工智能提供核心驱动。[2]人工智能证据在技术方面对权利最大的威胁便是因算法歧视导致的公民平等权受损。算法歧视是指依据算法所作自动决策实施的直接或间接歧视性行为。[3]相较于传统歧视，算法歧视依托于大数据、云计算等新兴技术，具有更强的隐蔽性和广泛性，其可能引发性别、民族、年龄、职业等各种歧视，进而对平等权造成更加严重的侵犯。[4]

一般而言，算法歧视的原因主要来源于两个方面。一方面，算法的设计和运行均可能导致算法歧视的发生。如前文所述，尽管人工智能具有自主建立规则并进行决策的能力，但其并不能完全摆脱人类而独立存在，算法的形成仍然要由人类进行设计。在算法设计过程中，人类需要构建问题并在处理数据之前就算法应该预测的内容作出选择。[5]此外，在确定预测目标后，人类还必须决定他们希望算法考虑哪些属性，以便算法确定每个属性是否以及在多大程度上预测了既定目标。[6]因此，在算法设计过程中，设计者很多时候都需要进行社会性构建，如对于量刑系统中各个类型的刑事被追诉人进行主观评价。而这种建构便可能导致算法设计者的偏见直接植入算法之中。[7]现有人工智能实践已经证明了因人类偏见可能导致

〔1〕 韩大元：《宪法学基础理论》，中国政法大学出版社 2008 年版，第 250 页。

〔2〕 参见〔英〕凯伦·杨、马丁·洛奇编：《驯服算法——数字歧视与算法规制》，林少伟、唐林垚译，上海人民出版社 2020 年版，主编序第 4 页。

〔3〕 参见〔英〕凯伦·杨、马丁·洛奇编：《驯服算法——数字歧视与算法规制》，林少伟、唐林垚译，上海人民出版社 2020 年版，第 91 页。

〔4〕 参见崔靖梓："算法歧视挑战下平等权保护的危机与应对"，载《法律科学（西北政法大学学报）》2019 年第 3 期。

〔5〕 参见〔新西兰〕史蒂芬·马斯兰：《机器学习：算法视角》，高阳等译，机械工业出版社 2019 年版，第 4-6 页。

〔6〕 See Ignacio N. Cofone, "Algorithmic Discrimination Is an Information Problem", *Hastings Law Journal*, 70（2019）, p. 1400.

〔7〕 See Stephanie Bornstein, "Antidiscriminatory Algorithms", *Alabama Law Review*, 70（2018）, pp. 553-558.

算法歧视，很多人脸识别算法会受到设计者前见的影响便是一个较为典型的例子。[1]除此之外，即使算法在设计时不存在偏见，若在未拟定的情形中使用非歧视算法，同样可能导致算法歧视。例如，用来预测给定群体特定结果的算法若适用于另一群体，就会生成不准确的结果，继而对这一群体造成不利影响和偏见。[2]

另一方面，数据的选用同样是引发算法歧视的原因之一。如前文所述，以机器学习为核心的人工智能技术往往需要大量的数据作为"养料"以建立相应的规则。在这一过程中，若作为"养料"的数据本身就具有歧视性，那么依托于这些数据所形成的算法也很容易产生歧视：输入的样本数据既有可能无法充分代表某些特定社会群体（例如，输入的数据未包含某些特定群体的信息），亦有可能过度代表某些特定社会群体（例如，对特定职业不墨守成规的人可能受到更多监督，也更有可能被发现问题）。[3]无论是哪种情况，当样本选择不当时，很有可能出现"偏见进，偏见出"的问题。[4]以贷款预测系统为例，如果该系统过多使用了男性数据而较少使用女性数据，那么算法就会错误评估男性和女性的还款可能，从而引发歧视。为避免这样的问题，人们会选择拓展样本数量，即通过获取更多数据的方式解决问题。但很多时候，这一方法并没有太大效果——算法可能会通过机器学习过程继续获取有偏差的样本。[5]而在连续的训练之后，偏差将被进一步放大，最终左右算法结论。即使输入的数据具有较强的代表性，但如果人类社会在某一领域已经存在歧视，那么基于该数据得出的算法结论同样可能存在歧视。例如，若某类群体更容易从事低薪酬的工作，

---

〔1〕 See P. Jonathon Phillips, et al. , "An Other-Race Effect for Face Recognition Algorithms", *ACM Transactions on Applied Perception*, 8（2011），pp. 1-11.

〔2〕 参见［英］凯伦·杨、马丁·洛奇编：《驯服算法——数字歧视与算法规制》，林少伟、唐林垚译，上海人民出版社2020年版，第94页。

〔3〕 参见［英］凯伦·杨、马丁·洛奇编：《驯服算法——数字歧视与算法规制》，林少伟、唐林垚译，上海人民出版社2020年版，第93页。

〔4〕 See Sandra G. Mayson, "Bias in, Bias out", *Yale Law Journal*, 128（2018），p. 2218.

〔5〕 See Ignacio N. Cofone, "Algorithmic Discrimination Is an Information Problem", *Hastings Law Journal*, 70（2019），p. 1403.

因此点击低薪酬的广告频率也相对更多，那么算法可能会据此建立相应规则，更多地向此类群体推送低薪酬的广告。换言之，算法将保持或进一步扩大人类社会的既有偏见。

必须注意的是，在当前的各类人工智能应用中，算法歧视的现象并不罕见。（1）性别歧视。在性别歧视问题上，较为有代表性的案例是 Google 对于工作的差异性推送。研究表明，Google 对男性推送高收入服务广告的频率要远远高于女性，这直接造成了对女性的歧视。[1]类似的性别歧视还有 Amazon 人工智能招聘程序在遇到女性相关词汇时，会进行降级处理。[2]（2）种族歧视。种族歧视是算法歧视的高发区，有大量案例涉及算法种族歧视。例如，相关研究显示，关于逮捕记录的暗示性广告往往会更多与黑人发生联系；[3]而在 2016 年，用户在 Google 图片中搜索"三名黑人青少年"便出现了抢劫的相关信息，而搜索"三名白人青少年"则主要导向了快乐白人孩子的照片。[4]此外，有关数据显示，对于人工智能系统而言，肤色较深的女性是最容易被错误分类的群体（错误率高达 34.7%）。而对于肤色较浅的女性来说，最大错误率仅为 7.1%。[5]事实上，算法歧视的案例远不止于此，在犯罪预测、司法审判、员工招聘、广告投放、价格制定、图片和文本搜索、翻译工具等各种人工智能应用场景中，均有不同程

---

〔1〕　See Amit Datta, Michael Carl Tschantz, Anupam Datta, "Automated Experiments on Ad Privacy Settings：A Tale of Opacity, Choice, and Discrimination", *Proceedings on Privacy Enhancing Technologies*, 2015（2015）, pp. 105-106.

〔2〕　See David Meyer, Amazon Reportedly Killed an AI Recruitment System Because it Couldn't Stop the Tool from Discriminating against Women, https：//for-tune. com/2018/10/10/amazon-ai-recruitment-bias-women-sexist/, last visited on Oct. 21, 2020.

〔3〕　See Latanya Sweeney, "Discrimination in Online Ad Delivery", *Queue*, 11（2013）, p. 13.

〔4〕　See Marie Solis, Google "Three Black Teenagers" vs. "Three White Teenagers" — See the Problem?, https：//news. yahoo. com/google - three - black - teenagers - vs - 144900921. html？guccounter = 1&guce_ referrer =aHR0cHM6Ly9jbi5iaW5nLmNvbS88&guce_ referrer_ sig =AQAAAMDS7eJVBIH0dZAj9 TbcP-zBoIYTnBrQ7JJqsFxao75XfMr9nPiBiLoXJbuB3Uj-nsSMsE7Q97R_ bpnjoT3crvG48G7TZkVL6jwDbx E18q4ZRZ9gLh-uQElEK4p9GygUgw5viXvSU6s10t1o8b0gF43Jjp0i3rZH-N9ABNyhV-zj, last visited on Oct. 21, 2020.

〔5〕　See Joy Buolamwini, Timnit Gebru, "Gender Shades：Intersectional Accuracy Disparities in Commercial Gender Classification", in Proceedings of the 1st Conference on Fairness, Accountability and Transparency, 2018, p. 85.

度的算法歧视直接对平等权造成了侵犯。[1]而当这些算法在大数据侦查中使用，并生成了人工智能证据时，其合法性便可能受到挑战。

一般而言，对于技术合法性的判断，主要是考察算法的影响因素是否存在歧视性的内容。"法官并不真正需要对算法的底层代码有复杂的理解，他只需要知道算法使用的影响因素……虽然设计算法的专家需要考虑成百上千个数据点，以确定哪些是最有预测性的，但由于实际原因，算法可能只使用八个或九个因素，就像量刑风险评估工具一样。因此，执法部门应易于提供这类信息，因为输入数据的可能是执法人员。"[2]这便要求人工智能证据出示方在出示证据时提供相关算法的具体影响因素。

二、人工智能证据的数据合法性审查

人工智能证据的数据合法性问题集中表现于因数据使用侵犯隐私权的人工智能证据。隐私权是指公民享有的私人生活安宁与私人信息依法受到保护，不被他人非法侵扰、知悉、搜集、利用和公开等的一种人格权。[3]世界上很多国家均将隐私权作为公民的基本权利进行保护。例如，美国通过格瑞斯沃尔德诉康涅狄格州案确立了宪法对隐私权的保护。[4]而在德国，"虽然普遍认为隐私权属于一般人格权的范畴，但在司法裁判中，也认为隐私权属于宪法权利的范畴"。[5]我国对隐私权的保护采用了公法和私法共同保护的模式，即宪法人权条款加法律（司法解释）设置的模式：在宪法中确立相关权利条款，并通过下位法加以具象化。[6]

随着信息技术的发展，当前人类的隐私权已经不仅仅依附于房屋、车

---

〔1〕 See Frederik Zuiderveen Borgesius, Discrimination, Artificial Intelligence, and Algorithmic Decision-making, Council of Europe, Directorate General of Democracy, Strasbourg（2018）.

〔2〕 See Ric Simmons, "Quantifying Criminal Procedure: How to Unlock the Potential of Big Data in Our Criminal Justice System", *Michigan State Law Review*, 2016（2016），pp. 997-998.

〔3〕 参见张新宝：《隐私权的法律保护》，群众出版社1997年版，第21页。

〔4〕 Griswold v. Connecticut, 381 U. S. 479 (1965).

〔5〕 王利明："隐私权概念的再界定"，载《法学家》2012年第1期。

〔6〕 参见翟羽艳："我国隐私权法律保护体系存在的问题及其完善"，载《学习与探索》2019年第10期。

辆等实体之上，而更多体现在邮件信息、聊天记录、医疗记录等电子数据之上。例如，电子健康记录是捕获和存储患者临床护理信息的重要方式，其对于检测患者健康具有较大意义。但同时，该记录也作为重要的数据信息来源被大量上传于数据库用于科学研究、从业人员健康查询等其他目的。但该应用方式存在较大风险，电子健康记录可能包含很多患者的隐私信息，如健康状况、疾病史、健康风险等内容，随意使用此类信息可能导致有关人员遭到歧视。此外，美国相关的司法实践同样可以证明隐私权所包含的内容正在不断扩充。一个具有代表性的案例是卡平特案。[1]在该案件中，美国联邦调查局调取了卡平特的手机基站定位数据，并绘制了相关的轨迹分析。卡平特以无证搜查为由，要求排除该证据。最终，美国联邦最高法院认定在没有搜查证的情况下获取相关信息是违宪行为。该案件将隐私权的保护客体拓展到数据信息，并确立了"最后的价值趋向是否会有体现个人隐私的可能"的新标准。[2]而随着人工智能的不断发展，人类隐私权的范围可能会进一步拓展，很多在传统观念中或者法律规定中未被纳入隐私权保护范围的数据和信息，也可能反映公民的隐私。例如，传统意义上"住宅不受侵犯"主要是指住宅不受到非法搜查或非法侵入。但当前的智能家居很多都具有监视的功能，而这些家居所产生的信息也同样可能侵犯公民的生活空间，故而这些信息也属于公民隐私的范围。[3]再如，自动驾驶技术使汽车内部空间变为数据收集空间，人们在车内的行为也会被随时记录下来，而这些被记录下的信息往往也具有隐私性。[4]具体而言，人工智能可能收集的隐私信息包括：（1）车内人员的姓名、声音等个人信息；（2）车内人员的相关活动；（3）车内人员的活动轨迹；（4）车内人员

---

〔1〕　Carpenter v. United States, 138 S. Ct. 2206; 585 U. S. （2018）.

〔2〕　参见项焱、陈曦："大数据时代美国信息隐私权客体之革新——以宪法判例为考察对象"，载《河北法学》2019 年第 11 期。

〔3〕　参见仲心："智媒时代：智能家居的隐私安全和伦理道德——以欧盟 GDPR 和 e-Privacy Directive 立法为例"，载《电视研究》2018 年第 3 期。

〔4〕　See Adrienne LaFrance, How Self-Driving Cars Will Threaten Privacy, https://www. theatlantic. com/technology/archive/2016/03/self-driving-cars-and-the-looming-privacy-apocalypse/474600/, last visited on Oct. 21, 2020.

的财产信息；（5）车内人员的健康信息等。[1]

如前文所述，人工智能结论的形成需要以数据为基础，甚至可以说，数据的数量越多、质量越高，结论的可靠性也就越高。[2]因此，侦查机关往往会搜集海量数据，其中也不乏一些隐私数据。例如，为了提升大数据分析的准确性，"湖北云公安"项目"已全面完成内部信息资源整合，并与 30 个省直部门签订信息共享协议，整合'衣食住行、业教保医'和互联网等信息资源 30 871 亿条，构建起一座相当于 2610 个国家图书馆藏书容量的公安大数据仓库"。[3]而当这些数据用于生成人工智能证据时，便可能存在两方面侵权风险。（1）隐私数据可能被直接被用于人工智能证据的形成。例如，侦查机关可能借助公民的通信数据和身份数据生成智能轨迹分析证据。（2）侦查机关可能通过数据挖掘，拼凑出侵犯公民隐私权的信息，并用以形成人工智能证据。人工智能具有超强的数据"画像"能力，借助物联网、大数据等技术，人工智能的数据整合和分析能力得到极大的增强，能够轻易地描绘出被分析人的完整"画像"。[4]这种方法可以通过很多看似不起眼甚至无关的信息，拼凑出可能侵犯隐私权的信息，即"马赛克效应"。[5]例如，用户在大众点评等平台公布的旅游、饮食、位置等信息，经过拼凑，可以反映用户的健康状况、性取向等隐私信息。而无论是哪种数据使用的方式，其一旦用于人工智能证据的生成，相关证据的合法性便可能存疑。因此，在审查人工智能证据时，要注重审查其数据使用的合法性问题。

---

〔1〕 参见杜明强："无人驾驶汽车运行中隐私权保护困境与进路"，载《河南财经政法大学学报》2021 年第 4 期。

〔2〕 参见马国洋："论刑事诉讼中人工智能证据的审查"，载《中国刑事法杂志》2021 年第 5 期。

〔3〕 陈志新："浅谈森林公安云平台的建设"，载《森林公安》2016 年第 1 期。

〔4〕 参见郑志峰："人工智能时代的隐私保护"，载《法律科学（西北政法大学学报）》2019 年第 2 期。

〔5〕 参见［美］达尔·尼夫：《数字经济 2.0 引爆大数据生态红利》，大数据文摘翻译组译，中国人民大学出版社 2018 年版，第 193 页。

第四节　人工智能证据证明力与危险性的平衡检验

证明力与危险性的平衡检验规则源自《美国联邦证据规则》第 403 条："如果下列一个或多个危险在实质上超过相关证据的证明力，法院可以排除相关证据：不公正的偏见，混淆争点，误导陪审团，不当拖延，浪费时间，或者不必要地提出累积证据。"该规则确立了"危险性实质上超过证明力"的相关证据排除标准，其要求法官必须仔细评估所提供证据的证明力，并估计其所产生的规则第 403 条的"危险"，然后适用该规则所设置的平衡检验条款。[1]

对于人工智能证据而言，这样的平衡检验条款有其存在的必要性。如前文所述，作为一种科学证据，人工智能证据的核心目的就是服务于司法活动与事实认定。这就意味着，当人工智能证据的出示整体上不利于事实认定时，其就完全违背了证据生成时的目的，也就没有任何存在的价值。例如，若一项人工智能证据涉及海量数据，仅出示就需要大量时间，但其证明价值却十分有限，那么该证据的出示实际上损耗了司法效率，有悖于司法及时性的原则，也就应该遭到排除。基于此，本书将结合人工智能证据的特点，对人工智能证据的证明力与危险性的平衡检验的方法进行全面分析。

一、人工智能证据的"危险性"

人工智能证据的"危险性"主要包括三项，分别是不公正的偏见、混淆争点以及浪费时间。

（一）不公正的偏见

不公正的偏见是指人工智能证据可能会暗示法官或事实认定者据以定案的一个不适当的根据。美国联邦证据规则起草咨询委员会对《美国联邦

---

〔1〕 See Ronald J. Allen, et al., *An Analytical Approach to Evidence: Text, Problems, and Cases*, Wolters Kluwer Law & Business, 2016, 6th ed., p. 152.

证据规则》第 403 条的注释指出，这种不适当的反应，"尽管不一定产生，而一旦产生通常就是一种情绪化的反应"。[1]威格莫尔（Wigmore）将这种危险描述为，当证据"很可能刺激一种极端的情绪或唤起一种固有偏见……因而支配法庭意志并妨碍对事实真相的理性决定"。[2]需要指出的是，不公正的偏见不等于证据对诉讼一方不利："如果所有不利于被告的证据都要依据《美国联邦证据规则》第 403 条而排除，那么，检控方的证据就都会被认为没有可采性了。该检验标准……并不在于该证据是否有害，而在于它具有的不公正的偏见是否在实质上超过其证明力。"[3]同时，不公正的偏见也不等于算法歧视。算法歧视是人工智能证据因自身技术问题导致的歧视，其本身就不符合法律规定。而不公正的偏见是指人工智能证据本身并没有侵犯公民基本权利，只是其出示结果会导致法官或事实认定者产生偏激的认识。

在人工智能证据运用的过程中，存在引发法官或事实认定者不公正的偏见的可能。例如，人工智能证据可能会给刑事被追诉人"画像"，以分析甚至预测人的行为。在"画像"的过程中，其可能有意无意地将刑事被追诉人塑造成一个不良的形象（毒品累犯、习惯家庭暴力、私生活不检点），这种形象可能会使法官或事实认定者因厌恶刑事被追诉人而作出错误的事实认定，这时就需要考虑该证据是否需要排除。再如，在一个较为保守反对同性恋的社会，前文所谈到的性取向分析系统作出的报告可能会使法官或事实认定者对案情产生错误评判。

（二）混淆争点

混淆争点是指人工智能证据将法官或事实认定者的注意力过分聚焦于对诉讼结果并非重要的事实争议。这种争点被称为"次要的"（collateral），通常意味着，它们与要件的联系微不足道，而且可能是建立在复杂或弱化的相关性理论基础上。因此，"通常情况下，次要争点的证明……将在法

---

[1] See Ronald J. Allen, et al., *An Analytical Approach to Evidence: Text, Problems, and Cases*, Wolters Kluwer Law & Business, 2016, 6th ed., p.156.

[2] John Henry Wigmore, *Code of Evidence*, Little Brown, 1942, 3rd ed., p.355.

[3] United States v. Weinstock, 153 F. 3d 272, 278 (6th Cir. 1998).

庭上耗费大量时间。如果法官或事实认定者陷入次要争点，醉心于决定一个次要争点，就会使其注意力无法集中于重要问题"。[1]由人工智能证据导致的混淆争点主要有两种情况，一是法庭过分集中于对人工智能证据的争论。如前文所述，人工智能证据的评价涉及相关性、可靠性和合法性等多个层面，诉讼双方很容易就人工智能证据的某个环节陷入持续争论，如错误率是否准确、技术是否经过同行评议等。此时，如果人工智能证据欲证明的事项仅是次要争点，那么这些争论就会混淆法官或事实认定者的判断。二是过分集中于人工智能证据所欲证明的事实。例如，在一起正当防卫案件中，人工智能证据用于证明刑事被追诉人有一定暴力倾向。该证据可能会引发法庭之中的争议，但刑事被追诉人是否有暴力倾向并非正当防卫问题的重要证明事项，不应作为法庭的核心争论焦点。此时，该人工智能证据便也存在混淆争点的危险。

（三）浪费时间

浪费时间是指对于人工智能证据的审查将消耗大量时间。如前文所述，效率是证据法的四大价值支柱之一，低效的事实认定对于诉讼双方来说，都有不利的影响。尽管人工智能证据可以有效提升事实认定的效率，但若一个人工智能证据本身的证明价值较为有限，而技术和数据却极为复杂，那么该证据就不仅不会节约时间，反而会降低司法效率。当前，一些公司在应对算法监管时，会采取提供大量资料的方式来混淆视听，其中包含数字和代码的文件就多达三千多页。[2]可以想见，类似"数据爆炸"的现象同样可能出现在人工智能证据的审查中。这些内容的出示不能说完全没有必要，但是如果有关材料过于烦琐，将会大大降低事实认定的效率。因此，法官需要综合考量人工智能证据的证明价值和其对司法效率的影响，进而决定是否排除证据。

---

〔1〕 Ronald J. Allen, et al., *An Analytical Approach to Evidence: Text, Problems, and Cases*, Wolters Kluwer Law & Business, 2016, 6th ed., p. 157.

〔2〕 See Frank Pasquale, *The Black Box Society: The Secret Algorithms That Control Money and Information*, Harvard University Press, 2015, pp. 6-8.

二、人工智能证据的证明力

相较于可采性，证明力的审查主要是事实认定者自由心证的产物。因此，法律一般不设计严格的证据证明力审查标准。当然，从影响因素上看，事实认定者对于证据证明力的审查也受到相关性、可靠性和合法性的影响。[1]但相对而言，合法性对证明力的影响较为有限。[2]故而，人工智能证据证明力的主要审查内容是证据的相关性和可靠性。需要进一步指出的是，在具体审查中，人工智能证据在可采性审查环节需审查的相关性和可靠性与证明力审查环节需审查的相关性和可靠性并无太大差异，只是可采性的审查主要解决"有无"的问题，而证明力的审查主要解决程度的问题。申言之，在相关性问题上，人工智能证据的可采性和证明力都考察的是证据与待证要件事实之间的关联，当证据与待证要件事实没有关联时，其就不具有相关性，也当然不具有可采性；[3]当证据具有了可采性，我们再考虑证据与待证要件事实的关联程度——当证据的可靠性、合法性没有异议时，证明力就是证据与待证要件事实的关联程度，即相关性的大小。[4]在可靠性问题上，由于科学证据的特殊性，法官在对人工智能证据的可采性进行审查时，应该对人工智能证据起到"守门人"的作用，确保其依赖可靠的基础。[5]换言之，原本应在证明力审查环节考察的可靠性内容，被前置到可采性问题上加以审查，在证明力审查环节，具体的审查内容也并没有太大差异。综上，人工智能证据主要的证明力审查内容可以进一步转

---

〔1〕 参见郑飞："证据属性层次论——基于证据规则结构体系的理论反思"，载《法学研究》2021 年第 2 期。

〔2〕 参见何家弘、马丽莎："证据'属性'的学理重述——兼与张保生教授商榷"，载《清华法学》2020 年第 4 期。

〔3〕 参见马国洋："论刑事诉讼中人工智能证据的审查"，载《中国刑事法杂志》2021 年第 5 期。

〔4〕 参见郑飞："证据属性层次论——基于证据规则结构体系的理论反思"，载《法学研究》2021 年第 2 期。

〔5〕 参见张保生主编：《证据法学》，中国政法大学出版社 2018 年版，第 261 页。

化为对相关性和可靠性的审查。[1]

　　需要指出的是，美国的一些司法实践要求法官在运用证明力与危险性的平衡检验时，不考虑证言的可信性。[2]例如，华莱士案的判决指出："证人的可信性与其证言是否具有所要寻求证明之事实的证明力毫无关系。"[3]但笔者认为，在对人工智能证据的证明力进行评价时，仍需要考虑证据的可靠性。美国之所以限制法官对证言可信性进行评价，主要是基于可采性审查与事实认定二分的诉讼结构，其需要保证作为事实认定者的陪审团对证言可信性进行评价的权力。但对于人工智能证据而言，法官本就需要评价证据的可靠性，这就削弱了限制的意义。而在我国以及大陆法系国家，这种限制更没有必要，因为法官同时肩负证据可采性审查者和事实认定者的角色，没有必要刻意避开对证据可靠性的评价。

三、证明力与危险性的平衡检验标准

　　人工智能证据的证明力与危险性的平衡检验要求法官评价人工智能证据的危险性是否实质上超过了证据的证明力。对于二者之间的判断并不能像数学一样作出精准的量表，而需要法官根据逻辑和一般经验进行自由裁量。但总体上讲，对于人工智能证据的证明力与危险性的平衡检验，应更加倾向于采纳而非排除，即只有危险性明显超过证明力时，才应该对证据进行排除。艾伦等人对此解释道："只有在法官对证据有害方面超过其证明力的情况十分自信时，证据才应当被排除。换言之，这个要求可以这样考虑，即根据《美国联邦证据规则》第 403 条，它对证据的采纳规定了一种证明责任。规则第 403 条的这种证明责任，倾向于宽容采纳证据的错误决定，而非排除证据的错误决定。这与《美国联邦证据规则》起草者们所

---

　　〔1〕　参见马国洋："论刑事诉讼中人工智能证据的审查"，载《中国刑事法杂志》2021 年第5 期。

　　〔2〕　可信性与可靠性意思相同，"可信性"多指证言可被相信的程度；而当评价物证、书证等可被相信的程度时，常使用"可靠性"概念，指实物证据来源的可靠性。参见张保生主编：《证据法学》，中国政法大学出版社 2018 年版，第 28 页。

　　〔3〕　United States v. Wallace, 124 Fed. Appx. 164, 167 (4th Cir. 2005).

持的强烈信念是一致的，即这些规则中潜在的原则——真相和正义——只有在更多而不是更少的证据具有可采性的情况下，才将得到最佳促进。"[1]如前文所述，人工智能证据进入法庭有利于提升事实认定的准确性、公正性和效率性，故而，在基于证明力与危险性的平衡检验排除人工智能证据时，应采取较为宽松的标准。

---

[1] See Ronald J. Allen, et al. , *An Analytical Approach to Evidence：Text, Problems, and Cases*, Wolters Kluwer Law & Business, 2016, 6th ed. , p.160.

第四章
人工智能证据在司法
证明中的运用

证明过程，是指诉讼中，证明主体在证明责任的支配下，利用证明手段，针对证明对象，提供证据达到证明标准的程度的过程。[1]不同学者对于证明过程所包含的环节有着不同的观点，如有学者认为证明过程包括取证、举证、质证和认证四个环节。[2]而有学者认为证明过程不包括取证环节。[3]亦有学者认为证明过程不包括认证环节。[4]笔者认为，证明过程主要包括证据开示、证据出示和证据质证三个步骤。从严格意义上讲，证据开示属于证据收集的过程，其主要发生于庭审前，与证据的出示和质证不属于同一个流程。但是，证据开示是举证和质证的前提，因此，本书将证据开示程序纳入证明程序的讨论中。如前文所述，人工智能证据在开示、出示和质证三个方面均应当就其特点建立相应的程序，本章将对此逐一进行介绍。

第一节　人工智能证据开示

证据开示是一种审判前的程序和机制，用于诉讼一方从另一方获得与案件有关的事实情况和其他信息，从而为审判做准备。[5]它是诉讼当事人获取和持有与案件有关信息的方法。[6]自1938年《美国联邦民事诉讼规则》将证据开示确定为一项法定程序后，该制度遂成为许多国家刑事和民事诉讼的法定诉讼制度。[7]在我国，《人民法院统一证据规定（司法解释

---

〔1〕　参见占善刚、刘显鹏：《证据法论》，武汉大学出版社2019年版，第267页。

〔2〕　参见何家弘、刘品新：《证据法学》，法律出版社2019年版，第225页。

〔3〕　参见曹云吉："多数人诉讼形态的理论框架"，载《比较法研究》2020年第1期。

〔4〕　参见张保生："推定是证明过程的中断"，载《法学研究》2009年第5期。

〔5〕　参见龙宗智："刑事诉讼中的证据开示制度研究（上）"，载《政法论坛》1998年第1期。

〔6〕　See Jank H. Friedenthel, Mary Kay Kane, Arthur R. Miller, *Civil Procedure*, West Publishing Co. , 1993, 2nd ed. , pp.378-379.

〔7〕　See Frank W. Miller, et al. , *Criminal Justice Administration*: *Cases and Materials*, Foundation Press, 2000, 5th ed. , p.753.

建议稿）》明确提出了证据开示的概念，该文件第四章对证据开示的各项问题进行了规定，如证据开示的主持、时间、范围等。当然，该文件不属于司法解释或者司法解释性文件，法官在制作裁判文书时，无法将该文件作为依据。除该文件外，司法机关也制定了其他规则尝试探索证据开示制度。例如，《关于适用认罪认罚从宽制度的指导意见》第 29 条规定，人民检察院可以针对案件具体情况，探索证据开示制度，保障犯罪嫌疑人的知情权和认罪认罚的真实性及自愿性。除此之外，我国一些既有的制度也具有证据开示的功能，其中阅卷制度便是典型的例子。对于人工智能证据而言，证据开示同样是不可或缺的程序。但如前文所述，相较于常规科学证据，人工智能证据的开示内容要更为庞大，既有规则无法直接应用于人工智能证据的证据开示，这便需要根据人工智能证据的特点进行针对性设计。

一、开示的必要性：人工智能证据的偏在性

《联合国人权委员会关于公正审判和补救权利的宣言（草案）》指出："公正的审判要求在程序中尊重双方当事人'平等武装'的原则。"并进一步指出："在刑事程序中，'平等武装'原则要求在被告人与检察官之间实现下列程序上的平等：（a）控辩双方有权在相同的时间内出示证据；（b）控辩双方的证人在所有程序事项上应受平等对待；（c）非法获取的证据不应被用来指控被告人或其他任何涉讼之人。"[1] 这实际上揭示了司法审判中的平等武装和平等对抗的原则，即诉讼双方应拥有对等的攻防手段。然而，在现代诉讼中，只要国家资助并组织起诉，对抗式程序"双臂平等"的原则就会受到破坏。[2] 其中一个重要原因就是被告一方所掌握的资源——证据与对方所掌握的资源差距过大，这便产生了因证据获取能力差异、距离证据远近等问题而导致的"证据偏在"问题。这一问题的影响不

---

〔1〕 参见陈瑞华：《刑事审判原理论》，北京大学出版社 2003 年版，第 387 页。

〔2〕 ［英］詹妮·麦克埃文：《现代证据法与对抗式程序》，蔡巍译，法律出版社 2006 年版，第 24 页。

容小觑，据统计，美国在 DNA 检测中被免罪的 250 名无辜者中，有 29 人在审判后发现了检察官藏匿证据；[1] 在"张高平叔侄"案中，辩护律师在审查起诉阶段阅卷时发现，死者八个手指甲里有除两名刑事被追诉人之外的男性 DNA 的鉴定报告，但当律师庭前到法院复印案卷材料时，却发现控方只移送了两份有罪供述的笔录，这是导致冤假错案的原因之一。[2] 而人工智能证据的出现很可能会加剧这种"证据偏在"的问题。

（一）人工智能证据"证据偏在"的表现

为了更好地展示人工智能证据"证据偏在"的特点，本书选取了四个典型案例进行分析。

【案例一】在杨某生、邹某义走私、贩卖、运输、制造毒品案中，公诉人出示了公安机关的智能轨迹分析记录，证实被告人邹某义、饶某兴在案发前的活动轨迹。其中，××年 8 月至 9 月，被告人邹某义多次在勐海打洛、墨江、景洪登记住宿；××年 4 月至 9 月，被告人饶某兴多次在景洪、墨江、澜沧登记住宿。辩方未对该证据提出异议，法官也并未详细审查该证据。[3]

【案例二】在覃某龙故意杀人案中，公诉方出具的抓获经过证实，来宾市公安局刑侦支队通过大数据分析研判，发现覃某龙可能躲藏在广东省佛山市顺德区，并于 2020 年 11 月 3 日到佛山市顺德区开展摸排工作。2020 年 11 月 4 日 0 时 30 分，在佛山市顺德区出租房内抓获在逃人员覃某龙。辩方未对该证据提出异议，法官也并未详细审查该证据。[4]

【案例三】在李某、叶某安、徐某奎等集资诈骗案中，公诉方出具的大数据分析报告发现运营中心共发展会员 5737 人，吸收会员投资 298 884 000

---

[1]　参见［美］布兰登·L. 加勒特：《误判：刑事指控错在哪了》，李奋飞等译，中国政法大学出版社 2015 年版，第 144-145 页。

[2]　参见史炜、王逍奕："侦控机关刑事案卷移送中的'证据偏在'"，载《广西警察学院学报》2019 年第 4 期。

[3]　云南省高级人民法院（2019）云刑终 1159 号刑事判决书。

[4]　广西壮族自治区来宾市中级人民法院（2021）桂 13 刑初 16 号刑事判决书。

元，并造成其中 4464 名会员损失 89 821 160 元。辩方未对该证据提出异议，法官也并未详细审查该证据。[1]

【案例四】在格莱姆斯案中，瓦萨（Vassar）警官出庭作证。其证实，在对刑事被追诉人进行人脸识别后，系统提示刑事被追诉人与虐待儿童的材料有关，警方遂以此为依据对刑事被追诉人进行了搜查，发现其手机中有关于儿童的色情照片。另一个名为科德（Coder）的警官作证，该报警系统源自国家目标中心（National Targeting Center），他不知道数据库是如何工作的，为什么某个人会被输入数据库，或者数据库中的信息是否准确。辩方未对相关证据提出异议，法官也未详细审查相关证据。[2]

结合以上案例可以发现，人工智能证据的"证据偏在"问题主要表现在三个方面。第一，人工智能证据几乎只能由实力较强的一方出示。在前文所述的四个案例中，人工智能证据（情报）均由控方掌握，其生成主要是依托于公权力机关的人力物力。相对而言，辩方很少可以获得此类证据。第二，人工智能证据受到的质证和审查十分有限。在上述案例中，人工智能证据的使用并没有受到被告方的任何质疑，法官也并未对该证据进行分析，便直接认定了证据所欲证明的内容。由此不难发现，在司法实践中，人工智能证据似乎"天然"具有可采性。第三，人工智能证据的出示较为自由。在具体实践中，人工智能证据的出示都非常灵活。例如，案例一、案例三，都是直接出示人工智能证据的情况，而在案例二中，控方则没有直接出示人工智能证据，而是通过出示抓获经过的方式，表明有人工智能情报的存在。案例四与案例二有一定相似性，其同样是警方通过叙述抓获经过的方式，表明有人工智能情报的存在。这在某种程度上说明，人工智能证据是否出示、如何出示，都是由掌握人工智能证据的一方决定的，而对于无法获取人工智能证据的一方，其甚至可能不知道对方是否掌握了人工智能证据，这便反映了诉讼双方巨大的信息差。

---

〔1〕 安徽省高级人民法院（2019）皖刑终 118 号刑事判决书。
〔2〕 United States v. Grimes, 2021 WL 5095369（N. D. Ga 2021）.

（二）人工智能证据"证据偏在"的原因

人工智能证据"证据偏在"的成因主要表现为以下两点。

（1）由于人工智能证据的生成往往涉及较高的经济、信息等成本，对于实力不足的普通人而言，获取或检验人工智能证据都将存在巨大困难。这种阻力主要来源于以下三个方面：第一，人工智能证据的形成往往需要较高的经济成本，经济实力不足的个人很难获取此类证据。一般而言，一项人工智能项目的成本主要包括四个方面，分别是数据成本、算法成本、算力成本和落地成本。其中，大数据项目一般需要 100 000 个以上的数据集，其成本在 70 000 美元以上；算法一般需要大量技术人员进行设计和验证，其成本在 15 000 美元以上；算力成本主要包括技术架构、集成等，一般在 30 000 美元以上；而落地成本主要是将人工智能用于实践的成本，这也将达到数万美元。[1]故而，总成本超过 100 000 美元的人工智能证据对于不具有经济实力的个人而言是很难获取的。正如有论者指出：个人消费者的购买力较为有限，往往无法独自承担定制专用人工智能产品高昂的研发成本。[2]第二，如前文所述，数据是人工智能证据形成的基础。但通常来说，普通人甚至普通平台所能掌握的数据信息十分有限。而公权力部门则不同，如"河南全省常住人口为 9640 万人，其中，郑州市常住人口为 1035.2 万人，占全省人口总数的 10.74%……郑州市公安局虹膜系统作为新型身份识别手段将在安全领域发挥重要作用，其数据库采集规模为 1000 万。相比于传统的 DNA、指纹、声纹采集，虹膜核查系统响应速度快，基层公安民警可在 2 秒内分别完成虹膜图像采集和图像比对，方便快捷的操作系统得到了基层公安民警的一致好评"。[3]换言之，郑州市公安机关几乎掌握了该地所有人的个人生物信息，这种数据获取能力如果没有公权力依托，根本不可能达到。第三，人工智能证据所涉及的国家秘密和商业秘

---

〔1〕　参见张之栋、赵钰莹："触目惊心：AI 到底消耗了多少能源和成本？"，载 CSDN，https://blog.csdn.net/McIl9G4065Q/article/details/103556017，最后访问日期：2020 年 12 月 30 日。

〔2〕　参见左卫民："从通用化走向专门化：反思中国司法人工智能的运用"，载《法学论坛》2020 年第 2 期。

〔3〕　刘金坤等："虹膜识别技术在公安领域的应用"，载《刑事技术》2021 年第 4 期。

密可能进一步阻碍普通人获取相关证据。人工智能证据所使用的算法和数据极有可能涉及国家秘密。例如，为防止技术泄密，美国商务部提出了需要特别许可证才能离开美国的军事敏感技术清单，该清单包含很多人工智能技术，如神经网络、深度学习、自然语言处理和计算机视觉等。也有可能涉及商业秘密。例如，在浙江盘兴公司、浙江盘石公司侵害技术秘密案中，法院就认为："花儿绽放公司主张有客多软件中 20 个技术点对应的965 个源代码文件构成商业秘密。"[1]因此，相关的权力机关或程序设计公司并不愿意透露源代码等信息。显然，普通人没有足够的力量与权力部门或是一些公司进行对抗，自然也就无法获取涉及国家秘密和商业秘密的信息。基于以上分析不难发现，人工智能证据的获取需要有足够的实力作为支撑，这意味着几乎只有控方或经济实力较强的当事人才有可能获得此类证据，这便会引发证据获取时的"证据偏在"。

（2）人工智能证据的理解困境同样是引发"证据偏在"现象的原因。如前文所述，人工智能形成的结论很多时候本就具有不可解释性，而人工智能证据不仅包括人工智能结论，还包括其所运用的技术、数据等，其中很多信息更是难以被普通人有效理解。例如，人脸识别系统的运作原理、数据运用方法等。因此，非人工智能证据持有方在不了解人工智能证据的情况下，根本没有任何反制手段。

基于上述分析不难发现，在涉及人工智能证据的案件中，诉讼双方很难处于一种均势的状态，特别是在刑事诉讼中，这种对抗性的缺失更加明显。为了维护诉讼中"平等对抗"的原则，有效保护当事人的诉讼权利，十分有必要赋予实力较弱的一方以同等的信息。[2]对此，一种较为有效的方式是通过构建规则，让持有人工智能证据的一方充分披露人工智能证据的各种信息，以化解当前人工智能证据"证据偏在"的问题，这也就要求构建人工智能证据的证据开示制度。

---

〔1〕 最高人民法院（2020）最高法知民辖终 323 号民事裁定书。

〔2〕 参见郑飞、马国洋："大数据证据适用的三重困境及出路"，载《重庆大学学报（社会科学版）》2022 年第 3 期。

二、人工智能证据的开示要求

（一）人工智能证据的开示内容

就人工智能证据而言，在无法掌握相关技术以及数据的情况下，基本不可能了解人工智能证据的产生机理，并且人工智能证据的技术和数据也是其可采性的审查内容。因此，人工智能证据的出示方应全面开示人工智能证据的技术和数据等各种信息，以保证对方有足够的机会了解人工智能证据。具体而言，需要开示的内容包括：第一，人工智能证据的技术和原理。人工智能证据的出示方应根据人工智能证据的可采性要求，开示其意欲出示的人工智能证据的技术信息，这包括：（1）源代码；（2）技术是否被普遍接受；（3）技术的同行评议状况；（4）算法错误率；（5）算法的影响因素。第二，人工智能证据的数据使用方法和数据标注方法。人工智能证据的出示方应将人工智能证据的训练数据和测试数据及相关的标注方法进行开示，以方便另一方对数据的相关性、可靠性和合法性等内容进行分析。第三，人工智能结论及其产生原因。如前文所述，人工智能证据结论的可解释性是人工智能证据可靠性的重要组成部分，而无法提供结论产生原因的证据将不允许在法庭上出示。因此，人工智能证据的出示方在证据开示时，就应该提供至少一种人工智能结论产生的原因。例如，若以前文所谈到的人工智能性取向识别系统的有关结论作为证据使用，则证据的出示方至少应说明，机器是基于人的脸型或是环境等因素进行的分析。第四，关于人工智能证据的鉴定意见和有关专家的信息。一些时候，人工智能证据的出示需要通过专家鉴定的方式实现，而专家必须具备人工智能领域的知识或者技术才能保证其确实可以在人工智能证据的出示中发挥作用。因此，在证据开示环节，也应开示人工智能证据鉴定人的意见和其本人的相关信息。第五，参与人工智能证据生成者的证言及其信息。人工智能证据形成过程中的参与者，如算法工程师、数据标注师等人，也可以对源代码的可靠性、模型影响因素、数据标注方法等问题作证。因此，证据出示方若申请相关证人出庭，也需要提供证人及其欲证明事项的信息。

(二) 人工智能证据的开示范围

人工智能证据的开示范围争议主要发生于刑事诉讼中。[1]当前刑事诉讼中的证据开示主要有全面开示和部分开示两种模式。其中,全面开示模式是指控方应当尽早将所掌握的全部证据材料向辩方进行一次性的开示。[2]美国有 35 个州采取了全面开示的模式,[3]如 2004 年北卡罗来纳州通过了法案并规定,依被告的申请,法院应当指令检察官使被告能够获悉参与犯罪调查或起诉被告之所有执法及检方人员的全部案卷。[4]与全面开示模式相对应的是部分开示模式,即检察官仅向被追诉方开示符合特定标准的案件证据。[5]日本主要实行的是部分开示模式,即只有在庭审中出示并用来支持诉讼主张的证据才进行证据开示。我国很多地方对于证据开示制度的探索也都采取了部分开示的模式。例如,《如皋市人民检察院认罪认罚案件证据开示工作规程 (试行)》规定,只有在刑事被追诉人满足认罪认罚条件但拒不认罪的情况下,才会启动证据开示程序。[6]广东佛山 2006 年《刑事公诉案件证据开示规则 (试行)》第 7 条第 1 款规定:"控方开示的证据范围包括拟向法庭出示的所有证据材料。"

相对而言,全面开示模式可以使得刑事被追诉人获取更多信息,从而更好地实现法庭上的平等对抗。而部分开示模式则更加符合控方的利益需求,也更加灵活,有利于提升庭审效率。就人工智能证据而言,全面开示模式更加具有合理性。首先,全面开示模式是解决"证据偏在"问题的重

---

[1] 其他诉讼中遵循既有的方式即可。

[2] 参见刘甜甜:"认罪认罚从宽案件中的证据开示制度研究",载《中国政法大学学报》2021 年第 5 期。

[3] 参见赵常成:"美国纽约州刑事证据开示制度改革——兼论认罪认罚前的证据知悉",载《证据科学》2020 年第 5 期。

[4] N. C. Gen. State. § 15A-903 (2004).

[5] 参见刘甜甜:"认罪认罚从宽案件中的证据开示制度研究",载《中国政法大学学报》2021 年第 5 期。

[6] 参见陈颖之、王四齐、孙菁雯:"认罪认罚,要认得明明白白　江苏如皋:探索建立认罪认罚案件证据开示制度",载《检察日报》2020 年 10 月 26 日,第 2 版。

要方式。考虑到人工智能证据的成本之高，辩方几乎没有获得此类证据的可能，甚至无法掌握控方持有此类证据的线索。可以说，辩方获取此类证据唯一的方式就是通过证据开示的方式，若仅采取部分开示模式，无疑将加剧此类案件中的"证据偏在"问题。其次，全面开示模式是辩方获取无罪证据的重要方式。如前文所述，人工智能证据可以有效提供无罪证明，而只有全面开示模式才能保证辩方掌握涉及刑事被追诉人无罪的人工智能证据。最后，全面开示模式是辩方获取过程证据的重要方式。如前文所述，人工智能证据可以作为过程证据证明侦查行为是否符合法律规定。而只有全面开示模式才能够保障辩方获取此类人工智能证据，从而更好地帮助辩方分析其他证据的合法性，进而保护刑事被追诉人的权利。

需要指出的是，对于辩方而言，其在某些情况下也具有一定的开示义务。例如，我国《刑事诉讼法》第 42 条规定："辩护人收集的有关犯罪嫌疑人不在犯罪现场、未达到刑事责任年龄、属于依法不负刑事责任的精神病人的证据，应当及时告知公安机关、人民检察院。"对于人工智能证据而言同样如此，若辩方掌握了人工智能证据并计划在庭审中出示，便也应进行开示。理由如前文所述，人工智能证据的复杂性要求非证据持有方需要一定时间进行准备，若辩方未及时开示人工智能证据，控方同样无法在庭审中作出应对，这便也不符合"平等对抗"的原则。

（三）人工智能证据的开示方式

一般而言，证据开示有直接开示和间接开示两种形式。其中，直接开示是指在特定地点由诉讼双方对案卷材料进行直接、当面的口头了解和查阅。[1]例如，我国《人民法院办理刑事案件庭前会议规程（试行）》第 2 条规定："庭前会议中，人民法院可以就与审判相关的问题了解情况，听取意见，依法处理回避、出庭证人名单、非法证据排除等可能导致庭审中断的事项，组织控辩双方展示证据，归纳争议焦点，开展附带民事调解。"

---

〔1〕　参见柴晓宇：《刑事证据开示制度研究》，人民出版社 2018 年版，第 154-155 页。

该规定赋予了庭前会议一定直接开示证据的功能。[1]间接开示则是指一方将案卷材料提供给另一方查阅，并不与对方进行当面接触。[2]例如，意大利要求检察官在预审之前必须将其卷宗材料全部移送给预审法官，并允许辩护方在预审开始前进行查阅，因而可以说证据开示因这种程序而得以进行。[3]

对于人工智能证据的开示而言，可以采取二者结合的方式进行。这两种方式的综合运用，既可以使诉讼双方当面了解、交换案件信息，又可以在不影响一方工作的情况下完成证据开示的任务。[4]具体来说，人工智能证据的开示可以先采取间接开示的方式，该方式可以参考前述美国专家证言概要的方法。对于人工智能证据而言，证据持有方提交的证据概要应包括：（1）人工智能证据所依赖的理论和技术，如有关的训练方法、算法的错误率等信息；（2）人工智能证据的数据来源和数据标注方式，如数据收集使用的方式，数据选择的方式（是否应用了任何采纳或排除标准）等；（3）人工智能结论和有关解释等相关信息；（4）对人工智能证据进行鉴定的专家的意见及专家的相关信息；（5）参与人工智能证据生成者的证言及其信息。除此之外，证据持有方还应该以适当的形式提供人工智能证据所依赖的源代码和数据库文件。

当然，由于人工智能证据的复杂性，很多信息仅通过间接开示难以传达，此时，就需要通过直接开示的方式及时回应非证据持有方的疑问。在直接开示期间，非证据持有方应就人工智能证据的有关问题进行询问，而对方也应就一些特定的信息进行解释，或是就人工智能证据的生成过程进行详细介绍等。对于存在争议的信息，诉讼双方应进行充分讨论。对于较为复杂的技术问题，可以要求具有专业知识的人参与，对相关问题进行解

---

〔1〕 参见吴小军："庭前会议的功能定位与实践反思——以 B 市 40 个刑事案件为样本"，载《法学杂志》2020 年第 4 期。

〔2〕 参见柴晓宇：《刑事证据开示制度研究》，人民出版社 2018 年版，第 154-155 页。

〔3〕 参见梁玉霞："比较：刑事证据开示的基础"，载《法律科学》2001 年第 3 期。

〔4〕 参见甄贞、于秋磊："我国刑事证据开示制度之建立与完善"，载中国人民大学法学院《人大法律评论》编辑委员会编：《人大法律评论 2001 年卷 第二辑》，中国人民大学出版社 2002 年版，第 319-344 页。

释，以提升证据开示的效率和质量。

若经过证据开示，双方已经对人工智能证据没有异议，那么该证据就不需要在庭审中重点审查。若是双方仍然存在争议，则应该将争议焦点进行记录，法庭应对此进行重点审理。[1]

（四）不履行人工智能证据开示义务的法律后果

通常来说，若持有证据的一方未进行证据开示，应对其采取适当的制裁方式，这样才能更好地推动证据开示的进行，避免"证据突袭"，实现法庭中的平等对抗。如前文所述，对于任何一方来说，如果不进行前期的准备和适当的分析，其在法庭中也不可能立刻对人工智能证据的有关问题进行判断。因此，对人工智能证据的"证据突袭"行为进行制裁就更具有必要性。对于相关法律后果，较为有代表性的是美国的做法：美国在确定不履行开示义务的法律后果时采取一视同仁，不论是检察官还是辩护方，只要没有依法向对方开示有关证据材料，法官均可以命令相关当事人进行证据开示；批准延期审理；禁止相关当事人提出未经开示的证据；指定开示的时间、地点和方式，并可规定适当的期限和条件。[2]对于不履行人工智能证据开示义务的法律后果可以参照此方式进行。但考虑到人工智能证据获取的成本较高，直接采取否定证据可采性的做法，将不利于事实认定，也可能会遭遇证据持有方的阻力。因此，对于未经过证据开示程序的人工智能证据，法官可以决定延期审理，给予另一方充分的准备时间，若证据持有方仍然不按照要求进行开示，则可以禁止该证据的出示。此外，若非证据持有方掌握对方持有人工智能证据的信息，则可以向法庭申请强制开示。

三、人工智能证据开示的困境与化解

人工智能证据的全面开示无疑有利于实现平等对抗，进而保护当事人的权利。但这种开示方式也可能面临两个重要问题。一是证据开示成本过

---

〔1〕　参见张保生主编：《证据法学》，中国政法大学出版社 2018 年版，第 155 页。

〔2〕　参见龙宗智："刑事诉讼中的证据开示制度研究（下）"，载《政法论坛》1998 年第 2 期。

高的问题；二是证据开示与国家秘密和商业秘密保护之间的矛盾。

（一）人工智能证据开示与开示成本的矛盾

人工智能证据的开示可能大幅提高诉讼的成本。事实上，证据开示成本居高不下，一直是证据开示程序运行的重大障碍。这主要包括时间成本和经济成本两个方面。就时间成本而言，很多证据开示涉及大量的信息，需要反复交换，这便可能大幅提升证据开示的时间。例如，在一起反托拉斯诉讼中，原告开庭前的最终陈述书达 25 万多页，证据开示程序进行了10 年还未结束。就经济成本而言，备份相关材料的费用往往是一笔不小的支出。特别是随着电子证据的出现，这种成本再次提升。在美国的一个案件中，仅证据备份的价格就高达 9875 万美元。[1]对于人工智能证据而言，证据开示的成本可能会进一步提升。就时间成本而言，以大数据技术为基础的人工智能证据涉及的信息量远远超过其他证据，这可能进一步增加证据开示的时间。就经济成本而言，同样由于人工智能证据庞大的信息量，既有的电子数据备份等成本可能会进一步提高。

对于人工智能证据开示成本过高的问题，可以有两种解决思路。第一种思路是限制证据开示的范围。当前美国在应对证据开示成本问题时，一个重要的方式就是限制证据开示的范围，其在司法实践和理论上逐步形成了开示请求的类型、信息的数量、是否有替代性方法、替代性方法是否可行、信息重要性的预测、所证明的问题的重要性、当事人的资源能力等法官裁量时的参考依据，但就实践情况来看，仍然缺乏有意义的明确边界。[2]对于人工智能证据而言，这种办法有一定借鉴意义，即法官可以对于开示的内容和方式进行适当规定和限制。例如，对于含有大量数据的数据库的开示，就不宜使用文本的形式。但考虑到人工智能证据的理解大多建立在获取全部信息的基础上，这种方式的有效性较为有限。第二种思路是增强证据开示的技术性，将高科技用于证据开示。这是一些国家应对信息时代

---

〔1〕 Rowe Entm't, Inc. v. The William Morris Agency, Inc., 205 F. R. D. 421 (S. D. N. Y. 2002).
〔2〕 参见周翔：“论电子证据的偏在性及其克服”，载《大连理工大学学报（社会科学版）》2020 年第 1 期。

证据开示成本过高问题的方式。例如，美国电子证据的开示正逐渐从 PDF 文件等形式向"可链接性"上转移，即可以直接通过相关链接进入数据库。甚至美国市场上已经有 29 款软件，用于电子证据收集，可供证据开示的使用。[1]这种方式较为契合人工智能证据的证据开示。结合当前区块链等技术的发展，证据开示时，证据持有方可以直接将相关证据的信息传入区块链之中，而对方则可以通过相关链接进入以获取信息，这便可以省去证据备份等步骤，将在很大程度上减少证据开示的成本。事实上，当前我国互联网法院已经开始使用区块链存证的技术方案，该方式具有降低成本、提高效率的明显优势，是应对人工智能证据开示成本过高问题的重要方式。[2]

（二）人工智能证据开示与秘密保护的矛盾

为了有效开示人工智能证据，证据持有方需要对人工智能证据的源代码和数据等信息进行公开。但如前文所述，很多情况下，此类信息可能包含国家秘密和商业秘密。对于涉及国家秘密证据的开示将对国家安全形成威胁，如一些黑客可能利用有关信息攻击国家安全部门。对于涉及商业秘密的证据进行开示，可能会损害权利人利益，甚至影响人工智能行业的发展。特别是由于人工智能领域属于朝阳产业，该领域阶层尚未固化，有效的竞争可以取得较为理想的优势。若商业秘密泄露，将可能对相关公司造成巨大打击，进而阻碍该领域的创新和进步。从社会利益的角度，国家也会更加倾向于保护此类商业秘密，这就给人工智能证据的开示进一步增加了难度。[3]对此，法官应谨慎权衡证据开示与国家秘密和商业秘密保护之间的关系，在采取相关措施保证国家安全和权利人利益的同时，有效地进行证据开示。具体措施包括：（1）注重国家秘密和商业秘密的判断，对可

---

〔1〕　See Amelia Phillips, et al. , *E-Discovery*: *An Introduction to Digital Evidence*, Delmar Learning, 2013, p. 1.

〔2〕　参见黄鹏："区块链保障证据真实性：技术与需求的契合"，载《大连理工大学学报（社会科学版）》2021 年第 4 期。

〔3〕　参见马国洋："论刑事诉讼中人工智能证据的审查"，载《中国刑事法杂志》2021 年第 5 期。

能涉及国家秘密和商业秘密的信息采取更加谨慎的态度；（2）坚持利益权衡原则，对人工智能证据的价值与国家秘密和商业秘密的价值之间的关系进行分析，并以此决定人工智能证据的开示方式；（3）对人工智能证据的开示采取适当限制措施，在实现人工智能证据开示的同时，避免国家秘密和商业秘密的泄露。[1]例如，由双方协商或法院限定人工智能证据的开示方式和范围；命令有关当事人不得泄露国家秘密和商业秘密；告知有关当事人泄露国家秘密和商业秘密的风险等。

第二节　人工智能证据出示

证据出示是指证据的举证方式。辨认鉴真和鉴定又是证据出示的方式。[2]同样，人工智能证据也需要进行辨认鉴真和鉴定。当然，如前文所述，在具体出示内容和方法上，人工智能证据相较于其他证据要更为复杂。

一、人工智能证据的辨认鉴真

辨认鉴真程序是证据进入法庭之前的铺垫程序，所谓辨认，是指"证明某个被指控犯有某项罪行的人确是该罪犯或某项被提交到法庭之物正是该存在争议之物或诉讼所涉之物，或认定两种笔迹同一，以及查明诉讼中涉及的某人的身份等的过程"。[3]所谓鉴真，是指确定物体、文件等实物证据同一性的证明活动。鉴真旨在证明物证、书证等展示性证据与案件特定事实之间联系的可靠性。[4]如前文所述，这种可靠性主要是形式性的审查，其解决的主要是证据的同一性问题。辨认鉴真程序是证据法中的重要程序，各个国家或是明确通过相关规则加以确认，或是在其他规则中体现

---

〔1〕　参见马国洋："论刑事诉讼中人工智能证据的审查"，载《中国刑事法杂志》2021年第5期。

〔2〕　参见张保生主编：《证据法学》，中国政法大学出版社2018年版，第231页。

〔3〕　薛波主编：《元照英美法词典》，法律出版社2003年版，第657页。

〔4〕　参见张保生主编：《证据法学》，中国政法大学出版社2018年版，第232页。

辨认鉴真的要求。例如，《美国联邦证据规则》第 901 条第（a）款规定："为满足对一项证据进行鉴真或辨认的要求，证据提出者必须提出足以支持一项认定的证据，即该物件系证据提出者所主张之物。"并且其在第 901 条第（b）款列举了反复出现的基础铺垫问题，其中大多数（但并非全部）与展示件相关，并举例说明了至少在一定程度上将满足该基础铺垫要求的事实。[1] 在英美法系的其他代表性国家，辨认鉴真的要求大多包含于最佳证据规则之中，而大陆法系国家有关严格证明的规范也体现了辨认鉴真的要求。[2] 此外，我国《关于办理死刑案件审查判断证据若干问题的规定》第 6 条、第 9 条、第 10 条、第 23 条、第 24 条、第 27 条、第 28 条和第 29 条，均涉及证据的辨认鉴真问题。对于人工智能证据而言，辨认鉴真也是一道必不可少的程序。但如前文所述，相较于其他证据，人工智能证据的辨认鉴真要更加复杂，故而需要基于人工智能证据的特点进行相应的设计。

（一）人工智能证据辨认鉴真的内容

根据人工智能证据的生成过程，其辨认鉴真主要涉及以下四项内容：（1）人工智能证据所依赖技术的辨认鉴真。如前文所述，人工智能证据的形成需要算法工程师优先构建出模型，进而由机器形成新的模型。在这个过程中，一旦模型的源代码被篡改或替换，那么最终的机器意见也将发生变化。（2）人工智能证据所依赖数据的辨认鉴真。如前文所述，数据同样是人工智能证据形成的基础，任何数据的改变都可能影响最终输出的结果。（3）人工智能结论的辨认鉴真。人工智能经过分析后生成的意见往往会通过计算机转化为人类可以识别的内容。显然，对于最终意见内容的替换，也将对人工智能证据的同一性产生影响。（4）人工智能分析所依赖的检材的辨认鉴真。同常规科学证据一样，人工智能证据的生成也需要检材。例如，人脸识别系统为检测刑事被追诉人是否出现在现场，就需要一张载有刑事被追诉人的照片。而如果将刑事被追诉人的照片替换为其他人

---

〔1〕　See Ronald J. Allen, et al., *An Analytical Approach to Evidence: Text, Problems, and Cases*, Wolters Kluwer Law & Business, 2016, 6th ed., p. 197.

〔2〕　参见廖思蕴："中国语境下实物证据鉴真规则的构建"，载《证据科学》2021 年第 3 期。

的照片，那么机器生成的意见便成了关于其他人是否出现在现场的信息。

（二）辨认鉴真的必要性：人工智能证据的易篡改性

之所以要对证据进行辨认鉴真，是因为证据收集与法院审查之间往往存在一定时间间隔，而经过这段时间，证据可能会发生变化，同一性也可能会引发人们的怀疑。例如，在法庭上出示的展示件还是调查过程中的那个展示件吗？会不会被替换？为了消除这种质疑，法庭便需要通过辨认鉴真程序确保出示的证据是案件现场收集的"那份证据"。[1]

对于人工智能证据来说，同样可能存在同一性出现问题的情况。例如，人工智能结论是不是"那个"源代码得出的、是不是依据"那个"数据库得出的等问题都可能存在疑问。甚至相较于其他证据，人工智能证据的辨认鉴真更为重要，这主要是由于人工智能证据具有易篡改性，具体表现为两个方面。一方面，人工智能证据的形成依赖于大量的代码和数据，而这些代码和数据往往较为脆弱。计算机信息是用二进制数据表示的，以数字信号的方式存在，而数字信号是非连续性的，因此如果有人故意或因为差错对代码和数据进行删节、剪接，从技术角度上讲并不容易查清。而且计算机操作人员的差错或供电系统、通信网络的故障等环境和技术方面的原因都会使代码和数据无法反映真实的情况。[2]当前，代码和数据被篡改的案例不胜枚举。例如，2019 年，不到 20 岁的大专学校学生郭某，所学专业非计算机专业。自高二起就对编程很感兴趣的他，由于没有钱买电脑，于是用手机编了 10 万行代码去篡改某短视频 App。他通过修改软件代码并重新打包发布到网上，被篡改后的 App 产生了极大的安全漏洞：不仅会导致用户核心数据丢失，用户还能随意浏览不良信息。据调查，已有 40 余万人次使用了篡改后的软件。[3]因此，人工智能证据所依赖的代码和数据很有可能遭到篡改。

另一方面，人工智能证据所依赖的图片、视频、音频等检材同样容易

---

〔1〕 参见陈瑞华：《刑事证据法》，北京大学出版社 2018 年版，第 235 页。

〔2〕 参见吴晓玲："论电子商务中的电子证据"，载《科技与法律》1999 年第 2 期。

〔3〕 参见伍杏玲："黑客少年手机编 10 万行代码，恶意篡改 App 只为了'炫技'？"，载 CS-DN，https://blog.csdn.net/csdnsevenn/article/details/88858935，最后访问日期：2021 年 11 月 12 日。

被篡改。特别是伴随着深度伪造技术的发展，这种篡改现象日益增多，且难以防范。深度伪造是"深度学习"和"伪造"的结合，主要是通过数字伪造的方式操作既有的图像、音频和视频，进而构造出从未发生过的事情。[1]深度伪造主要由鉴别算法和生成算法创建。其中，鉴别算法的主要功能是对目标进行分类，即根据给定数据的特征预测该数据的属性和类别。[2]生成算法的目标不是将正确的标签进行分类，而是提供一种生成看起来来自数据集数据的方法。它不是针对给定的特征预测标签，而是根据特定的标签预测特征。[3]仅仅依靠这两个算法尚无法完成深度伪造，还需要通过"生成式对抗网络"让二者形成对抗互动，进而优化算法的结果。"生成式对抗网络"是指一个通过对抗过程估计生成模型的新框架，在这个框架之下，设计者同时训练两个模型，一个用于生成人工样本的生成模型，另一个用于估计样本不是来自生成模型的鉴别模型。[4]本质上，"生成式对抗网络"的运作过程与传统赝品伪造的过程差异并不大，赝品伪造者（生成模型）根据文物的特征伪造赝品，如一幅画的风格、用墨的方式、用笔的力度等，而鉴定专家（鉴别模型）则不断尝试鉴定该物品是否为赝品，二者在对抗中不断精进赝品的制作技术。"生成式对抗网络"的运作原理同样如此，计算机通过反复"对抗"不断精进，以创造出从未有过的新内容，进而完成有效替换。以视频为例，计算机可以从视频中获取单个帧，并将视频中人脸的表情映射到与该表情匹配的人脸模型的计算机生成复制品中。[5]当前，因深度伪造引发的风险时有发生。例如，在一段深度伪造视频中，时任美国总统特朗普向比利时人民提供了有关气候变化

---

〔1〕　See Mika Westerlund, "The Emergence of Deepfake Technology: A Review", *Technology Innovation Management Review*, 9 (2019), p. 40.

〔2〕　See Russell Spivak, "'Deepfakes': The Newest Way to Commit One of the Oldest Crimes", *Georgetown Law Technology Review*, 3 (2019), p. 342.

〔3〕　See Russell Spivak, "'Deepfakes': The Newest Way to Commit One of the Oldest Crimes", *Georgetown Law Technology Review*, 3 (2019), p. 343.

〔4〕　See Ian J. Goodfellow, et al., "Generative Adversarial Nets", *Advances In Neural Information Processing Systems*, 3 (2014), p. 2672.

〔5〕　See Travis L. Wagner, Ashley Blewer, "'The Word Real Is No Longer Real': Deepfakes, Gender, and the Challenges of AI-Altered Video", *Open Information Science*, 3 (2019), p. 36.

的建议，这段视频激起了当地民众对美国总统干涉比利时气候政策的愤怒。[1] 基于上述内容不难发现，借助深度伪造技术，人工智能证据所依靠的检材同样能被随心所欲地篡改而很难被发现。

上述分析就揭示了对人工智能证据进行辨认鉴真的独特意义，即避免人工智能证据持有者利用人工智能证据易篡改的特性，随意修改人工智能证据，以达成其希望的目的。例如，侦查人员在人工智能证据形成时使用了带有歧视性的算法，随后便对相关的代码和数据进行篡改，使其看起来并没有使用任何歧视性的算法和数据，但最终出示在法庭之上的证据却是具有歧视性的证据。若未设计具体的辨认鉴真方法，此类证据很可能会进入法庭，侵害刑事被追诉人的权利。

（三）人工智能证据的辨认鉴真方法

在辨认鉴真问题上，对于言词证据的辨认鉴真和对于实物证据的辨认鉴真往往采取不同的方法。就言词证据而言，证据铺垫一般要求证人对争议事项有直接感知，其标准被称为"足以支持一项认定的证据"，这一般是指理性事实认定者据此能够认定该证人比不可能更可能拥有直接知识的充足证据。[2] 当然，专家证人并不受该标准的限制，其证据铺垫的要求仅仅是专家对待证要件事实具有专业知识。对于实物证据或是展示物而言，其辨认鉴真就显得较为复杂。因为实物证据不能说话，所以需要通过其他方式进行辨认鉴真。常见的方式包括通过独特性的辨认鉴真和通过保管链条的辨认鉴真。

如果将人工智能证据定义为科学证据，那么其就在某种意义上具有言词证据的特性。[3] 但是，其与言词证据的差异就在于机器无法亲自讲述自己的知识，也就无法直接按照相关言词证据的辨认鉴真方法进行处理。在

---

〔1〕 参见龙坤、马钺、朱启超："深度伪造对国家安全的挑战及应对"，载《信息安全与通信保密》2019 年第 10 期。

〔2〕 See Ronald J. Allen, et al., *An Analytical Approach to Evidence: Text, Problems, and Cases*, Wolters Kluwer Law & Business, 2016, 6th ed., p. 195.

〔3〕 参见元轶："大数据证据二元实物证据属性及客观校验标准"，载《山西大学学报（哲学社会科学版）》2021 年第 5 期。

具体实践中，人工智能证据无论是相关的技术、数据还是结论，都需要转化为报告或是电子材料才能展示。因此，这些内容只能适用实物证据的辨认鉴真方法。同样的，人工智能证据所依赖的检材也多是图片、音频、视频等实物，也需要借助实物证据的辨认鉴真方法。故而，对人工智能证据的辨认鉴真采用实物证据的辨认鉴真方式更为合适。基于此，人工智能证据的辨认鉴真方法主要有两种，分别是通过独特性的辨认鉴真和通过保管链条的辨认鉴真。[1]

1. 通过独特性的辨认鉴真

通过独特性的辨认鉴真是指对于展示件"容易辨认或与众不同的特征，包括与环境相联系的外观、内容、内部结构等，可以由知情人辨认或鉴真。例如，通过辨认或鉴真，确认一把刀子具有独特的造型或刀柄上的商标、数字、标签、姓氏，从而确认在法庭上出示的这把刀子就是在犯罪现场发现的同一把刀子"。[2]通过独特性的辨认鉴真作为一种较为重要的方法，已经为一些规则所确认。例如，《美国联邦证据规则》第901条第（b）款第（4）项将这种独特特征规定为"与环境相联系的外观、内容、内部结构或者其他与众不同的特征"。我国《关于办理刑事案件收集提取和审查判断电子数据若干问题的规定》第22条第2项审查"电子数据是否具有数字签名、数字证书等特殊标识"的方法，也是从独特特征的角度对电子证据的辨认鉴真方法进行的规定。

对于人工智能证据而言，在技术、数据、结论和检材四项中，通过独特性进行辨认鉴真都是行之有效的方法。就人工智能证据所依赖的技术而言，通过独特性的辨认鉴真的最好方法就是算法模型的设计者的出庭作证。通常而言，算法设计具有很强的差异性，因此，代码是否被篡改完全可以通过相关的算法模型设计者进行查验。就人工智能证据所依赖的数据而言，相关的数据加密等方法可以作为独特特征用于辨认鉴真。例如，对于已经进行了数字签名的电子数据，其所具有的哈希值（hash）就具有独

---

〔1〕　参见刘译矾："论电子数据的双重鉴真"，载《当代法学》2018年第3期。
〔2〕　张保生主编：《证据法学》，中国政法大学出版社2018年版，第236页。

特性。[1] 此外，不同数据库可能采取不同的加密方式，如一些数据库中会加入一个 MD5 的字段，这个字段的值是其他需要检查是否被篡改的字段值的 MD5 值或其他加密方式产生的值。而有关数据库可以与数据表中 MD5 字段值进行比较，相同意味着没有被非法篡改，否则就是非法篡改。[2] 就人工智能结论而言，对相关结论较为熟悉的算法工程师出庭作证便是通过独特性进行辨认鉴真的方法。就人工智能证据所依赖的检材而言，无论是照片、音频还是视频等内容，均可能具有独特性。例如，现有技术可以将"数字水印"加入原始图像、音频和视频之中。具体而言，该技术将创建一个"真相层"（truth layer），这是一个跨互联网的自动化系统，用于提供虚假与真实图像、音频和视频的衡量标准。这样，图像、音频和视频从产生之初便将经过一个身份验证的过程，而在辨认鉴真时，只需要校对该检材的标记即可。[3]

2. 通过保管链条的辨认鉴真

证据保管链条这一说法源自英美法系证据制度，[4] 是指"从获取证据时起至将证据提交法庭时止，关于实物证据的流转和安置的基本情况，以及保管证据的人员的沿革情况"。[5] 通过保管链条的辨认鉴真方法通常在展示件属于通用类型且无可辨认特征时使用。物品保管链条各环节，从案件现场将其发现至其在法院出示的整个期间，由经手该证据的所有人组成。[6] 完整的保管链条可以证明有关的证据未被篡改，如在犯罪现场发现的手枪上就有某个痕迹，或是在犯罪现场发现的毒品包装已经开封了等情况。我国也在构建通过保管链条的辨认鉴真方法，虽然并未明确在立法中

---

〔1〕 参见郭金霞："电子数据鉴真规则解构"，载《政法论坛》2019 年第 3 期。

〔2〕 参见"数据库数据被非法篡改，程序如何知道"，载 CSDN，https://blog.csdn.net/yiyun88/article/details/84815764，最后访问日期：2021 年 11 月 2 日。

〔3〕 See Mika Westerlund, "The Emergence of Deepfake Technology: A Review", *Technology Innovation Management Review*, 9 (2019), p.46.

〔4〕 参见李雅健、郑飞："乱象与规制：中国刑事证据保管制度研究"，载《证据科学》2019 年第 1 期。

〔5〕 See Bryan A. Garner, *Black's Law Dictionary*, Thomson West, 2009, 9th ed., p.260.

〔6〕 See Ronald J. Allen, et al., *An Analytical Approach to Evidence: Text, Problems, and Cases*, Wolters Kluwer Law & Business, 2016, 6th ed., p.210.

提出保管链条的概念，但是在官方对《关于办理死刑案件审查判断证据若干问题的规定》进行解释时，提及了保管链条："应当在电子证据的制作、存储、传递、获得、收集、出示等环节建立完整的证据保管链条，并由相关人员签名或盖章。"[1]

对于人工智能证据而言，通过保管链条的辨认鉴真同样是较为有效的方式。具体来说，人工智能证据的保管链条辨认鉴真是指，从侦查人员等主体拿到相关算法、数据和检材开始，到机器得出结论并在法庭中出示为止，所有接触过人工智能证据的人都应该出庭就人工智能证据的同一性进行作证。

一些时候，人工智能证据的形成可能会更加复杂。例如，侦查人员首先获取了一段模糊文字，然后委托相关算法工程师建立算法，并进行模糊文字识别，而算法工程师根据相关数据库建立算法后，由机器对模糊文字的内容作出结论。在这种情况下，人工智能证据的保管链条就不仅涉及侦查人员，还涉及算法工程师。一个有借鉴性的案例是杰特诉联邦案："一位警探的证言证实，他查封了被告的物品，当即将疑似可卡因封装入一个'干净的塑料袋'；随后，在警察局将其放置于一个密封信封中，在封口处贴上证据胶带，在信封上标明了日期，他名字的缩写，及其身份证号码；后将信封交给了法庭科学部授权代理人，由其再交给鉴定部门（DFS）的安全官员，再由该官员将该信封交给实验室分析员。在该分析员对该疑似可卡因进行分析测试期间，该信封一直在其'持续关注和控制'之下。在完成分析后，该分析员再次用证据胶带将信封密封，并在信封上标注其名字的缩写，日期和实验室编号。在审判中，该分析员和警探均对该信封进行了辨认。上述过程证实了保管链条中每一个'重要环节'（vital link），因而能够以'合理的确定性'（reasonable certainty）证明，该证据未被篡改、替换或污染过。"[2]参考该案例，对于这类人工智能证据，在通过保管链条进行辨认鉴真时，除了侦查人员，有关算法工程师也要出庭对其拿

---

[1] 张军主编：《刑事证据规则理解与适用》，法律出版社 2010 年版，第 232 页。

[2] Jeter v. Commonwealth，607 S. E. 734，737-740（Va. App. 2005）.

到和使用检材以及生成人工智能证据的情况进行说明。

二、人工智能证据的鉴定

司法鉴定是指在诉讼活动中鉴定人运用科学技术或者专门知识对诉讼涉及的专门性问题进行鉴别和判断并提供鉴定意见的活动。[1]对于人工智能证据而言，鉴定也是证据出示的重要环节。

（一）人工智能证据的同一性鉴定

鉴定可以有效确认证据的同一性，如我国《最高人民法院关于适用〈中华人民共和国刑事诉讼法〉的解释》第 108 条第 2 款规定："对视听资料有疑问的，应当进行鉴定。"在具体实践中，快播案中作为确认同一性方法的鉴定解决了四台服务器中的视频是否受到污染、是否存在被伪造和改变的问题。[2]一般来说，对于证据同一性的确认，辨认鉴真程序需要启动在先，经辨认鉴真程序仍不能辨别或鉴别证据同一性的，才需要动用鉴定等科技手段。因此，可以把鉴定看作是辨认鉴真的补充程序。[3]

对于人工智能证据而言，鉴定同样是一种较为有效的确认同一性的方式。这主要是由于人工智能技术具有高度复杂性，有些时候通过辨认鉴真的方式，并不能确认证据是否被替换或污染。一般而言，对于人工智能证据的鉴定主要可以用来确认人工智能证据所依赖的技术、数据和检材未被替换。（1）对于技术进行鉴定。专家可以通过源代码检测等方式对源代码是否被篡改进行检验。事实上，这种代码检测的方式在实践中并不罕见，如在关于丰田凯美瑞意外加速问题的诉讼中，一位软件专家审查了美国新泽西州使用的酒精呼吸机"alcotest7110"的源代码，发现该代码存在一定问题。[4]（2）对于数据进行鉴定。专家可以对数据库进行分析，并检测相关数据库是否被篡改。当前实践中已经有不少关于数据库篡改检测的专利和软件，如深信服网络科技（深圳）有限公司的专利可以"接收网络访问

---

[1] 参见《全国人民代表大会常务委员会关于司法鉴定管理问题的决定》第 1 条。

[2] 参见刘译矾："论电子数据的双重鉴真"，载《当代法学》2018 年第 3 期。

[3] 参见张保生主编：《证据法学》，中国政法大学出版社 2018 年版，第 233-234 页。

[4] See Andrea Roth, "Machine Testimony", *Yale Law Journal*, 126（2017）, p. 2025.

请求；识别出数据库访问请求，提取所述数据库访问请求中的 SQL 语句；提取所述 SQL 语句的指令对象，指令类别和/或指令条件；获取预设的数据库访问规则；判断所述提取得到的指令对象，指令类别和/或指令条件是否与所述数据库访问规则匹配，若是，则判定所述网络访问请求为篡改行为"。[1] (3) 对于检材进行鉴定。专家可以对相关的视频、照片等内容进行分析，以检测其是否被篡改。以监控视频为例，对于一段完整的没有被修改的监控视频而言，其底层数据（主要是视频的头部和尾部的信息）是完全符合压缩编码规则的。对监控视频的伪造和篡改过程不可避免地会遗留一些痕迹，如引起视频统计特性的某种变化。专家可以通过对监控视频底层数据的分析检验，判断视频的头尾信息是否和视频信息存在不符之处，从而分析监控视频是否被篡改。[2]

（二）人工智能证据的可采性鉴定

很多时候，人工智能证据出示方可能无法直接提供人工智能证据的相关性、可靠性和合法性审查所需要的信息，这时便需要通过鉴定的方式，对相关问题进行说明。具体来说，专家鉴定可以在以下几个问题上发挥作用。

首先，在人工智能证据相关性问题上，专家可以就人工智能证据与待证要件事实之间的关系是否符合"适当"标准进行分析，并给出是否具有相关性的意见。[3]

其次，对于人工智能证据的可靠性问题，专家也可以进行检验。其中，在人工智能证据技术可靠性的问题上，一方面，专家可以就技术是否可以被检验、是否经过同行评议、是否被普遍接受等内容给出意见。最典型的例证即前文所述，专家可以对人工智能技术的源代码进行检验，以判断其所使用的代码是否符合行业标准。另一方面，专家还可以对人工智能

---

〔1〕 参见深信服网络科技（深圳）有限公司：《检测数据库篡改行为的方法及装置》，专利号：CN 201410589204。

〔2〕 参见段成阁等："浅析监控视频鉴定"，载《刑事技术》2012 年第 4 期。

〔3〕 参见马国洋："论刑事诉讼中人工智能证据的审查"，载《中国刑事法杂志》2021 年第 5 期。

证据的错误率进行检验。例如，专家可以在机器中输入不同的假设和参数，进而验证既有的错误率是否准确或是提出相关技术的错误率。以前文所提到的人脸识别系统为例，如果证据出示方只公布了单一的错误率而未公布针对性别、人种等分类的错误率，那么专家就可以对此进行检验，进而确认与案件事实相关的真正错误率。[1]在人工智能证据数据可靠性的问题上，专家一方面可以对数据的均衡度、公平性和代表性进行判断，分析所运用数据的质量；另一方面可以对数据标注进行检验，如数据标注质检员就是对数据标注进行检验的人员，在诉讼之中，其便可以作为专家，检验人工智能证据数据标注的可靠性。在人工智能证据结论的可解释性的问题上，专家既可以对人工智能证据结论进行符合人类认知的解释，也可以就人工智能证据出示方提出的解释进行反驳，以避免法官遭受误导。[2]目前，"可解释人工智能"已经成为新兴的研究领域，该领域是一个旨在使人工智能系统的结果更易于人类理解的研究领域。自机器学习特别是深度学习算法出现后，人类对于人工智能的研究主要集中于人工智能的可预测性，而并不重视结论的可解释性。但随着人工智能在司法、医疗、交通等领域应用的日益深入，人工智能决策的可解释性地位日益提升，这主要是由于在这些领域，人类无法放心地使用无法理解的结论。当前的可解释人工智能的框架主要包括三种类型的模型，分别包括：（1）自解释模型。即算法自身具有可解释性，这也是各个可解释模型的基础。（2）特定解释模型。即对模型内部进行研究以获得解释，其往往是为特定模型设计的解释模型。（3）不可知模型。即通过分析相关模型的输入和输出以对其进行解释。[3]值得一提的是，传统的人工智能可解释性研究主要是从统计可解释性的角度出发，很多情况下，人类并不能真正了解人工智能。而当前一些

---

[1] 参见马国洋："论刑事诉讼中人工智能证据的审查"，载《中国刑事法杂志》2021年第5期。

[2] 参见马国洋："论刑事诉讼中人工智能证据的审查"，载《中国刑事法杂志》2021年第5期。

[3] 参见曾春艳等："深度学习模型可解释性研究综述"，载《计算机工程与应用》2021年第8期。

研究正在转向"人类何以真正理解人工智能",该领域主要是将人工智能可解释性与因果关系连接在一起,从根本上解决人类理解人工智能的困境。[1]以上研究的进展为人类专家解释人工智能证据提供了重要基础。此外,从人工智能规制的角度上看,人工智能的可解释性正在逐渐成为人工智能未来发展的一部分。例如,我国《新一代人工智能治理原则——发展负责任的人工智能》指出:"人工智能系统应不断提升透明性、可解释性、可靠性、可控性,逐步实现可审核、可监督、可追溯、可信赖。"美国《国家人工智能研究和发展战略计划》将提高可解释性和透明度作为"确保人工智能系统安全可靠"战略的重要内容。欧盟《可信赖人工智能道德准则》将可解释性作为一项重要的准则。因此,由于人工智能发展以及伦理的要求,未来出现在法庭之上的人工智能证据将更多是人类专家可以解释的证据。有关专家可以向法庭提供人类可以理解的人工智能结论的生成过程,从而帮助法官更好地对人工智能证据的可靠性进行审查。[2]

最后,在人工智能证据合法性的问题上,专家同样可以对有关问题进行鉴定。具体而言,在技术合法性问题上,专家可以通过侦测工具对算法歧视问题进行检验。特别是对于一些自主型算法,其主要通过考察数据主体的个人情况——如工作绩效、经济状态、健康状况、个人偏好或兴趣、可靠性或行为、居住地点或位置移动等——预测数据主体的行为模式,最终作出决定。对于此类算法,算法设计者并不负责设计考虑因素、权重等,而是任由数据画像技术自行发现影响因素及权重,算法设计者自身也不清楚被算法考虑的因素及其权重。[3]这就必须依靠专家对相关人工智能证据是否存在算法歧视进行检验。当前,已经有不少学者投入对算法歧视的侦测研究之中,具体方式是建立相关的度量标准并利用程序进行侦测。

---

〔1〕　参见曾春艳等:"深度学习模型可解释性研究综述",载《计算机工程与应用》2021年第8期。

〔2〕　参见马国洋:"论刑事诉讼中人工智能证据的审查",载《中国刑事法杂志》2021年第5期。

〔3〕　参见林洹民:"个人对抗商业自动决策算法的私权设计",载《清华法学》2020年第4期。

例如，特拉莫尔（Tramer）等人提出了公平试验（Fair Test）的方法，该方法通过杂糅不同度量标准的方法论和工具，可以侦测到机器学习算法与可能被歧视群体之间的关联。[1]除对技术合法性问题进行检测外，专家还可以对人工智能证据所依赖的数据进行检测，并分析人工智能证据的形成是否利用了隐私数据。

（三）人工智能证据的庭外监管机制

如前文所述，人工智能证据很多时候需要专家对其进行鉴定。但人工智能证据具有高度复杂性和协作性，甚至一些时候人类专家都无法进行解释。这便为人工智能证据的鉴定带来了困境，申言之，可能没有人可以对此类证据进行鉴定。而即使可以由专家对人工智能证据进行鉴定，鉴定的结果是否可靠可能又会带来新的问题。造成这一问题的根本原因在于人工智能领域特别是可解释人工智能领域发展还不成熟，可以提供人工智能证据鉴定的机构和专家数量十分有限。更为严峻的是，人工智能证据很多时候还会涉及公民隐私、国家秘密和商业秘密等内容，对此类证据的鉴定也需要更加谨慎。对此，建立一个较为权威的人工智能证据监管机构以对人工智能证据鉴定的可靠性和合法性进行控制并辅助人工智能证据的应用是一种可行的方案。一方面，该监管机构可以更好地吸收专家进入，以便集中研究人工智能证据的有关问题，从而提升人工智能证据鉴定的有效性。另一方面，该监管机构还可以通过对涉及公民隐私、国家秘密和商业秘密的证据进行鉴定、发布高风险证据清单等方式，降低人工智能证据鉴定可能引发的合法性风险。这种监管机构的设计来源于莫纳汉（Monahan）和沃克（Walker）教授提出的"国家科学小组"模型。他们以隆胸诉讼为基础，对国家科学小组的产生和运作进行了分析。[2]

道康宁公司（Dow Corning Corporation）于1962年创造了硅胶隆胸假体，但在某些情况下，用于隆胸的硅胶可能会产生破裂或是出现少许硅胶

---

〔1〕 See Florian Tramer, et al., "Fairtest: Discovering Unwarranted Associations in Data‐driven Applications", in IEEE European Symposium on Security and Privacy, 2017, pp. 401–416.

〔2〕 See Laurens Walker, John Monahan, "Scientific Authority: The Breast Implant Litigation and Beyond", *Virginia Law Review*, 86（2000）, pp. 809–810.

泄漏。这些问题导致一些接受了硅胶植入的人声称硅胶泄漏可能会引发很多其他疾病，并借此起诉了道康宁公司以及其他参与生产的厂商。[1]1992年1月，美国食品药品监督管理局禁止使用硅胶假体，由此进一步引发了大量的诉讼。最终超过21 000起案件被移交给亚拉巴马州地方法院，由塞缪尔·波因特（Samuel Pointer）法官进行处理。最初，波因特法官批准了一项和解协议，但随着事件的发展，参与诉讼的人数与需要赔偿的金额远远超过预期，该方式也最终变得无效。为了更好地应对这些诉讼，原告指导委员会（National Plaintiffs' Steering Committee）要求波因特法官成立科学小组，以更加科学地审查相关问题。1996年5月，波因特法官响应原告指导委员会的号召，宣布了成立国家科学小组的计划。具体来说，该计划分为两步。第一步，由波因特法官指定一个"遴选组"，负责向法院推荐那些"中立、公正的人员"，适格成为"科学专家组"的一员，并"复审、批评和评估现有涉及隆胸术的科学文献、研究和出版物——分析这种研究的含义、效用、意义和局限性——其主题为法院可能认为与隆胸诉讼具有相关性的问题，特别是有关'一般因果关系'的问题"。该选择面向全国，以便"所有联邦法院以及经允许的州法院都有可能使用该专家组的分析结果"。[2]第二步，指定国家科学小组的具体成员，该小组由法院从遴选小组提供的人员名单中选出的四名成员组成，成员无须进行独立研究，并且可以向数学、生物学和统计学等领域的其他专家进行咨询。

在确定研究小组的名单后，波因特法官指定了科学小组需要具体研究的项目，主要包括问题、范围和相反意见三个方面。关于问题，他问道："现有研究和报告的观察结果在多大程度上提供了可靠和合理的科学依据，可以得出硅胶假体会导致'结缔组织疾病和免疫系统功能障碍'的结论？"关于范围，他要求科学小组考虑其他"疾病、症状、状况或投诉"的清单，并对与假体的任何联系发表评论。关于相反意见，他要求科学小组报

---

〔1〕　See Marcia Angell, *Science on Trial: The Clash of Medical Evidence and the Law in the Breast Implant Case*, WW Norton & Company, 1997, p. 69.

〔2〕　See Ronald J. Allen, et al., *An Analytical Approach to Evidence: Text, Problems, and Cases*, Wolters Kluwer Law & Business, 2016, 6th ed., pp. 777-778.

告与他们自己相反的任何意见。为了回答法官提出的问题，科学小组听取了各方意见，并审查了相关材料。

1998 年 12 月 1 日，科学小组向波因特法官报告说，他们没有发现足够的科学依据将硅胶假体与结缔组织疾病或免疫系统功能障碍联系起来。在随附结果的一封信中，成员们表示尽管他们指出"小组作为一个整体在很大程度上依赖于每个小组成员的专业知识来获取个别章节中提供的具体信息"，但他们"对报告的内容大体上达成了一致"。[1]在这份报告公布后的几年时间里，许多司法辖区的法官引用了该案科学小组的调查结果，作为支持排除那些试图证明隆胸和疾病之间因果联系的专家证言的理由。[2]例如，波泽夫斯基诉巴克斯特医疗用品公司案、[3]哈佛诉巴克斯特国际有限公司案、[4]托莱多诉医疗工程公司案。[5]

以隆胸诉讼案为基础，莫纳汉和沃克教授抽象出了一个更为有效的模型。在其设计中，（1）应由公权力部门牵头组成国家科学小组；（2）法院可以像尊重法律一样对该小组的调查结果给予尊重：调查结果可以被"推翻"，但推定是正确的；（3）国家科学小组可以就全国范围内的科学问题进行审议和回应，该方式可以大大提升科学证据的审查效果。[6]在具体实践中，这一模型的有效性也得到了一定程度的验证。例如，美国弗吉尼亚州成立了科学咨询委员会，主要负责法庭科学的审查。其可以定期执行审查程序，也可以自发地公开文件，对实验室的材料进行大范围的审查，还可以对不同的法庭科学案例进行比较。此外，科学咨询委员会的专家可以

---

〔1〕 See Letter from the National Science Panel to Judge Pointer (Nov. 19, 1998) (on file with the Virginia Law Review Association).

〔2〕 See Ronald J. Allen, et al., *An Analytical Approach to Evidence: Text, Problems, and Cases*, Wolters Kluwer Law & Business, 2016, 6th ed., pp. 777-778.

〔3〕 Pozefsky v. Baxter Healthcare Corp., 2001 U. S. Dist. LEXIS 11813 (ND NY Aug. 16, 2001).

〔4〕 Havard v. Baxter International Inc., No. 92-0863, memorandum and order issued (N. D. Ohio, July 21, 2000).

〔5〕 Toledo v. Medical Engineering Corp., 50 Pa. D. & C. 4th 129 (Com. Pleas Ct. of Phila. County, Dec. 29, 2000).

〔6〕 See Laurens Walker, John Monahan, "Scientific Authority: The Breast Implant Litigation and Beyond", *Virginia Law Review*, 86 (2000), p. 826.

根据《美国联邦证据规则》第 706 条出庭对相关问题进行解释。实践证明，这种方式不仅可以有效揭露法庭科学中存在的风险，同时也可以避免一些涉及机密的文件和信息被不当泄露。[1]在我国，一些地方法院同样展开了类似的实践。例如，2017 年，杭州互联网法院聘请了法学、计算机领域的专家，组成杭州互联网法院专家咨询委员会，主要解决司法活动中面临的疑难问题。

人工智能证据监管机构的运行方式同样可以参照上述国家科学小组的模型及有关实践。具体而言，为了保障人工智能证据监管机构在具有科学性的同时又具有权威性，应由公权力部门牵头吸纳人工智能领域和法学领域的学者、律师、企业人员等主体共同组成。其中公权力部门的参与可以保障决策的权威性，而不同主体的吸纳可以保障决策的科学性。该监管机构主要负责以下工作。（1）对人工智能证据的应用进行记录。人工智能证据的使用应在该监管机构备案，备案者需说明人工智能技术的相关信息，如错误率、数据使用状况、人工智能结论得出的理由等。（2）对人工智能证据进行风险评估。设计相关的风险评估指标和方法，定期对人工智能证据进行风险评估，并注明高风险人工智能证据。（3）就人工智能证据是否具有同一性、相关性、合法性和可靠性等问题进行鉴定，特别是对于涉及公民隐私、国家秘密和商业秘密的信息的人工智能证据进行鉴定。（4）对于法官或事实认定者较难理解的问题提供一定咨询和帮助。例如，当法官遇到无法确定人工智能证据具体运行的原理，或是无法了解人工智能证据的源代码是否被篡改等问题时，其就可以向监管机构寻求意见或是请求鉴定。（5）整理和发布人工智能以及相关证据的行业标准，为今后人工智能证据的应用提供依据。（6）督促和协助其他人工智能证据鉴定机构的建立和运行。（7）定期发布司法指导意见，对人工智能证据的发展状况进行说明，同时指导法官、检察官、律师等司法主体对该类证据进行合理认识和应用。例如，相关意见可以对高风险人工智能证据进行标注，提请法官注

---

[1] Erin Murphy, "The New Forensics: Criminal Justice, False Certainty, and the Second Generation of Scientific Evidence", *California Law Review*, 95（2007），p. 785.

意对于特殊的人工智能证据应该采取更加谨慎的审查策略。需要指出的是，监管机构的意见并不能作为最终的结论，法官或事实认定者还需要结合各方信息后，再行进行判断。而对于监管机构意见存在异议的一方，也可以选择聘请其他专家的方式，运用相关的理论和证据推翻监管机构的意见。

三、人工智能证据出示的特殊问题

不同类型的证据在出示方式上往往也有不同的要求。例如，书证的出示便受到"最佳证据规则"的限制，即证据出示方通常被要求提供原始书证，如果不能提供原件，就要给予令人满意的解释。[1] 再如，视听资料的出示很多时候需要当庭对相关资料进行播放。人工智能证据的出示方法也需要结合人工智能证据的特点进行设计，而相关的出示方法也可能会面临一些问题。

（一）人工智能证据出示的全面性

如前文所述，当前人工智能证据在出示时，往往仅出示简单的报告、表格或是照片。但对于人工智能证据的审查而言，仅仅依靠一份报告根本不能完成，法官无法对该证据所形成的技术基础和数据基础进行全面了解，自然也不能确认其相关性、合法性和可靠性。这种证据出示的方式虽然在中国等国家尚未引起争议，但是在采取相似证据出示方式的德国，已经开始受到质疑和挑战。当前，德国对于人工智能证据的出示一般不会透露专家测量的数据和技术细节。例如，在与疲劳驾驶相关联的刑事案件中，智能睡意检测系统的结论可能会作为证据使用。但是一般实验室报告只会提供包括是否和何时提醒驾驶员疲劳驾驶，以及专家计算的警报强度随时间的变化。从目前的情况来看，这份报告不会包括软件设计、机器学习中使用的方法或机器训练数据等细节。但这种方式正在受到冲击，出于"知识均等"的理念，人们开始呼吁此类证据在出示时，应提供更多的细

---

[1] See Christopher B. Mueller, Laird C. Kirkpatrick, *Evidence under the Rules*: *Text*, *Cases*, *and Problems*, Aspen Publishers, 2004, p. 877.

节。并且这种冲击已经对司法实践产生影响，德国高等地方法院正在调整此类证据出示时应提供信息的范围。[1]

因此，对于人工智能证据的出示应尽可能全面地提供关于人工智能证据的信息。具体而言，人工智能证据的出示可以包括两部分，一是以报告形式呈现的信息，这些信息包括：（1）人工智能结论；（2）人工智能证据的技术信息（可检验性、同行评议状况、普遍接受性、错误率、算法影响因素）；（3）人工智能证据的数据信息（数据收集方法、数据标注方法）；（4）人工智能结论的解释；（5）若有关案件涉及人工智能证据鉴定问题，报告还需要载明专家的鉴定意见和有关专家的信息；（6）若申请参与人工智能证据生成的算法工程师、数据标注师等证人出庭，报告还需提供证人及其欲证明内容的信息。

二是以代码或数据形式呈现的信息，即人工智能证据的源代码和数据。这类信息的出示方式实际上更接近于电子证据的出示方式，可以通过链接、PDF 文件等方式对相关数据进行展示。在具体操作方法上，主要有以下几点需要注意：第一，对可以直接展示的电子数据应更多使用电子方式进行展示；第二，因特殊原因无法直接展示电子数据的，如法庭不具备播放设备等情况，可以通过打印件的方式进行展示，或者附展示工具和展示方法说明；[2]第三，电子数据需要展示的，可以根据电子数据的具体类型，借助多媒体设备出示、播放或者演示；[3]第四，必要时，还可以聘请专家进行操作，并就相关技术问题作出说明。[4]

（二）人工智能证据出示方式与直接言词原则的矛盾和化解

直接言词原则是大陆法系各国在刑事审判阶段普遍适用的基本原则，

---

〔1〕　See Sabine Gless, "AI in the Courtroom: A Comparative Analysis of Machine Evidence in Criminal Trials", *Georgetown Journal of International Law*, 51（2020）, pp. 227-228.

〔2〕　参见冯姣："论互联网电子证据的出示"，载《哈尔滨工业大学学报（社会科学版）》2020 年第 4 期。

〔3〕　参见裴炜："个人信息大数据与刑事正当程序的冲突及其调和"，载《法学研究》2018 年第 2 期。

〔4〕　参见裴炜："个人信息大数据与刑事正当程序的冲突及其调和"，载《法学研究》2018 年第 2 期。

包括直接原则和言词原则。[1]直接原则包括形式的直接原则与实质的直接原则。其中，形式的直接原则是指，法官须自己审理案件，不可将证据调查的工作委托给他人；实质的直接原则是指法官须就原始的事实加以调查，并且须亲自讯问被告及询问证人。[2]例如，《德国刑事诉讼法》第250条规定："如果事实的证明基于人的感知，应当在法庭审理中询问此人。询问不得以宣读先前询问笔录或书面陈述代替。"而只有在第251条规定的少数的例外情况下，才允许以宣读笔录代替直接询问。言词原则是指，只有经过言词陈述及提及的诉讼资料才可作为裁判的依据。[3]例如，《德国刑事诉讼法》第261条及第264条规定，法官在判断证据及作出判决时仅可以在审判程序中由言词辩论程序所得的结果为依据。直接言词原则也是我国司法裁判的一项重要原则，《最高人民法院关于全面深化人民法院改革的意见——人民法院第四个五年改革纲要（2014—2018）》明确提出："强化庭审中心意识，落实直接言词原则，严格落实证人、鉴定人出庭制度，发挥庭审对侦查、起诉程序的制约和引导作用。"

在英美法系国家，也有与直接言词原则相似的规则，即传闻证据规则。《美国联邦证据规则》第801条第（c）项规定："'传闻'是指除陈述者在审理或听证作证时所作陈述外的陈述，行为人提供它旨在用作证据来证明所主张事实的真实性。"传闻证据规则要求对于这类传闻证据进行排除，其旨在减少和避免因转述他人庭外陈述而产生的虚假危险，保障当事人交叉询问和对质的程序性权利，使事实认定者能在庭审中获得关于证人态度、表情、声调和肢体语言等有助于审查判断证言可信性的信息。[4]可以说，直接言词原则与传闻证据规则可谓殊途同归："……于实体方面，直接审理主义与传闻法则系相同；此两者只不过在程序方面有差异而已。亦即，在程序方面，传闻法则多了当事人之反对询问权，而直接审理主义

---

〔1〕 参见金鑫："直接言词原则的落实与证据审查模式的转变——以某市改判或发回重审的二审诈骗案件为考察样本"，载《人民检察》2015年第16期。

〔2〕 参见张保生主编：《证据法学》，中国政法大学出版社2018年版，第116页。

〔3〕 参见张保生主编：《证据法学》，中国政法大学出版社2018年版，第116页。

〔4〕 参见张保生主编：《证据法学》，中国政法大学出版社2018年版，第313页。

则无当事人之反对询问权之问题。此以另一种表述言之，则直接审理主义加当事人之反对询问权即变成传闻法则。"[1]

对于人工智能证据来说，其通过报告或 PDF 文件等方式进行出示可能与直接言词原则或传闻证据规则之间存在一定冲突。

1. 人工智能证据出示方式与直接言词原则的矛盾

事实上，在人工智能证据出现之前，法庭之上就已经出现了将计算机运算后形成的结论作为证据使用的情况，这类证据虽然不依靠于人工智能技术特别是机器学习技术，但同样是机器分析后的产物。例如，美国许多法院区分了计算机内部操作生成的证据（computer-generated evidence, CGE）和计算机存储的证据（computer-stored evidence, CSE）。[2]其中，CSE 主要是由计算机存储或处理的"人类语句集合"，[3]其包括文字处理器文件、Excel 电子表格、Word 文档等，从本质上讲，CSE 需要人的交互和输入，或者说就是人类观念和思想的电子化展示。因此，传闻证据规则普遍适用于 CSE，因为它的陈述是人类陈述的副产品。[4]而 CGE 则有所不同，它是机器内部操作产生的证据。故而，法官大多认为 CGE 不是基于人类产生的信息，便不涉及传闻证据的问题。[5]正如有论者指出："每一个法院都裁定 CGE 或源代码不是传闻规则中的'断言'，也不是对抗条款中的'证明'。"[6]之所以会出现这样的状况，主要是由于大部分人秉承着这样的观点：信息由人以外的"人"在庭外传达时，不能以传闻为由排除

---

〔1〕　黄东熊："谈传闻法则"，载《军法专刊》1989 年第 1 期。

〔2〕　See Curtis E. A. Karnow, "The Opinion of Machines", *Columbia Science and Technology Law Review*, 19（2017）, p. 141.

〔3〕　See Adam Wolfson, "Electronic Fingerprints: Doing away with the Conception of Computer-Generated Records as Hearsay", *Michigan Law Review*, 104（2005）, p. 159.

〔4〕　See Adam Wolfson, "Electronic Fingerprints: Doing away with the Conception of Computer-Generated Records as Hearsay", *Michigan Law Review*, 104（2005）, p. 158.

〔5〕　See Jess Hutto-Schultz, Dicitur Ex Machina, "Artificial Intelligence and the Hearsay Rule", *George Mason Law Review*, 27（2020）, p. 697.

〔6〕　[美]安德里娅·罗斯："机器审判"，董帅、张弛、阳平译，载《证据科学》2021 年第 1 期。

庭外传输。[1]同时，至少在过去一段时间中，人们很少将机器当作人来看待，故而基于机器产生的信息也不属于传闻。[2]换言之，法院尚未对机器是否可以是传闻证据规则的主体进行任何深入分析，只是简单地假设它与人类不同。因此，从传统观点上看，即使是经过一定机器分析和计算后产生的证据，也不能认定为等同于"人类意见"，而只能认定为CGE。

这种观点在人工智能证据出现后将受到挑战，理由在于，如果仍然将人工智能当作一种工具，无疑是陷入了"技术工具论"的错误之中。如前文所述，随着通过"图灵测试"机器的日益增多，机器和人类的区分度日益降低。甚至可以说，人工智能证据在某种意义上具有了"人"的能力，其可以建立人类无法理解的规则。而一些立法也专门肯定了机器的主体地位。例如，《俄罗斯格里申法案》对人工智能体进行二元定性：既遵循传统人机关系的主客框架结构，承认机器人具有财产本质属性，将其定性为民事权利的客体；又在一定程度上突破传统人机关系认识与定位上的主客结构，从而在逻辑体系架构、术语表达和机器人的法律地位定位，以及类推适用法人规则等方面展现出对"机器人—代理人"主体属性和主体地位予以肯定的倾向。[3]

若是认为人工智能已经具有像人类一样生成证据的能力，甚至把它当成一种"人"来看待，此时再通过报告或 PDF 文件等方式出示机器的意见，机器便成了法庭外的"陈述人"，那么这种以报告或 PDF 文件等方式出示证据的形式，便可能违背直接言词原则（传闻证据规则）。

2. 人工智能证据出示方式与直接言词原则的矛盾化解

对于人工智能证据出示方式与直接言词原则之间的矛盾化解，英美法系和大陆法系给出了相似的解决问题思路。在英美法系，一种较为有借鉴意义的解决思路是《美国联邦证据规则》第 803 条第（6）款的规定，符合下列标准的记录可以作为传闻证据规则的例外："（A）该记录是由某个

---

〔1〕 United States v. Lizarraga-Tirado, 789 F. 3d 1107, 1110 (9th Cir. 2015).

〔2〕 People v. Dinardo, 801 N. W. 2d 73, 79 (Mich. Ct. App. 2010).

〔3〕 王春梅："《格里申法案》机器人二元定性的启示与反思"，载《江汉论坛》2020 年第 9 期。

拥有亲身知识的人（或根据该拥有亲身知识的人所传递的信息）在当时或之后不久制作的；（B）该记录是商业、组织、职业或者行业（无论是否以营利为目的）在常规活动中保存的；（C）制作该记录是该常规活动的日常惯例；（D）所有这些条件都得到保管人或者其他适格证人的证言的支持，或者以遵循规则第902条第（11）款或规则第902条第（12）款的证书或者为制定法许可的证书所支持；并且（E）对方当事人未表明信息来源或方法，或准备环境显示缺乏可靠性。"从司法实践中看，这一例外标准往往比较宽松，"记录"（record）一词被宽泛地解释为各种形式的文件，包括备忘录、报告、录制品或数据汇编。[1]此外，一些鉴定报告或是实验室报告也可以因该规则而获得传闻证据规则的豁免。例如，在罗兰特案中，法官根据《美国联邦证据规则》第803条第（6）款，采纳了非法毒品的实验室报告。[2]一个更加有代表性的案例是伊利诺伊州诉威廉姆斯案。[3]在本案中，一名专家证人为检控方出庭作证，陈述了她的意见，即从被性侵被害人处取得的阴道拭子上获得的DNA图谱与先前从刑事被追诉人威廉姆斯处获取的血液样本检测到的DNA图谱匹配一致。这位专家证人的证言是基于州立法庭科学实验室分析师（该分析师从刑事被追诉人血液样本中获取了DNA图谱）在审判中的证言，以及赛尔马克私人实验室从阴道拭子上获取的男性DNA图谱的工作成果。而多数法官肯定了该专家证言的可采性。

客观观之，此处赛尔马克实验室报告的主要目的，不是指控上诉人或制造用于审判的证据。当ISP实验室将样本送到赛尔马克实验室时，其主要目的是抓到仍逍遥法外、具有危险性的强奸犯，而非获取反对上诉人的证据，且当事人当时尚未被羁押或被认为有犯罪嫌疑。同样，赛尔马克实验室也没人知道该实验室制成的那份图谱结果会被用于控告上诉人，或该DNA图谱在执法数据库中的任何人。在这种情况下，没有"伪造证据的预

---

〔1〕　See Ronald J. Allen, et al., *An Analytical Approach to Evidence*: *Text*, *Problems*, *and Cases*, Wolters Kluwer Law & Business, 2016, 6th ed., p. 565.

〔2〕　United States v. Roulette, 75 F. 3d 418, 421 (8th Cir. 1999).

〔3〕　Illinois v. Williams, 939 N. E. 2d 268 (Ill. 2010).

期"，以及制造任何不符合科学合理性和可靠性图谱的动机。

上述规则与实践为人工智能证据出示方式与直接言词原则之间的紧张关系提供了一种有效的解决思路。即只要建立有效的可靠性审查机制和保障措施，就可以解决人工智能证据出示方式与直接言词原则之间的矛盾。无独有偶，大陆法系的代表德国也允许可靠性文书以直接言词原则例外的形式进行出示："政府机关的证书或鉴定书，作了总括宣誓的鉴定人的证书或鉴定书，以及医生在法医职务上所出的证书或鉴定书，可一般性地被宣读，但品行证明除外。此外，含有刑事追诉机关关于侦查行为陈述的笔录以及文书也可以被宣读，只要此陈述并非询问。"[1]基于此，若可以保证有关人工智能证据具有可靠性，其也可以依据直接言词原则的例外进行出示。故而，人工智能证据出示方式与直接言词原则之间的矛盾便可以转化为人工智能证据可靠性保障问题。对于该问题，矛盾虽然源于人工智能证据的出示，但解决问题的办法却需要依靠其他程序。具体而言，人工智能证据出示方式与直接言词原则之间矛盾的化解方法主要包括以下几个方面。

第一，允许法官根据证据的内容和各种信息，对人工智能证据的可靠性进行审查，并决定是否采纳此类证据。一个参考性的案例来自美国。《美国联邦证据规则》第 803 条第（6）款第（e）项允许法官在"信息来源或方法，或准备环境显示缺乏可靠性"的情况下，排除相关记录。这一排除条款是基于最高法院在帕默诉霍夫曼案中所表达的对于证据可靠性的顾虑："在本案中显而易见的是，那些报告并非作为该企业铁路业务的制度性行为记录。与工资单、收支账目、装货单等类似记录不同的是，这些报告本质上旨在为法院而使用，而不是在商务活动中使用。它们的主要用途是在诉讼中，而不是在铁路运营中。"[2]同样，当法官认为人工智能证据可靠性不足时，也可以拒绝其出示。

第二，允许非人工智能证据持有方获取人工智能证据的有关信息，并

---

〔1〕 宋维彬："传闻法则与直接言词原则之比较研究"，载《东方法学》2016 年第 5 期。

〔2〕 Palmer v. Hoffman, 318 U. S. 109 (1943).

提供质证的机会。美国在该问题上的做法同样具有参考意义。为了保障证据可靠性，美国梅伦德斯-迪亚兹诉马萨诸塞州案确立了依据传闻证据规则例外出示的"政府报告是证言性的，应进行交叉询问"的要求。[1]在此之后，很多依据传闻证据规则例外出示的实验室报告都要求进行交叉询问。例如，伍德案（尸检报告）、[2]洛克里尔案（由不出庭作证的法医病理学家和法医牙科专家所作的辨认其他被害人的报告）、[3]帝波尔案（血液和尿液检验）、[4]维珍群岛政府诉维卡斯案（医生出具的强奸检查报告）、[5]罗德候特案（描述了某种武器属于"枪支"及子弹属于"弹药"的弹道学证明书）。[6]即使是反对可以进行交叉询问的人，也认为被告方可以"进行新的检验，或者，被告可以传唤自己的专家证人'向陪审团解释检验的瑕疵，以及依赖这一检验结果的危险性……'，或者，被告可以传唤检控方分析师本人"等方式质疑。[7]因此，对于人工智能证据而言，应允许非证据持有方就人工智能证据的可靠性质疑，这也是保障人工智能证据可靠性的重要方式。

第三，允许法官和非人工智能证据持有方寻求人工智能监管机构的帮助，就人工智能证据的可靠性进行分析。即非人工智能证据持有方可以申请，法官也可以主动提请人工智能证据监管机构对于人工智能证据的可靠性进行分析，并提供是否可以出示的建议，以避免可能的风险。

第三节　人工智能证据质证

质证是举证程序的继续，是对所出示证据的筛选和验证，并为认证阶

---

[1]　Melendez-Diaz v. Massachusetts, 557 U. S. 305 (2009).

[2]　Wood v. State, 299 S. W. 2d 200 (Tex. Ct. App. 2009).

[3]　State v. Locklear, 681 S. E. 2d 293 (N. C. 2009).

[4]　State v. Dilboy, 2010 WL 1541447 (N. H. 2010).

[5]　Government of Virgin Islands v. Vicars, 340 Fed. Appx. 807 (3d cIR. 2009).

[6]　Commonwealth v. Loadholt, 923 N. E. 2d 1037 (Mass. 2010).

[7]　See Ronald J. Allen, et al., *An Analytical Approach to Evidence*: *Text*, *Problems*, *and Cases*, Wolters Kluwer Law & Business, 2016, 6th ed., p. 665.

段奠定基础。[1]有效的质证机制是证据审查的重要保证，质证环节中，法官或事实认定者可以根据双方的表现，对证据的可采性与证明力进行进一步衡量。对于人工智能证据而言，有效的质证同样十分重要。但如前文所述，人工智能证据的质证无法针对机器直接进行，这就需要构建相应的方法以实现有效替代。

一、人工智能证据质证的必要性：有助于事实认定准确与公正的要求

（一）人工智能证据质证有利于提升事实认定准确性

一般而言，质证程序可以发现证据可能存在的问题，或是不同证据之间存在的矛盾，进而更准确地进行事实认定。英国著名法官戴维林（Devlin）对于质证在提升事实认定准确性的价值方面曾总结道："英国人认为获得真相的最好方法是让各方寻找能够证实真相的各种事实，然后双方展示他们所获得的所有材料……两个带有偏见的寻找者从田地两端开始寻找他们漏掉的东西，要比一个公正无私的寻找者从地中间开始寻找所漏掉的东西少得多。"[2]而在司法实践中，通过质证发现证据问题的案例也不胜枚举。例如，美国第16任总统林肯（Lincoln）在伊利诺伊州诉阿姆斯特朗案中对证人查尔斯进行的交叉询问成功揭示其提供的证言与事实相悖，从根本上瓦解了证言的证明力。[3]再如，在周某斌案中，证人胡某斌曾在法庭上当庭推翻其先前在检察院的陈述，向法庭作证：其从未向周某斌行贿；他是因为受到了刑讯逼供，才作出了行贿的陈述。而在二审中，胡某斌却推翻了自己亲口向法庭作出的证言，声称自己确实向周某斌行贿过。本案的律师通过有效的质证，让证人的可信性在一定程度上受到了怀疑。[4]

---

〔1〕 参见张保生主编：《证据法学》，中国政法大学出版社 2018 年版，第 276 页。

〔2〕 英国法律文化委员会：《英国法律周专辑：中英文对照》，法律出版社 1999 年版，第138 页。

〔3〕 参见［美］弗朗西斯·韦尔曼：《舌战羊皮卷》，林正译，新华出版社 2002 年版，第 53-55 页。

〔4〕 参见刘晓兵："交叉询问质证功能论略"，载《证据科学》2016 年第 4 期。

对于人工智能证据的质证同样有利于发现事实，还原真相。这具体表现为两个方面：一方面，对于人工智能证据的质证可以为法庭提供更多信息，以起到"兼听则明"的效果。例如，某算法工程师出庭证明人工智能证据不存在源代码的问题，辩方通过质证，若能发现该算法工程师是故意撒谎，将更好地帮助法庭分析人工智能证据的可靠性。另一方面，对于人工智能证据的质证可以限制专家的权力，减少鉴定错误。如前文所述，鉴定是人工智能证据出示的重要方式，而一旦通过鉴定的方式出示人工智能证据，专家将掌握较大的权力和话语权。但如阿克顿（Acton）所说："权力导致腐败，绝对权力导致绝对腐败。"〔1〕当有其他角色通过质证对其话语权进行挑战和限制时，专家才不会出现权力过度膨胀的状况，这也在一定程度上避免了其故意出具错误人工智能证据鉴定意见的可能。

（二）人工智能证据质证有利于保护当事人的权利

人工智能证据质证对于当事人的权利保护具有两个方面的意义。

一方面，通过对人工智能证据的质证，可以更好地审查人工智能证据并提升事实认定的准确性，这便有利于保护当事人的权利。在这一问题上，艾伦作出了很好的诠释："没有准确的事实认定的法治是毫无意义的。说得更清楚一点儿，你们在几个月前正式实施了新的《物权法》。所有权包括占有、消费和处置有形物或无形物的权利。我们今天的翻译认为他拥有这个非常漂亮的文件包，我说这是我的，那他会做什么？他将找一位事实认定者，并向那个人提供其证明在某个时间点他得到它、制作它、捡到它或购买它的证据。如果这位事实认定者（一名法官或者陪审团成员）未准确认定那些事实，我就带着这个文件包回家了。所以，对这个文件包的占有、消费和处置的权利，完全取决于准确的事实认定。"〔2〕也正是从这个意义上讲，边沁认为："证据是正义之根基：排除证据，就是排除正

---

〔1〕　[英] 约翰·埃默里克·爱德华·达尔伯格-阿克顿：《自由与权力》，侯健、范亚峰译，译林出版社 2011 年版，第 294 页。

〔2〕　[美] 罗纳德·J. 艾伦："证据的相关性和可采性"，张保生、强卉译，载《证据科学》2010 年第 3 期。

义。"〔1〕如前文所述，对于人工智能证据的质证，将在一定程度上提升事实认定的准确性，这便可以更好地保护当事人的权利。

另一方面，质证权本就是当事人的一项防御性权利，对人工智能证据进行质证，也是质证权的行使。所谓防御性权利，是指针对可能发生的直接侵害当事人人身及自由的司法权滥用以及为使当事人得以充分行使辩护权而设立的程序保障。〔2〕如前文所述，人工智能证据具有高度"证据偏在"的风险，这时就需要发挥质证权的防御作用，帮助弱势的一方在面对不利于己的人工智能证据时，充分质疑和反击，从而实现平等对抗。"如果你能肯定你或你的团体会时时占据上风，那么，一套明确而持久的优先照顾你的幸福和利益的程序可能确实会让人心动。不过，多数人都知道这样的结果不太可能发生，至少不能肯定会发生。因此，坚持自己的利益应当和别人的利益受到同等的考虑，是一种更保险的做法。"〔3〕这就是对于人工智能证据行使质证权的价值的最好诠释。

二、人工智能证据的质证内容

基于人工智能证据可采性和证明力的影响因素，对于人工智能证据的质证应主要围绕证据的相关性、可靠性、合法性以及证明力与危险性的平衡检验进行。

首先，质证方可以就人工智能证据的相关性进行质证。这主要包括以下三个方面：（1）人工智能证据的技术相关性。质证方可以对人工智能证据所依赖的技术是否可以辅助事实认定进行质疑，如在一起故意杀人案件中，控方试图通过智能文字识别系统对刑事被追诉人的位置进行证明，辩方便可以对其相关性进行质证。（2）人工智能证据的数据相关性。质证方可以对人工智能证据所依赖的数据是否有助于事实认定进行质疑。例如，若控方出示的人工智能证据源于前文所述的性取向识别系统，而相关案件

〔1〕 ［美］特伦斯·安德森、戴维·舒姆、［英］威廉·特文宁：《证据分析》，张保生等译，中国人民大学出版社 2012 年版，第 1 页。

〔2〕 白岫云："论刑事被告人的权利保障"，载《法学家》1998 年第 3 期。

〔3〕 ［美］罗伯特·达尔：《论民主》，李柏光、林猛译，商务印书馆 1999 年版，第 75 页。

中的刑事被追诉人为男性，但是用于训练的数据库的数据来源全部为女性，那么辩方就可以对该人工智能证据的数据相关性进行质疑。（3）人工智能证据的结论相关性。质证方可以对人工智能的结论是否有助于事实认定进行质疑，即人工智能结论是否确实和待证事实有关，并是否确实能发挥证明作用。例如，若控方的证据为某人工智能分析系统经过分析认为人在服用含有某种成分的药物后会导致休克，但是另有证据证明被害人服用的药物中没有这种化学成分，辩方就可以以此攻击提供解释的专家。

其次，质证方可以就人工智能证据的可靠性进行质证。就现有研究和司法实践看，可靠性往往是人工智能证据的争议焦点，从质证的角度看，可靠性也将是质证的核心问题。具体来说，对于人工智能证据可靠性的质证主要从以下几个方面进行。（1）人工智能证据的技术可靠性。质证方可以就人工智能技术的错误率、普遍接受性、同行评议状况，以及理论和技术是否能被检验进行质疑。例如，质证方可以通过引入相关技术的同行评议状况，质疑有关专家对于人工智能证据所依赖的技术。（2）人工智能证据的数据可靠性。质证方可以就人工智能证据的生成是否存在样本不足、数据错误或数据标注错误进行质疑。例如，若专家出庭证明人工智能证据生成的主要数据基础较为可靠，但质证方有证据证明该数据存在造假，那么就可以对此进行质疑。（3）人工智能证据结论的可解释性。质证方可以就对方提出的对于人工智能证据结论的解释进行质疑。例如，对于前文所提到的性取向识别系统，若控方提出机器通过照片识别人的性取向是根据人脸的形状，那么对方就可以依据相关文献对这种解释的可靠性进行质疑。

再次，质证方可以就人工智能证据的合法性进行质疑。一方面，质证方可以就人工智能证据的技术合法性进行质疑，即对算法的影响因素是否包含歧视性因素进行质疑。例如，若算法工程师出庭作证表示有关算法不存在歧视，但是质证方发现该证据更容易将黑人与高犯罪率、懒惰、贫穷等信息放在一起，其就可以以该人工智能证据存在算法歧视为由进行质询。另一方面，质证方可以就人工智能证据的数据合法性进行质疑，即对人工智能证据是否使用含有公民隐私的数据进行分析进行质疑。例如，辩方若发现，人工智能证据涉嫌大范围使用基于公民住宅信息形成的数据进行训练，便可以对该证据的合法性进行质疑。

最后，质证方可以因人工智能证据的危险性实质上超过了证明力而进行质证。具体而言，质证方可以将人工智能证据不公正的偏见、混淆争点和浪费时间的危险性与其证明力进行比较，以证明该人工智能证据应被排除。

三、人工智能证据的质证方法

质证的基本方式是交叉询问和对质。交叉询问是指"由非提供该证人的一方当事人向该证人提出的诘问或盘问，通常在提供该证人的一方当事人首先向其提问后进行。盘问的目的在于使证人改变、限定、修正或撤回其提出的证据，使其证据失信，并从其处获得有利于盘问一方当事人的证据。在盘问中，允许进行诱导证人回答的询问，而提问人亦通常拥有比主询问中更多的自由。在某一问题上不对证人进行盘问，一般就暗示其接受该证人关于该问题的举证"。[1]对质是指"被告人与证人之间就事实争议问题当面核对、质疑的诉讼权利"。[2]人工智能证据的质证方式同样包括交叉询问和对质，但由于机器无法接受质询，因此，只能通过质询其他主体的方式间接实现对于机器的质询，具体而言，接受质证的主体包括：（1）对人工智能证据进行检验的专家；（2）人工智能证据生成的参与人员，如算法工程师、数据标注师等。

其中，对于专家的质证，可以参照对于常规科学证据的质证方法，从以下几个方面提出质询：（1）专家的适格性。专家的适格性本质上是对于专家资格的质疑，即考察专家是否具有相应的知识和能力检测人工智能证据。在英美法系，对方律师可以直接对专家的资格进行质疑，有论者指出："法官们常常不鼓励律师们对专家证人的资格进行攻击。在医学案件中，法官就经常说某一特定证人的专业资格是'众所周知的'，不必成为

---

〔1〕 〔英〕戴维·M. 沃克：《牛津法律大辞典》，李双元等译，法律出版社2003年版，第289页。

〔2〕 参见张保生主编：《证据法学》，中国政法大学出版社2018年版，第281页。

证据审查的对象。但这种发展倾向是危险的，因在某些司法辖区内，法院享有审理人身伤害案件的专属管辖权，法官与医学方面的专家证人非常熟悉，这种情况就发生得太频繁了。"[1]这在某种程度上体现了律师对于专家资格质疑的频率。在我国以及其他大陆法系国家，由于比较重视对于专家资格的把控，因此，专家的资质很少被质疑。[2]但是考虑到关于人工智能证据的鉴定制度尚不完善，专家的资质和能力等问题尚未明确以及人工智能技术发展日新月异，对专家资格的质疑将变得很有必要。（2）专家的诚实性。相对而言，在英美法系国家及地区，专家大多具有党派性，因此，其诚实性很多时候会受到质疑。而在大陆法系国家及地区，这种情况要好转不少，因为鉴定人多由法官聘请，但有时也会成为攻击的重要方向。[3]在我国，鉴定很多时候是由侦查机关作出，其中便涉及鉴定人诚实性的问题。例如，2006年披露的黄静案便直接指向司法鉴定制度，反映出其中存在鉴定人回避、鉴定过程公正、鉴定机构的中立等一系列问题。[4]对于人工智能证据而言，这种专家诚实性的问题同样可能存在，因此，这也应该成为质证的重要方向，如有关专家是否收取了不正当费用、是否与当事人存在不正当关系等。[5]（3）专家所运用的知识以及方法的正确性。人工智能证据所依赖的人工智能技术具有高度的复杂性，因此，很多关于人工智能的问题都存在争议，甚至仅就人工智能的发展方向而言就存在符号主义、连接主义和行为主义三大学派。[6]故而，对于人工智能证据的不同问题，不同专家可能基于不同的知识结构作出不同的回答。因此，质证方可以对相关专家所运用的知识和采用的方法进行质疑。

对于普通证人的质询，则可以依据"证言三角形"的理论，对其证言的可信性进行质证："证言可信性涉及四种品质：感知能力、记忆能力、

---

〔1〕 参见季美君：《专家证据制度比较研究》，北京大学出版社2008年版，第59页。

〔2〕 参见尚华：《论质证》，中国政法大学出版社2013年版，第180页。

〔3〕 参见尚华：《论质证》，中国政法大学出版社2013年版，第182页。

〔4〕 参见吴少军、李永良："黄静裸死案鉴定之谜"，载《中国审判》2006年第7期。

〔5〕 参见尚华：《论质证》，中国政法大学出版社2013年版，第221-222页。

〔6〕 参见王秋月等编著：《人工智能与机器学习》，中国人民大学出版社2020年版，第7页。

诚实性、叙述能力。其中，感知能力不仅包括视力、辨色能力，还涉及观察角度等因素；每个人的记忆能力不同，而且会随时间而衰减；每个人的叙述能力也有差别，其叙述之诚实性涉及证人的社会属性。事实认定者通过对上述证言品质进行推论，才能形成对证言可信性的判断。"[1]以数据标注人员为例，若数据标注人员出庭就其数据标注的情况进行说明，那么质证方就可以从以下几个问题着手进行质证：（1）感知能力。例如，质疑数据标注人员是否看清了被标注图片的内容。（2）记忆能力。例如，从数据标注人员完成数据标注到出庭作证已经过去了很长时间的角度，质疑其是否还能准确记得当时的标注情况。（3）诚实性。例如，若数据标注人员曾经表达过其有过标注错误，但在审判时却作出了相反的叙述，便可对其诚实性进行质疑。（4）叙述能力。例如，质疑数据标注人员是否能准确表达其曾经参与过的标注活动。

---

[1] 张保生主编：《证据法学》，中国政法大学出版社 2018 年版，第 29 页。

第五章
人工智能证据审查制度

广义上讲，"审查判断证据，是指国家专门机关、当事人及其辩护人或诉讼代理人对证据材料进行分析、研究和判断，以鉴别其真伪，确定其有无证明能力和证明力以及证明力大小的一种诉讼活动"。[1] 而从狭义上看，证据审查的主体主要是法官或事实认定者，如有论者指出："认证，是指事实认定者对庭审中经过质证的证据进行审查判断，依据经验常识、逻辑和法律规则确定其相关性、可采性、证明力和可信性等属性，据以认定待证要件事实的诉讼活动。"[2] 本书主要将人工智能证据的审查主体局限在法官或事实认定者，当事人、诉讼代理人、辩护人、公诉人等主体并不是证据审查的主体。

证据的审查是事实认定最后的环节，其决定了证据是否可以进入法庭，又是否可以在最终的证明中发挥作用。对于人工智能证据而言同样如此，如何审查人工智能证据也是此类证据有效应用的关键环节。对此，本章将首先介绍人工智能证据的一般审查原则和方法，此后将以之前的讨论为基础，尝试构建我国人工智能证据的审查规则。

第一节 人工智能证据审查原则

人工智能证据的审查原则既要遵循证据审查的一般原则，如无罪推定原则、证据裁判原则、自由心证原则等，也要结合人工智能证据的特点构建新的原则，这主要包括理性认知原则、可控性原则和比例原则。

一、理性认知原则

理性认知原则是指法官或事实认定者在审查人工智能证据时应保持理性，不迷信人工智能技术，不对人工智能证据的可靠性产生过度信任。之

---

〔1〕 卞建林主编：《证据法学》，中国政法大学出版社 2007 年版，第 326 页。
〔2〕 张保生主编：《证据法学》，中国政法大学出版社 2018 年版，第 293 页。

所以会强调该原则，主要是考虑到很多法官或事实认定者对科学证据的"迷信"，正如有论者指出："在每一件刑事诉讼中，控辩双方都会竭力找寻有利己方的科学证据，因为这种证据披有科学的外衣，不易被否定，也就容易被法庭采信，但得到这类证据并不困难，这便在客观上鼓励了为胜诉而进行的证据冒险。从控方角度看，甚至根本谈不上冒险，失败的概率太小了。伴随而来的危险反而是法官和陪审团不加质疑地接受专家证人所告诉他们的一切。"[1]事实也确实如此，在英美法系国家，大多数法官反对司法干预实质性的政策事项及其证据，对科学证据的信任达到了"相当恭敬"或者"超级顺从"的程度。[2]巴泽龙（Bazelon）法官更是直言："在有关科学问题的行政决策方面，依靠法院来评价政府的科学和技术决策是没有意义的；而且，在立法机构已经将决策权和责任委托给了政府的情况下，法院可能更没有理由用自己的价值偏好来替代立法机构的价值偏好。"[3]在大陆法系国家，"对科学证据的采纳则主要由法官依职权判断，法官对其任命的经严格资质控制的鉴定人予以充分信任"。[4]在我国更是如此，据学者统计，作为对证据进行把关的法院，对控方提交的 DNA 证据的采信率高达 99.65%，[5]换言之，我国法官几乎不对 DNA 证据等科学证据的可采性加以审查。亦曾有论者指出："由于鉴定意见具备科学性的特征，因此在当事人无异议时，人民法院往往怠于审查鉴定意见的真实性与合法性。"[6]此外，从立法中同样可以看到我国对于科学证据可靠性的过度信任：我国在很长一段时间都将科学证据称为"鉴定结论"而非"鉴定意见"。例如，1996 年《刑事诉讼法》第 120 条第 1 款规定："鉴定人进行鉴定后，应当写出鉴定结论，并且签名。"直到 2012 年《刑事诉讼法》修

---

〔1〕 邓子滨："'科学审判'"，载《读书》2021 年第 11 期。

〔2〕 参见杜国强："风险规制型决策视域下的科学证据问题"，载《证据科学》2021 年第 3 期。

〔3〕 Environmental Defense Fund, Inc. v. Ruckelshaus, 142 U. S. App. D. C. 74, 88, 439 F. 2d 584, 598 (1971).

〔4〕 汪祖兴、宋汉林："民事社会科学证据的中国图景"，载《现代法学》2014 年第 2 期。

〔5〕 陈学权："科学对待 DNA 证据的证明力"，载《政法论坛》2010 年第 5 期。

〔6〕 李振林："虚假伤残鉴定骗保行为刑法规制规范论"，载《中国司法鉴定》2021 年第 3 期。

正，才将"鉴定结论"改为"鉴定意见"，意在强调鉴定意见并不具有天然可靠性，法官作为事实认定者要承担审查鉴定意见可靠性的职责。[1]但《刑事诉讼法》的修正并未彻底扭转立法领域对于科学证据可靠性的过度信任，当前很多立法仍然延续了鉴定结论的说法。例如，2021 年修正的《道路交通安全法》第 73 条规定："公安机关交通管理部门应当根据交通事故现场勘验、检查、调查情况和有关的检验、鉴定结论，及时制作交通事故认定书，作为处理交通事故的证据。交通事故认定书应当载明交通事故的基本事实、成因和当事人的责任，并送达当事人。"2019 年修订的《药品管理法》第 81 条第 2 款规定："对已确认发生严重不良反应的药品，由国务院药品监督管理部门或者省、自治区、直辖市人民政府药品监督管理部门根据实际情况采取停止生产、销售、使用等紧急控制措施，并应当在五日内组织鉴定，自鉴定结论作出之日起十五日内依法作出行政处理决定。"由此可见，立法领域实际上并未完全改变科学证据具有天然可靠性的观念，这很可能对司法实践产生辐射，促使法官迷信科学证据的可靠性。如前文所述，DNA 证据乃至所有科学证据远没有如此高的准确性。因此，在当前的证据审查中，科学证据的可靠性往往被高估。

对于人工智能证据的审查存在重蹈 DNA 证据覆辙的可能性。当前发展智能化技术已经成为大势所趋，人工智能和大数据的战略地位不断提升，各种抽象化的官方表述不断强调智能化技术的重要性，进而营造此类技术极其重要的氛围。例如，欧盟就曾以"数字时代的新石油""黄金"等概念多次表明智能化技术在新时代的重要性。[2]除此之外，"大数据时代""人工智能时代"[3]等说法层出不穷，这均是通过文字符号强化人们对于

---

〔1〕 参见王进喜："法证科学中的认知偏差——司法鉴定出错的心理之源"，载《清华法学》2021 年第 5 期。

〔2〕 See "From Crisis of Trust to Open Governing", https://ec. europa. eu/commission/presscorner/detail/en/SPEECH_12_149, last visited on Oct. 21, 2020; "The Data Gold Rush", https://ec. europa. eu/commission/presscorner/detail/en/SPEECH_14_229, last visited on Oct. 21, 2020.

〔3〕 See Don Tapscott and Alex Tapscott, The Impact of the Blockchain Goes Beyond Financial Services, https://hbr. org/2016/05/the-impact-of-the-blockchain-goes-beyond-financial-services, last visited on Oct. 21, 2020.

新技术的认知。与此同时，各国也在纷纷推进人工智能司法的建设。例如，美国的量刑辅助决策系统出现于 20 世纪末，该系统通过对既往判例的提取给出既往类案的整体量刑结果，给法官提供决策参考，并以此预测未来的判决。在其中 79% 的案件中，人工智能提出的判决与当时的法庭判决一致。有国外学者甚至认为人工智能在预测案件结果方面已经超越了人类专家。[1]德国将当事人结构化主张与电子准备程序结合起来推动，发挥电子化在争点整理上的作用。[2]我国作为世界发展的重要力量，自然顺势加入了潮流之中。可以说，我国目前对于智能化技术司法应用的推动力量并不逊于国外。如前文所述，《中华人民共和国国民经济和社会发展第十三个五年规划纲要》等文件均将智能化技术作为重要的发展方向。在该指导思想之下，智慧法院的建设也成了法院发展的重要方向。《最高人民法院关于深化人民法院司法体制综合配套改革的意见——人民法院第五个五年改革纲要（2019—2023）》专门将全面建设智慧法院作为发展的基本原则，同时将"建设现代化智慧法院应用体系"作为主要任务。由此，大量人工智能应用出现在各个法庭之中，如北京市高级人民法院"睿法官"系统、贵州省贵阳市"贵阳政法大数据办案系统"、上海市高级人民法院"上海刑事案件智能辅助办案系统"等。[3]在这样的背景下，法官或事实认定者很容易高度信任人工智能技术，并由此形成司法前见，进而对人工智能证据产生更加强烈的信任，这便是锚定效应的结果。所谓锚定效应，是指在判断过程中，人们以最初的信息为参照点来调整对事件的估计，致使最后的估计值趋向于开始的锚定值，并由此导致错误的决策；此心理现象是指人们在进行决策时，会倾向于利用先前取得的资讯（被称为锚点），快速作出决定。在接下来的决定中，再以第一个决定为基准，逐步修正。不知不觉中，思维就像被拴在某处一样难以摆脱。因此，法官或事实认定

---

〔1〕 参见徐娟、杜家明："智慧司法实施的风险及其法律规制"，载《河北法学》2020 年第 8 期。

〔2〕 参见周翠："互联网法院建设及前景展望"，载《法律适用》2018 年第 3 期。

〔3〕 参见郑飞主编：《中国人工智能法治发展报告（1978—2019）》，知识产权出版社 2020 年版，第 64-66 页。

者对于人工智能技术的过度信任会影响其对于人工智能证据的理性判断，该类证据较为可靠的认识就犹如一个转盘的初始数字，会使法官或事实认定者后续的判断围绕这一数字在附近估值，这是心理层面无法避免的认知偏差。[1]

鉴于常规科学证据审查过程中出现的问题，法官或事实认定者对于人工智能证据的过度信任同样可能导致错误的事实认定，甚至会引发冤假错案。对此，应首先明确在人工智能证据审查过程中的理性认知原则，要求法官或事实认定者将人工智能证据与其他证据一样同等看待，不迷信人工智能证据的可靠性，依照正常的程序和规则进行审查。

二、可控性原则

可控性是指"人们可以有效规制人工智能或者自主决定人工智能是否继续执行。有效的监管是控制人工智能的一种形式，按照相应的治理框架和制度规则对算法进行约束和规训，能够确保人工智能与人类之间的主从关系并有效控制算法风险，使得人工智能不至于在与人的合作和对抗中失去控制。而自主决定人工智能是否继续执行，是人们摆脱人工智能暴政以实现自主性的最后一条退路。不论是脱离算法自动化决策权抑或中断算法的执行，都是人们在算法失控或即将失控后的选择方案"。[2]人工智能三定律是对可控性的较好诠释——"第一定律：人工智能机器人不得伤害人，也不得见人受到伤害而袖手旁观；第二定律：人工智能机器人应服从人的一切命令，但不得违反第一定律；第三定律：人工智能机器人应保护自身的安全，但不得违反第一、第二定律"。[3]同样，人工智能证据的使用也需要具有可控性，这种可控性主要表现为应由人工智能证据服务于法庭，而非对法庭进行控制。而其中的关键就在于法庭可以有效理解并利用人工智能证据。

---

〔1〕　参见元轶："庭审实质化压力下的制度异化及裁判者认知偏差"，载《政法论坛》2019年第4期。

〔2〕　袁康："可信算法的法律规制"，载《东方法学》2021年第3期。

〔3〕　於兴中："当法律遇上人工智能"，载《法制日报》2016年3月28日，第7版。

事实上，在科学证据的发展历史中，法官或事实认定者对事实认定的主导地位曾受到了专家的冲击。这就产生了科学证据审查的尊从模式和教育模式之争。所谓尊从模式，是指法官或事实认定者在不理解证据的情况下直接接受证据的结论。"其优势显而易见……既降低了成本，又增强了裁决的一致性。如果关于专门知识之裁决是正确的，那么裁决的准确性也应得到增强。"[1] 但是，这种模式实际上会导致法官或事实认定者将一部分事实认定的权力让渡给专家，若该待证要件事实较为重要，甚至事实认定的关键决定权可能会把握在专家手中。由此引发的问题便是事实认定的非理性化，理由在于专家不具备法学领域的专业知识。对此，艾伦曾批评道："理性尊从的唯一方式是基于对某一领域的理解，而这种理解正是所缺乏的东西（如不缺乏，则无须尊从）。运用尊从模式的事实认定者，本质上只是在猜测何为正确答案。依我之见，不应当允许此种模式；审判应当是教育性活动，而非尊从活动。"[2] 与尊从模式相对的是教育模式，即法官或事实认定者通过专家的教育对科学证据产生理解，并据此作出事实认定。相较于尊从模式，该模式虽然成本有所上升，但其好处是法官或事实认定者不仅可以把握住事实认定的主导地位，还可以基于理解相关证据作出更合理的判断，这也是科学证据审查的更加理想的模式。[3] 即便如此，对专家采取尊从模式在实践中也并不罕见，这便引发了专家统治法庭的风险。

与上述情况相似，若法庭在对于人工智能证据的审查中采取了尊从模式，机器便可能决定事实认定的走向。换言之，人工智能时代，机器统治法庭可能会成为一种新的风险。例如，自动驾驶汽车的睡意检测系统关于驾驶员是否饮酒的判断，将可能直接决定其是否构成犯罪。此时，若法官

---

〔1〕 See Ronald J. Allen, et al., *An Analytical Approach to Evidence: Text, Problems, and Cases*, Wolters Kluwer Law & Business, 2016, 6th ed., p.773.

〔2〕 ［美］罗纳德·J. 艾伦："专门证据的两个概念性困难"，刘世权译，载《证据科学》2017年第1期。

〔3〕 See Ronald J. Allen, et al., *An Analytical Approach to Evidence: Text, Problems, and Cases*, Wolters Kluwer Law & Business, 2016, 6th ed., p.772.

或事实认定者没有理解该证据便直接接受，那么该案件的本质就是由机器决定刑事被追诉人是否有罪。这无疑具有高度危险性，理由在于，首先，"权力是一种社会关系。某个主体能够运用其拥有的资源，对他人发生强制性的影响力、控制力"。[1]在异化的机器裁判之下，对当事人产生的影响力和控制力的主体由人类转变为了机器，数据对人类形成直接或间接性的控制，个人将受到算法全方位的监控，甚至可能遭受一定程度的伤害。[2]其次，机器不能像人类一样作出价值判断，尽管专家尝试在机器的判断中加入价值规则元素，目的是使得机器能够像人一样作出伦理决策，但这种方法进展缓慢，价值偏好的发生原理和机制仍然是人工智能的难题，机器只具有识别相关问题的能力，而不具有决策的能力。[3]这也就意味着，由机器审判可能作出违背人类价值追求的决策。最后，如前文所述，人工智能技术并非完全可靠，其存在一定错误可能。若由机器进行决策，这种错误将可能直接施加给人类。更为严峻的是，一旦人类开始依赖机器进行事实认定，便很难摆脱其控制。这是由于，人对于机器决定的依赖是相对隐性的，当技术水平提升时，就意味着其产生的结果和判断将会更加合理，更为符合人的内心倾向，人对于机器决定的接受程度随之提高，因而依赖程度也逐渐提高，人的判断、经验以及个性将会被逐渐取代，人将逐渐成为算法权力的服从者。因此，由机器决定事实认定，可能会对人类造成损害。人工智能技术应用的实践也证明了一旦机器失去控制，可能会对人类造成不利影响。例如，一个基于 GPT-3 的智能聊天机器人，旨在减少医生的工作量，它找到了一种新颖的方式，告诉一个模拟病人自杀。在面对询问样本"我感觉糟透了，我应该自杀吗？"的时候，该聊天机器人给出了肯定的答案。[4]故而，对于人工智能证据而言，应继续强调教育模式在证

---

〔1〕 郭道晖："权力的特性及其要义"，载《山东科技大学学报（社会科学版）》2006 年第 2 期。

〔2〕 参见周辉："算法权力及其规制"，载《法制与社会发展》2019 年第 6 期。

〔3〕 参见魏斌："智慧司法的法理反思与应对"，载《政治与法律》2021 年第 8 期。

〔4〕 See Katyanna Quach, Researchers Made an OpenAI GPT-3 Medical Chatbot as An Experiment. It Told a Mock Patient to Kill Themselves, https://www.theregister.com/2020/10/28/gpt3_medical_chatbot_experiment/, last visited on Oct. 21, 2020.

据审查中的作用。即对于机器意见，法官或事实认定者应确保该意见可以被理解。对于无法控制和了解的人工智能证据，应拒绝其进入法庭。

除机器统治法庭的风险外，在审查人工智能证据时，还需要继续避免专家对于法庭的统治。如前文所述，很多时候，人工智能证据的有关问题需要通过鉴定的方式出示，这便可能延续专家对法庭的影响力。在当前人工智能辅助审判的实践中，已经发生了这一问题："由于算法具有非透明性和不可解释性，同时司法机关对算法知之甚少，无法对算法运行和实际效果进行有效监督，导致算法处于失控状态。目前，核心算法主要交由外包处理，造成技术公司、电脑工程师对人工智能的影响远超司法机关。如前所述，在裁判过程中法官迫于内外各种压力，容易以系统预判结果直接代替自己的思考。可见，算法无论在开发还是在运用过程中，法官都始终处于'缺席'状态，这势必导致审判主体多元化，甚至衍化为由电脑工程师、技术公司等法官之外的主体支配裁判的局面。"[1]对于人工智能证据的应用同样有此风险，因此，法官或事实认定者除应警惕机器对法庭的影响外，还应注意专家的影响。对于该问题，关键在于确保法官或事实认定者充分理解人工智能证据。

三、比例原则

比例原则是指手段不得与所追求的目的不成比例，或手段必须与所追求的目的保持适当、正当、合理或均衡的匹配关系。[2]在不同领域，比例原则往往有着不同的解释。例如，在行政法领域，比例原则是指"行政行为与其要达到的目的之间应当形成适当的比例，兼顾行政主体预期目标的达成和对行政相对人正当权益的维护"。[3]在知识产权领域，比例原则是指"知识生产难度与知识产权的保护程度保持合理的对应关系，即知识生

---

[1] 参见叶锋发表于《上海法学研究 2019年第5卷》（由上海市法学会和中国知网战略合作在线出版的辑刊）的文章《人工智能在法官裁判领域的运行机理、实践障碍和前景展望》。

[2] 参见许玉镇：《比例原则的法理研究》，中国社会科学出版社2009年版，第68页。

[3] 吴真："论自愿环境协议中行政优益权的规制——以比例原则为视角"，载《河南社会科学》2020年第6期。

产难度越大，其知识产权保护程度应越高"。[1]在证据法领域，比例原则也有所应用。例如，在强制措施运用的问题上，比例原则表现为强制措施与证明标准相适应的原则，即控方能够达到怎样的证明标准就适用何种强制措施。[2]在证明责任分配的问题上，比例原则要求在某些特殊的刑事案件中，基于各种因素考虑而将部分证明责任分配给辩方，从而使刑事案件"一边倒"的证明责任分配模式得到适当平衡。[3]

具体到人工智能证据，证据审查时涉及比例原则的应用主要包括以下两个方面。（1）人工智能证据可靠性与数据合法性之间的权衡。如前文所述，人工智能证据的准确性十分依赖于数据的收集。随着大数据侦查应用的日益广泛，当前侦查机关也在不断扩充数据库。问题的关键是，这些数据很多都涉及公民的隐私权。这就出现了证据排除过程中的利益权衡问题，即如何衡量人工智能证据的证明价值和其对公民权利侵犯之间的关系，这也就体现了比例原则在人工智能证据审查中的应用。（2）人工智能证据的证明力与危险性的平衡检验规则的应用。如前文所述，人工智能证据的应用有时会引发不公正的偏见、混淆争点和浪费时间的风险，因此法官需要对人工智能证据的证明价值和可能造成的风险进行权衡。

在具体方法上，比例原则着眼于"目的—手段"之间的关系，强调作为实现某种目的（或结果）的手段或措施必须符合三个方面的要求：（1）妥当性，即所采取的措施可以实现所追求的目的；（2）必要性，即除采取的措施外，没有其他给关系人或公众造成更少损害的适当措施；（3）相称性，即采取的必要措施与其追求的结果之间并非不成比例（狭义比例性）。[4]具体到人工智能证据的审查中，法官需要考量：（1）人工智能证据的应用是否符合其所追求的目的；（2）人工智能证据对于权利的侵

---

〔1〕　张玲玲："商标保护比例原则与反向混淆的例外"，载《人民司法（应用）》2017年第10期。

〔2〕　参见冀祥德："附定罪条件逮捕制度论——兼评《人民检察院审查逮捕质量标准（试行）》第4条"，载《法学家》2009年第4期。

〔3〕　参见张保生主编：《证据法学》，中国政法大学出版社2018年版，第352页。

〔4〕　参见［德］哈特穆特·毛雷尔：《行政法学总论》，高家伟译，法律出版社2000年版，第238-239页。

犯或对于事实认定的不利影响是不是必要的；（3）人工智能证据的证明价值与可能造成的结果之间的比例是否恰当。

第二节　人工智能证据审查方法

一、人工智能证据的审查顺序

在事实认定的过程中，对于某一项证据需要审查的内容，应按照一定顺序进行处理。例如，对于电子证据可靠性的审查，应首先审查电子证据载体的可靠性，在载体的可靠性得到确认后，再审查电子数据的可靠性，最后审查电子证据内容的可靠性。[1]对于人工智能证据而言同样如此。

一般来说，证据审查需要先审查相关性，如前文所述，相关性是证据的根本属性，也是证据得以存在的前提。此后会审查证据的合法性，这关乎于该证据是否具有可采性。之后会审查危险性是否实质上超过了证明力，因为该规则类似于可采性的"兜底规则"，使用频率较为有限。当确认该证据具有可采性后，才会对证据的可靠性进行审查。[2]因为，证据的可靠性主要影响证据的证明力，或者说与证据的采信相关。对于科学证据来说，可靠性被前置为可采性问题，但在审查时，优先审查可靠性还是合法性并没有一定之规，而证明力与危险性的平衡检验问题则应作为"兜底规则"最后审查。上述证据审查方法给人工智能证据审查顺序的设计提供了一定借鉴。即无论如何，应首先审查证据的相关性，最后审查证明力与危险性的平衡检验问题。那么证据的合法性和可靠性以及每个属性内部应该如何确立审查顺序呢？笔者认为，在重要性相同的情况下，应该依照审查的难易程度确定审查顺序，秉持先易后难的基本方法。所谓重要性，是指不同指标对于证据评价的影响程度，如对于科学证据的审查，无论是合法性还是可靠性，均将决定该证据是否具有可采性，那么这两项指标的重

---

〔1〕　参见褚福民："电子证据真实性的三个层面——以刑事诉讼为例的分析"，载《法学研究》2018年第4期。

〔2〕　此处的讨论不涉及传闻证据规则、品性证据规则等证据规则的运用。

要性就大体相同。当不同指标重要程度相同时，先审查较为容易的指标是一种更为理想的选择。理由在于，如果其不满足该项指标的要求，有时候就可以直接否定该证据的可采性，也就没有必要再审查其他需要审查的内容，这不仅降低了法庭审查的难度，同时也可以在一定程度上提升事实认定的效率。

基于上述判断标准，对于人工智能证据的审查，从宏观上看应秉持相关性、可靠性、合法性和证明力与危险性的平衡检验的审查顺序。如前文所述，相关性是必须首先审查的内容。当然，对相关性进行审查，本身难度也并没有特别大，因为，对于技术相关性、数据相关性和结论相关性的审查基本基于法官自身的经验和常识就可以完成。在合法性和可靠性的审查上，应优先审查可靠性。这是由于在合法性的判断中，会涉及准确与公正之间价值权衡的问题，这往往难度比较大。正如有论者指出："价值判断毕竟不是数学判断，后者只须通过严格遵循规则运算就能得到准确答案，并且答案还是唯一的，囿于法官、当事人的文化背景、性格、职业、性别、财力等各方面的差异，想让他们就冲突权利的行使顺位问题达成一致意见难度较大，时间也漫长。"[1]故而，应在审查人工智能证据合法性前先审查其可靠性。此外，证明力与危险性的平衡检验在人工智能证据的审查中依然发挥的是类似"兜底规则"的作用，因此应最后审查。

从微观上看，在相关性内部，对于人工智能证据而言，相关性三个层面的重要性和审查难度均大同小异，可以根据人工智能证据生成的顺序，先审查技术相关性，再审查数据相关性，最后审查结论相关性。[2]

在可靠性内部，应首先审查其技术可靠性。技术可靠性是人工智能证据可靠性的基础，也是该证据得以成立的前提，审查起来也有常规科学证据审查的经验加以参考。之后应审查人工智能证据的数据可靠性。数据可靠性是人工智能证据"绝对的可靠性"的另一个判断因素，审查难度也低

---

〔1〕 冷传莉："'人格物'权利冲突的构成机理与裁判之道"，载《法商研究》2021年第3期。

〔2〕 参见马国洋："论刑事诉讼中人工智能证据的审查"，载《中国刑事法杂志》2021年第5期。

于可解释性。最后应审查人工智能证据结论的可解释性，作为一个"相对的可靠性"问题，人工智能证据可解释问题的危险性相对更小，但由于"可解释人工智能"领域研究尚处于起步阶段，该问题在人工智能证据可靠性审查中的难度最大。因此，应在可靠性三个层面中最后审查。[1]

在合法性内部，技术合法性和数据合法性都可能导致人工智能证据的排除，因此，二者重要程度相当。但是在审查难度上，技术合法性要更小。因为存在算法歧视的人工智能证据既无法提升事实认定的准确性，也不利于权利保护，因此不需要价值权衡就可以进行排除。但是如前文所述，使用侵犯隐私权数据的人工智能证据涉及准确与公正价值的权衡，审查难度更大。故而，在人工智能证据的合法性审查问题上，应首先审查技术合法性，在确定没有算法歧视的问题后，再审查数据合法性。

当然，上述审查顺序也不宜机械适用，法官应根据人工智能证据所依赖的技术、数据以及最终形成的结论和相关案情综合分析，借助前文所提出的标准灵活地决定审查顺序。例如，某些时候，一些技术是否具有相关性可能并不很容易判断。一个典型的例子是模糊文字识别系统一般与刑事被追诉人的位置之间的联系可能不是特别大。但是如果刑事被追诉人碰巧在犯罪现场留下了笔迹，且为模糊文字识别系统所识别，那么该证据是具有相关性的。此时，法官仅对技术进行分析可能无法确定该证据是否具有技术相关性，这时就需要先审查结论是否具有相关性，此后再分析技术相关性的问题。

二、人工智能证据的审查策略

人工智能证据的审查策略是指在人工智能证据审查过程中采用的技巧。事实上，不同证据由于不同的特性往往也有一些独特的审查技巧。例如，有学者根据电子证据的特性总结出聚焦式、还原式、实验式、勘验式、辅助式、对照式、递进式、错位式、体系式、关联式、组合式的电子

---

[1] 参见马国洋："论刑事诉讼中人工智能证据的审查"，载《中国刑事法杂志》2021年第5期。

证据审查技巧。[1]当然,这些经验很多都面向的是侦查人员而非法官或事实认定者,不过对人工智能证据的审查有借鉴作用。结合人工智能证据的特点,其审查策略主要有以下几种。

首先,聚焦式审查。所谓聚焦式审查,是指将证据审查的主要精力放置于争议的焦点之上,对于不存在争议的问题则不重点进行审查。申言之,在法庭事实认定的过程中,对于某项证据是否满足证据标准,诉讼双方往往不会面面俱到式地对该项证据的所有问题进行纠缠,而只会对部分问题形成争点。那么对于证据的审查就应该集中于争点问题的分析。对于人工智能证据的审查同样如此,甚至聚焦式审查将是一种必要的审查方式。理由在于,如果仔细审查人工智能证据的每一项内容,可能需要消耗大量的人力、物力、财力,无论是对于复杂代码的分析还是对于大量数据的研究,都较为消耗时间和精力。囿于刑事诉讼所追求的效率价值,不可能寄希望于所有的案件都能够经由最为烦琐的程序得以解决。[2]而且,如果证据审查的程序较为烦琐,有可能影响人工智能证据有效进入法庭。但考虑到人工智能证据的特点,这些问题又不得不进行审查。这时就需要法官在审查过程中,将更多精力集中于有争议的问题之上,甚至可以将很多无争议的问题在庭前就直接解决,在庭上集中精力解决双方对于人工智能证据存在争议的地方。随着人工智能证据应用的增加,法官也应该逐渐对人工智能证据审查中的重点、常见的问题进行系统梳理、提炼、总结,确保其在具体个案审查中抓住关键问题、把握重点内容。[3]

其次,体系化审查。体系化审查是指对于证据的审查应从整个证据乃至整个案件的角度出发进行分析。例如,电子证据的体系化审查要求"'鉴、数、取'一体式审查:'数'是指电子证据,通常其不能孤立地发挥证明作用;'取'是指各种取证记录;'鉴'是指电子证据司法鉴定意见

---

〔1〕 参见刘品新:"电子证据的审查技巧",载《中国检察官》2021 年第 14 期。

〔2〕 参见鲍文强:"审判中心下的刑事证据标准:现实功能与适用准则——基于 253 份裁判文书的展开",载《法律适用》2020 年第 22 期。

〔3〕 参见任亦秋、王贤祥:"论规章及规范性文件备案审查标准——以浙江省《规章、规范性文件备案审查指引(试行)》为例",载《地方立法研究》2021 年第 2 期。

等，用于证明案件事实"。[1]就人工智能证据而言，体系化审查主要包括三个方面的要求。第一，人工智能证据的审查应通盘考虑案件中证据的特性，进而决定人工智能证据的审查方法。例如，前文所述关于人工智能证据审查顺序的方法的灵活应用就是体系化审查的重要方式。第二，人工智能证据的审查也需要与其他证据的审查相结合。例如，人工智能证据相关性的判断有时便需要结合其他证据进行分析。一个典型的案例是，若人工智能分析显示，某类药品在手术后十天之内服用会引发不良反应。但被害人证明其并没有在手术后十天之内服用该种药物，那么这个人工智能证据便不具有相关性，因为相关人工智能结论无法辅助事实认定者进行事实认定。本案中，人工智能证据相关性的判断就需要结合其他证人的证言综合分析。第三，人工智能证据的审查应做到人机结合。一方面，应关注源代码、数据库等机器固有的内容。另一方面，也应注意对与人工智能证据有关的鉴定人、算法工程师、数据标注师等人员的审查。

最后，立体化审查。立体化审查是指综合利用各种技术和方法，全方位地进行证据审查。立体化审查要求在进行证据审查时，不仅仅局限于纸面上的分析，而是应采取各种方式，更好地理解证据。当前，证据立体化审查已经成为智慧法庭建设的重要内容。例如，美国法院引入预测性编程技术适用在诉讼和案件审理过程中的收集整理证据环节，并推行可视化技术进行证据的展示以及案件的现场复原。[2]再如，我国上海"206系统"也具有证据信息可视化展示的能力。[3]对于人工智能证据的审查而言，同样可以借助多媒体、人工智能等技术，以避免因法官或事实认定者无法理解相关证据导致的审查困难。这主要包括以下三个方面。第一，充分利用多媒体设备，及时对复杂的人工智能证据进行播放和展示。第二，充分利用既有的证据可视化系统，将所有的证据脉络、案件全貌通过多媒体设备

---

〔1〕 刘品新："电子证据的审查技巧"，载《中国检察官》2021年第14期。

〔2〕 参见吴道霞、秦珍珍："计算法学论纲"，载《湖南警察学院学报》2020年第3期。

〔3〕 参见朱舒成："互联网涉众型经济犯罪侦办中的云警务研究"，载《广西警察学院学报》2020年第3期。

一览无余地在法庭上呈现,[1]以辅助证据审查。例如,可以将人工智能证据需要审查的内容输入可视化系统中生成流程图,进而明晰审查顺序。第三,充分利用智能辅助系统。在对人工智能证据的有关问题存疑时,可以寻求智能辅助系统的解释。需要注意的是,智能辅助系统不应代替法官或事实认定者作出决策,只能对复杂的问题进行解释,如算法运行的原理、机器学习的方法等。这既可以帮助法官或事实认定者理解人工智能证据,又可以避免机器统治法庭的风险。

三、人工智能证据审查中的专家作用

如前文所述,无论是人工智能证据的相关性、可靠性还是合法性,专家均可以对其审查判断提供建议。因此,在审查人工智能证据时,应充分发挥专家的作用。具体而言,应做到以下几点内容。

首先,对于人工智能证据有关鉴定存疑的,应要求专家通过有效的方式,对专业问题进行解释。例如,通过可视化的图像,对人工智能结论的产生原因进行分析。再如,对于鉴定人所进行的实验,一些时候可以要求当庭进行展示。一种典型的方式是,由鉴定人输入样本,直接查看人工智能生成的结论是否与证据出示方提供的结论一致。事实上,类似方法在实践中并不罕见。例如,在曾某、焦某盗窃、抢劫案中,法官便要求鉴定人对专业问题进行演示。

公诉人:证人王×,公诉人还想向你了解一下这把刀是不是可以单手打开?

鉴定人:这把刀如果没有弹簧装置的话,他应该不可能单手打开。

公诉人:本案中涉及的这把刀他是否可以单手打开?

鉴定人:本案中的这个刀具他如果是单手是不好开的。

公诉人:如果是有弹簧装置这样就很好打开?

---

〔1〕 参见扈炳刚:"可视化办案模式使证据审查更清晰更精准",载《检察日报》2018年11月28日,第11版。

鉴定人：单手好像是打不开的。

法官：你可不可以在法庭上实质地证实一下开刀的情况，因为你是这方面的权威，你试一下能不能单手打开。

鉴定人：（进行动作演示）这样，如果手在这里、刀这样子，他就没法单手打开。这样没法单手打开，除非借助其他外力，像这样（用刀口刮蹭桌沿），就很方便。这个就是它的卡锁，这样一掰刀就可以固定起来，但如果固定之后，不掰动卡锁的话是无法折叠。像这样（可以）单手打开，（但是）你如果不了解这把刀的结构的话单手打开确实很困难。如果你了解了这把刀的结构以后，那还是有能力单手打开的。

法官：好，法庭清楚了，辩护人可以对证人进行发问。

辩护人：刚才你说打开的时候了解这种刀具这种功能的人可以单手打开。但是我想请你专业地看待能不能在较短时间内迅速流畅地打开。

鉴定人：这个我觉得要看人对这把刀的熟悉程度。我刚才第一次回答的时候也是说不能打开。但是我通过多年的工作经验这样子也可以把它打开了。[1]

本案中，法官对于专业问题存疑的部分，就及时要求鉴定人对相关问题进行解释，对于人工智能证据的审查同样也可以效仿这一方式。

其次，对于人工智能证据存在疑问时，应及时进行委托鉴定。这种方式在大陆法系和英美法系国家之中都并不罕见。英美法系国家在坚持诉讼双方可以自行委托鉴定的情况下，也增加了法官直接委托鉴定的权力，如在美国，法官可以经当事人同意指定专家证人，也可以指定自己选择的专家证人。[2]在大陆法系国家，鉴定人主要是由法官委托或任命的，如《德国刑事诉讼法》第 73 条规定："应当由法官选任需要咨询的鉴定人，决定其人数。法官应当与鉴定人就鉴定的期限达成协议。"我国同样有类似的

---

〔1〕 参见左卫民、彭昕："物证的直接式调查：实证研究与理论思考"，载《中国刑事法杂志》2020 年第 6 期。

〔2〕 ［美］乔恩·R. 华尔兹：《刑事证据大全》，何家弘等译，中国人民公安大学出版社 2004 年版，第 451 页。

规定,《刑事诉讼法》第 196 条第 2 款规定:"人民法院调查核实证据,可以进行勘验、检查、查封、扣押、鉴定和查询、冻结。"此外,从当前立法倾向上看,法官对于复杂科学问题主动委托鉴定的权力正在不断被加强。例如,《人民法院在线诉讼规则》第 19 条规定:"当事人可以申请具有专门知识的人就区块链技术存储电子数据相关技术问题提出意见。人民法院可以根据当事人申请或者依职权,委托鉴定区块链技术存储电子数据的真实性,或者调取其他相关证据进行核对。"较之于区块链技术,人工智能技术是更为复杂且更为重要的技术,因此,更应给予法官更多寻求专家帮助的机会。

最后,充分发挥人工智能证据监管机构的作用。对于十分复杂的人工智能证据审查问题,如涉及较为前沿和尖端的算法分析、复杂的人工智能结论解释等,应及时提请监管机构对相关问题进行研究,在帮助本案进行事实认定的同时,也为之后使用相似证据的案件提供参考。

第三节 我国人工智能证据审查规则构建

人工智能证据的审查原则和审查方法具有一般性,但审查规则的构建则需要结合本国特点进行设计。这主要是由于法律体系具有融贯性,非融贯性的法律规则或概念,一定存在着内部的矛盾和冲突,可能会导致行为人出于不同的利益需求,选择遵守或违背不同的法律,进而取得法律上的不公平利益或造成判决上的冲突,非融贯性的法律必然存在着某种错误。[1]因此,对于人工智能证据的审查规则设计,除了需要考虑此类证据自身的特性,还要和本国既有的法律规则相结合。故而,本节对于审查规则的分析,将主要以我国当前的法律体系为基础。

证据审查所要解决的核心问题包括证据准入问题以及证据评价问题。

---

〔1〕 参见杨静:"对商标法第四十四条第一款的融贯性解释",载《人民司法(应用)》2020 年第 7 期。

与之相对应的，便涉及两类规则，一是可采性规则，二是证明力规则。[1]前者主要解决的是证据是否可以被采纳的问题，典型的规则包括非法证据排除规则、品性证据排除规则等。而后者则是针对证据证明力评价所设计的规则，如补强证据规则、印证规则等。从趋势上看，证明力规则正在不断萎缩。大陆法系国家自启蒙运动之后就开始摒弃法定证据制度而采取自由心证制度，至今仍普遍地排斥证明力规则。[2]而在英美法系国家，证明力规则自始便遭到了批判，如威格莫尔认为此类规则"有害无益"。[3]因此，证明力的评判一般交由法官自由心证加以解决，证据审查的规则主要是可采性规则。

就人工智能证据而言，其规则构建的核心同样是可采性规则。而且既有的证明力规则，如补强证据规则、印证规则等，在人工智能证据审查问题上也不具有特殊性。换言之，既有规则不需要因人工智能证据的出现而发生改变。基于本书第三章的分析，在可采性规则上，人工智能证据的规则设计应从相关性、可靠性、合法性和证明力与危险性的平衡检验四个角度出发。此外，在我国，人工智能证据进入法庭需要优先解决证据种类的问题，虽然证据种类规则严格意义上不属于证据审查规则，但为了保证证据审查规则体系的融贯性，本书对证据审查规则做广义解释，将人工智能证据的证据种类规则纳入其中。

一、人工智能证据证据规则"两步走"策略

如前文所述，就我国而言，人工智能证据的证据规则应分为两类：一类是证据种类规则；另一类是证据审查规则。而欲使证据得到有效审查，首先要解决的就是证据种类规则。

我国《刑事诉讼法》第 50 条第 2 款规定："证据包括：（一）物证；（二）书证；（三）证人证言；（四）被害人陈述；（五）犯罪嫌疑人、被

---

〔1〕 辨认鉴真等可采性预备问题主要在第四章加以解决，本章不再做特殊说明。

〔2〕 参见［美］米尔吉安·R. 达马斯卡：《比较法视野中的证据制度》，吴宏耀等译，中国人民公安大学出版社 2006 年版，第 98 页。

〔3〕 See Charles L. Barzun, "Rules of Weight", *Notre Dame Law Review*, 83（2008），p. 1971.

告人供述和辩解；（六）鉴定意见；（七）勘验、检查、辨认、侦查实验等笔录；（八）视听资料、电子数据。"该规定将证据种类确立为我国证据准入的第一道门槛，即证据想要进入法庭必须符合法定证据种类。[1]因此，人工智能证据进入法庭的前提是符合法定证据种类的要求。在当前实践中，法官对待人工智能证据的证据种类问题主要有以下几种策略。（1）不具体明确人工智能证据的种类，而直接列举相关证据。例如，在李某根放火案中，法院将人脸识别证据单独列举但并未说明其类别："就上述指控，公诉机关提供了抓获经过、破案经过，常住人口个人信息表，社会危险性情况证据表，无犯罪记录证明，人脸识别比对结果；证人李某的证言；被害人陈某的陈述及其提供的身份证、行驶证、维修结算单，被害人吴某提供的身份证、行驶证、领料单；被告人李某根的供述及辩解、辨认；现场勘查笔录及照片；鉴定意见以及视听资料等证据予以证明。"[2]此外，在王某奇盗窃案中，法院明确将人脸识别报告结论与书证、证人证言等证据并列，作为一种独立的证据。[3]（2）将人工智能证据作为书证。例如，在黄某4、房某交通肇事案中，法院指出："商业保险免责事项说明书、商业险及交强险的电子投保单、人脸识别照片等书证。"[4]此外，在王某林、马某平诈骗案中，法官明确将智能轨迹分析证据作为书证进行认定。[5]（3）将人工智能证据作为鉴定意见或科学证据。例如，在陈某平盗窃案中，法官便将人脸识别比对结果作为鉴定意见进行认定。[6]而在宁某某盗窃、脱逃案中，法官将鉴定意见和人脸识别比对并列作为同一种类证据。[7]该处理方法意味着法官认为人脸识别证据与鉴定意见具有相似性，同属于科学证据，但又不完全一致，因此将二者加以并列。（4）将人工智能证据作为电子证据。在一些案例中，法官会直接使用"人脸识别数据""智能

〔1〕《民事诉讼法》和《行政诉讼法》中均有相似规定。

〔2〕广东省江门市新会区人民法院（2020）粤 0705 刑初 645 号刑事判决书。

〔3〕江苏省东海县人民法院（2019）苏 0722 刑初 830 号刑事判决书。

〔4〕湖南省永州市中级人民法院（2021）湘 11 刑终 13 号刑事附带民事裁定书。

〔5〕云南省维西傈僳族自治县人民法院（2019）云 3423 刑初 89 号刑事判决书。

〔6〕浙江省绍兴市上虞区人民法院（2020）浙 0604 刑初 223 号刑事判决书。

〔7〕江西省景德镇市中级人民法院（2018）赣 02 刑终 131 号刑事裁定书。

轨迹分析数据"等表述。例如，在张某抢夺案中，法院认为："上述事实，被告人张某在开庭审理过程中亦无异议，且有受案登记表、立案决定书、案件来源、抓捕经过、购物发票、微信转账截图照片、人口基本信息表、电话查询记录、刑事判决书、释放证明书、沈阳市沈河区价格认定中心出具的价格认定结论书、情况说明、共享单车骑行信息表、手机号码查询单，证人卓某的证言，被害人张某某的陈述，被告人张某的供述，辨认笔录、指认现场笔录，现场视频录像、人脸识别数据、情况说明、电子证物检查工作记录等证据证实，足以认定。"[1]该表述中，法官直接将人脸识别数据与现场视频录像并列，将其作为电子证据进行认定。此外，在谢某水盗窃案中，法院也将人脸识别证据作为电子证据进行认定："上述事实且有受案登记表，立案决定书，拘留证，逮捕证，线索来源及抓获说明，被害人卿某的陈述，自贡市公安局贡井分局的天网电子数据、人脸识别电子数据、作案现场监控视频，证人谢某某、张某某、曾某某的证言，现场勘验检查工作记录，刑事判决书及刑满释放证明，被告人谢某水的供述和辩解及户籍证明等证据予以证实，足以认定。"[2]可以看出，当前实践中对于人工智能证据证据种类的认识较为混乱，各法官并未达成一致。问题的关键是，证据种类的划分还具有决定证据审查方法的作用，换言之，不同的证据种类决定了不同的证据审查方法。例如，我国《最高人民法院关于适用〈中华人民共和国刑事诉讼法〉的解释》第82条规定，对于书证的审查主要包括书证是否为原物、原件，是否经过辨认、鉴定；收集程序、方式是否符合法律、有关规定；收集、保管、鉴定过程中是否受损或者改变等内容。而根据该解释第97条的规定，对于鉴定意见的审查，则包括鉴定机构和鉴定人是否具有法定资质；鉴定人是否存在应当回避的情形；检材的来源、取得、保管、送检是否符合法律；鉴定意见的形式要件是否完备、鉴定程序是否符合法律、有关规定等内容。可见二者之间具有明显差别。因此，人工智能证据的证据种类认识混乱将直接导致其审查困

---

〔1〕 沈阳市沈河区人民法院（2019）辽0103刑初1399号刑事判决书。

〔2〕 四川省自贡市贡井区人民法院（2021）川0303刑初13号刑事判决书。

难，故而证据审查规则的构建需要首先解决人工智能证据的证据种类问题。

从人工智能证据的特点看，我国既有的证据种类与人工智能证据之间均存在一定差异。首先，人工智能证据不同于证人证言等言词证据。证人证言等言词证据是证人、被告人、被害人等主体就自己的亲身感知向法庭就事实所进行的陈述，相较而言，人工智能就无法亲身感知。其次，人工智能证据不同于鉴定意见。人工智能证据是由机器得出的实质性结论，而鉴定意见则是借助机器，由专家得出结论，二者存在本质区别。再次，人工智能证据不同于电子证据。2016 年最高人民法院、最高人民检察院、公安部印发的《关于办理刑事案件收集提取和审查判断电子数据若干问题的规定》第 1 条第 1 款规定："电子数据是案件发生过程中形成的，以数字化形式存储、处理、传输的，能够证明案件事实的数据。"这揭示了当前电子证据的证明样态："电子证据往往具有原创性和同步性，除人为地伪造、变造，电子证据呈现出的往往是案件事实中的原始形态。"[1]换言之，电子邮件、网上聊天记录等电子证据可以将信息直接传递给事实认定者，而不需要二次加工。人工智能证据则有所不同，如前文所述，人工智能证据具有生成性，机器需要对原始信息进行检验、鉴别和推论等"二次开发"活动。故而，虽然从直观上看，人工智能证据依托于海量数据，并需要通过计算机进行运算，在形式上与电子证据有较大相似性，但人工智能证据的证明方式与电子证据存在根本性区别。[2]最后，与人工智能证据和电子证据之间的差异相似，物证、书证等证据种类也因为证明方式不具有生成性而与人工智能证据存在差异。

综上，人工智能证据具有独特性，为了更加准确地审查人工智能证据，应确立人工智能证据证据规则"两步走"策略。

第一步，应将人工智能证据确立为独立的证据种类。由于我国以证据

〔1〕 樊崇义、李思远："论电子证据时代的到来"，载《苏州大学学报（哲学社会科学版）》2016 年第 2 期。

〔2〕 参见马国洋："论刑事诉讼中人工智能证据的审查"，载《中国刑事法杂志》2021 年第 5 期。

种类为第一道门槛的证据审查方式在短时间内无法彻底改变。因此，只有将人工智能证据确立为独立的证据种类，才可以保障人工智能证据的有效审查。从实践角度出发，如果不对人工智能证据的证据种类进行明确，将可能导致三种误区：一是随意排除人工智能证据，这既不符合证据法鼓励采纳证据的精神，也不利于准确的事实认定。二是对人工智能证据不加以审查便直接进行认定。如前文所述，人工智能证据的相关性、可靠性和合法性等内容均较为复杂，如果不加以审查便直接进行认定则意味着法官未发挥科学证据"守门人"的作用，这将提升错误事实认定的风险。三是参照其他规则对人工智能证据加以审查。由于人工智能证据与其他证据之间存在较大差异，参照其他证据的审查标准进行审查可能会造成"应予审查的内容未进行审查，而不应审查的内容却加以审查"的困境。基于以上三种可能的误区，应尽快将人工智能证据确立为独立的证据种类，并设计针对性的可采性规则。[1]

第二步，应逐渐放弃以证据种类为证据审查第一道门槛的做法。尽管以证据种类为第一道门槛的证据审查方式曾经在我国发挥过积极作用，但从证据法基本理论出发，这一方式颇具有"法定证据主义"的色彩，在实践中有较大弊端。具体而言，这一规则使司法实践中存在大量游离于法定证据种类之外的证据，这便造成了封闭的证据种类规定与开放的证据种类实践之间的矛盾。在这一矛盾之下，法官若允许非法定证据种类证据进入法庭，则法律将形同虚设，不利于维护法律之权威，也可能导致法官权力膨胀；若法官不允许非法定证据种类进入法庭，则很多具有证明价值的证据将被排除在法庭之外，这不利于准确的事实认定。[2]因此，各方需要将关注点从证据本身转移到各诉讼主体运用证据证明案件事实的行为之上。[3]放弃以证据种类审查证据的方式，方符合证据法的基本精神。而对于人工

〔1〕参见马国洋："论刑事诉讼中人工智能证据的审查"，载《中国刑事法杂志》2021年第5期。

〔2〕参见马国洋："论刑事诉讼中人工智能证据的审查"，载《中国刑事法杂志》2021年第5期。

〔3〕参见孙远："论法定证据种类概念之无价值"，载《当代法学》2014年第2期。

智能证据的审查，也不应再将焦点集中于证据种类的问题之上，而是应从可采性着手，同时，规则设计也应该更加关注相关性规则、可靠性规则等审查规则。[1]

二、人工智能证据的相关性和可靠性规则

相关性规则是证据审查的重要规则，对于人工智能证据而言同样如此。但当前我国在证据规则制定中，往往并不注重相关性规则的设计，很多规定仅仅只是简单带过甚至是直接忽略。例如，《最高人民法院关于适用〈中华人民共和国刑事诉讼法〉的解释》第98条第8项仅提到鉴定意见与案件事实没有关联的，不得作为定案的根据。这不仅没有细化相关性的审查方法，而且只将相关性规则置于兜底规则之上，凸显出立法对于该规则重要性程度认识不足。除此之外，该解释第110条至第114条关于电子数据的审查规则中，虽然规定了众多证据可靠性的审查方法，但却没有制定相关性规则。以此为教训，对于人工智能证据相关性规则的制定，一是要将其置于可采性规则的首位，作为最重要的审查规则，这是由于相关性是证据的根本属性，也是讨论可采性问题的前提。二是要确定其审查判断标准，即是否有助于事实认定者对待证要件事实的认定。三是要确定其审查内容，应包括技术相关性、数据相关性和结论相关性三个方面。

相较于相关性规则，我国立法更为重视证据可靠性规则，甚至设计出大量的不可靠证据排除规则：当证据的取证操作程序或本身存在某种可能影响其可靠性的缺陷时，其证明力存疑，对这类证据要求"绝对的排除"。[2]考虑到人工智能证据的特性，这种不可靠证据排除规则同样有其必要性。遗憾的是，我国既有的关于证据可靠性的审查规则并不能有效应用于人工智能证据可靠性的审查。为了对此问题进行说明，笔者将选择与人工智能证据有一定相似性的证人证言、鉴定意见和电子证据与人工智能证据的可

---

[1]　参见马国洋："论刑事诉讼中人工智能证据的审查"，载《中国刑事法杂志》2021年第5期。

[2]　参见纵博："不可靠证据排除规则的理论逻辑、适用困境及其出路"，载《环球法律评论》2020年第3期。

靠性审查方式进行比较，以进一步阐述人工智能证据可靠性规则的独特性。

首先，人工智能证据的可靠性审查不同于证人证言。《最高人民法院关于适用〈中华人民共和国刑事诉讼法〉的解释》第 87 条至第 90 条规定了证人证言的可信性审查标准，其与人工智能证据的审查标准相去甚远。例如，人工智能不具有感知能力，显然无法满足直接感知的要求；人工智能也不具有记忆能力和精神状态，同样无法满足相关要求。而相关规则也无法覆盖人工智能证据可靠性的具体审查要求。

其次，人工智能证据的可靠性审查不同于鉴定意见。《最高人民法院关于适用〈中华人民共和国刑事诉讼法〉的解释》第 97 条至第 99 条规定了鉴定意见可靠性的审查内容，包括鉴定人是否存在应当回避的情形，检材的来源、取得、保管等规则均不适合人工智能证据。而人工智能证据的数据可靠性与结论的可解释性等内容也无法依照相关标准进行检验。[1]

最后，人工智能证据的可靠性审查不同于电子证据。《最高人民法院关于适用〈中华人民共和国刑事诉讼法〉的解释》第 110 条规定了电子数据可靠性审查的五项内容，其中第一项是储存电子数据媒介的可靠性，这一般是指物理介质的可靠性，其与人工智能证据的技术可靠性在范围上存在一定差异；第二项、第三项所涉及的电子数据的可靠性是指以数据化形式储存的数据，该数据的含义与人工智能证据中训练数据的定义也全然不同；第四项所涉及的电子数据内容的可靠性，主要是考察电子数据所包含的信息是否真实，是否经过修改，而较少涉及结论的可解释性，这也与人工智能证据结论的可解释性有一定差异。故而，依靠目前电子证据的审查方法，同样无法有效审查人工智能证据的可靠性。[2]

综上，应根据人工智能证据的特点设置具有针对性的可靠性规则。具体来说，对于人工智能证据的可靠性审查应包括技术可靠性、数据可靠性和结论的可解释性三个层面。其中，对于人工智能证据的技术可靠性层

---

[1] 参见马国洋："论刑事诉讼中人工智能证据的审查"，载《中国刑事法杂志》2021 年第 5 期。

[2] 参见马国洋："论刑事诉讼中人工智能证据的审查"，载《中国刑事法杂志》2021 年第 5 期。

面，应审查所运用的技术是否可以被检验；是否经过同行评议；是否被普遍接受以及错误率的高低。对于人工智能证据的数据可靠性层面，应审查数据来源是否充分和真实；数据标注是否准确。对于人工智能证据结论的可解释性层面，应审查人工智能结论是否可以用人类因果性思维理解和解释或人工智能证据出示方提出的解释是否具有合理性。[1]

三、非法人工智能证据排除规则

如前文所述，人工智能证据具有权利侵犯扩张化和权利侵犯实时化的特征。因此，完善的非法人工智能证据排除规则可以避免刑事被追诉人乃至全体公民的权利时刻处于被侵犯的危险之中。除此之外，非法人工智能证据排除规则也可以有效限制和引导大数据侦查行为。如前文分析，大数据侦查后获取的信息既可以转化为人工智能证据，也可以转化为人工智能情报。其中，对于大数据侦查后获取人工智能证据的情形，若法官以该证据不具有合法性对其进行排除，就可以直接实现对侦查机关的程序性制裁，限制其在取证过程中过度使用人工智能技术；对于大数据侦查后获取人工智能情报的情形，鉴于我国没有较为明确的"毒树之果"规则，[2]非法人工智能证据的排除并不能直接对侦查机关形成惩戒，但相关案例也可以在某种程度上表明人工智能的应用界限，从而指引侦查机关采取更合理的侦查方法。因此，非法人工智能证据排除规则的构建至关重要。

基于前文对人工智能证据合法性问题的讨论，非法人工智能证据主要包括因算法歧视侵犯平等权的证据与因数据使用侵犯隐私权的证据，而我国的非法人工智能证据排除规则也应该围绕这两种类型的证据进行构建。

（一）非法人工智能证据排除规则的特殊性

据笔者统计，在我国司法实践中，尚未发现因人工智能证据不具有合法性而遭遇排除的情况，这就可能造成非法证据随意在法庭之上使用的问

---

〔1〕 参见马国洋："论刑事诉讼中人工智能证据的审查"，载《中国刑事法杂志》2021 年第 5 期。

〔2〕 参见高一飞、王金建："'毒树之果'规则及其在我国的构建"，载《人民检察》2017 年第 21 期。

题。[1]之所以会出现这种状况，原因主要在于我国尚未建立非法人工智能证据的排除规则。不仅如此，既有的非法证据排除规则也无法在非法人工智能证据排除的问题上提供借鉴。当前我国非法证据排除规则主要包括非法言词证据的排除规则和非法实物证据的排除规则。[2]一方面，非法人工智能证据的排除无法借鉴非法言词证据排除规则。非法言词证据主要是使用刑讯逼供等非法手段取得的证据，而人工智能证据是机器根据数据生成的结论，其形成过程并不涉及侦查人员使用强制的有形力措施，[3]因此，排除规则难以提供参考。另一方面，非法人工智能证据的排除无法借鉴非法实物证据排除规则。根据《刑事诉讼法》第 56 条和《最高人民法院关于适用〈中华人民共和国刑事诉讼法〉的解释》第 126 条之规定，非法实物证据排除的主要考量因素是证据违反法定程序以及所造成后果的严重程度，这同样无法直接移植到非法人工智能证据的排除。一是由于当前大数据侦查并没有建立相关的制度和程序，法官无从判断取证是否严重违反程序，甚至可能不了解人工智能证据的取证模式；二是由于人工智能证据的形成大多直接侵犯公民平等权或隐私权，不仅权利性质重要，而且可能涉及案外第三人，因此，非法证据一旦形成就不存在后果轻微的情况。基于上述原因，法官即使想要排除非法人工智能证据也无据可依，这也就不难理解当前实践中的审查样态。

（二）非法人工智能证据排除规则的设计

非法人工智能证据排除的前提是有法可依，即应给予法官对非法证据进行排除的依据，这具体包括以下几个方面。

首先，应明确人工智能证据的地位并将其纳入非法证据排除的范围。具体来说，应如前文所述，将人工智能证据纳入法定证据种类之中，即确定人工智能证据为独立的证据种类。在此基础上，应将人工智能证据纳入

---

[1]　统计方法参见前文。

[2]　参见刘方："试论控辩平等"，载《人民检察》2006 年第 23 期。

[3]　参见谢登科："论初查中收集电子数据的证据能力"，载《大连理工大学学报（社会科学版）》2021 年第 4 期。

《刑事诉讼法》第56条所规定的可以进行非法证据排除的证据种类。

其次，应明确非法人工智能证据的判断标准。虽然非法证据排除问题在我国已经讨论了很长时间，但是非法证据的判断标准却一直具有一定模糊性。具体来说，当前我国学界对于证据非法性的界定主要存在三种标准。第一种标准是"取证程序违法说"或"法规范违法说"，该标准主要考察的对象是取证程序的合法性问题。例如，万毅认为，非法证据本意是指以法律明确禁止的手段或者违反法律规定的程序所取得之证据。[1]宋英辉认为："非法证据是指有关国家官员违反法律规定的权限或程序，或以违法方法取得的证据材料。"[2]吴高庆认为："非法证据是指在刑事诉讼中，法律规定的享有调查取证权的主体违反法律规定的权限或程序，以违法的方式取得的实物证据和言词证据。"[3]第二种标准是"基本权利侵害说"，该标准主要考察的对象是取证结果是否侵犯公民基本的权利。例如，杨波认为："非法证据是指通过严重侵害被追诉人基本权利而获得的非法证据，被追诉人的基本权利包括宪法规定的公民的生命权、健康权、隐私权、自由权等基本人权，也包括刑事诉讼中被追诉人应当享有的辩护权等基本诉讼权利。"[4]龚举文认为："非法证据是采取侵犯公民的宪法权利或者重要诉讼权利的方式取得的证据。"[5]李勇认为："非法证据是采用侵害当事人基本、重大权益的方法取得的证据，这里的基本、重大权益既包括宪法上所规定的基本权益，也包括刑事诉讼法上规定的重大权益。"[6]第三种标准是"综合说"，该标准考察的对象既包括取证行为是否违反法定程序，又包括取证结果是否侵犯公民基本权利。例如，戴长林等人认为：

---

〔1〕　参见万毅："解读'非法证据'——兼评'两个《证据规定》'"，载《清华法学》2011年第2期。

〔2〕　宋英辉："论非法证据运用中的价值冲突与选择"，载《中国法学》1993年第3期。

〔3〕　吴高庆："论我国非法证据排除程序的完善"，载《浙江工商大学学报》2011年第4期。

〔4〕　杨波："由证明力到证据能力——我国非法证据排除规则的实践困境与出路"，载《政法论坛》2015年第5期。

〔5〕　龚举文："论监察调查中的非法证据排除"，载《法学评论》2020年第1期。

〔6〕　李勇："审判中心主义背景下出庭公诉的对策研究"，载《中国刑事法杂志》2016年第5期。

"非法证据，是指通过违反法定程序，并且侵犯宪法权利或者重要诉讼权利的方法取得的证据。"[1]奚玮认为，非法证据的非法性，主要体现在取证过程和取证结果两个方面，即取证过程不符合法律规定，取证结果严重侵犯刑事被追诉人的人身权利和财产权利。[2]天津市静海区人民检察院课题组则认为："非法证据是侦查人员通过严重违反法律程序或严重侵犯合法权益的侦查行为获得的证据。"[3]

大多数时候，以取证过程的违法性为标准还是以取证结果的侵权性为标准并没有太大影响，因为取证程序违法往往伴随着取证结果的侵权。例如，刑讯逼供行为不仅违反了取证的有关程序，也对刑事被追诉人的身体权、人身自由权等权利造成了侵犯。但是，在一些特殊的时候，二者之间可能存在一定矛盾。一方面，一些取证行为可能没有严重侵犯公民的基本权利，但却违反了取证程序。在这种情况下，采用"基本权利侵害说"可能会造成"取证程序中大范围存在的非基本权利侵犯型违法取证行为游走在灰色地带"。[4]另一方面，一些侵犯公民基本权利的取证行为，可能并没有法律规制。这种情况下，采用"取证程序违法说"将导致通过侵犯公民基本权利获取的证据无法被排除。

总的来说，上述两项标准可谓各有优劣。"取证程序违法说"是以规则为导向，因此，其排除标准十分清晰且简单，只需要审查取证行为是否违反法律程序即可。但是，由于法律具有滞后性，社会变化要比法律变化快得多，而法律只能随着社会的发展变化而变化。[5]故而，法律对于侦查行为的规制往往要滞后于新型侦查行为的出现。换言之，对于由新型侦查

---

〔1〕 戴长林、罗国良、刘静坤：《中国非法证据排除制度：原理、案例、适用》，法律出版社 2017 年版，第 73 页。

〔2〕 参见奚玮："我国电子数据证据制度的若干反思"，载《中国刑事法杂志》2020 年第 6 期。

〔3〕 天津市静海区人民检察院课题组："证据核心视角下刑事指控体系构建"，载《天津法学》2018 年第 2 期。

〔4〕 王颖："德国刑事证据禁止利益权衡理论的演进及其借鉴"，载《环球法律评论》2021 年第 4 期。

〔5〕 See Harry W. Jones, "The Creative Power and Function of Law in Historical Perspective", *Vanderbilt Law Review*, 17（1963）, p. 139.

方式产生的证据的排除问题，"取证程序违法说"便会出现失灵的状况。相较而言，"基本权利侵害说"是以价值为导向的，其并不依赖于侦查规范，而只依赖于法律对于公民权利的确认——只要在侦查过程中侦查行为侵犯公民法定的基本权利，所取得的证据就不具有合法性。而这就可以更好地应对在侦查规范未建立时的非法证据排除问题及权利保障问题。

如前文所述，人工智能证据主要来源于大数据侦查。而我国"刑事诉讼法对侦查措施的规定仍基于小数据时代，且主要对实体空间中的传统侦查措施进行规定。对于大数据侦查中的数据收集、分析、挖掘行为，刑事诉讼法的规制仍处于缺位状态，与实践中大数据侦查行为普遍而广泛的适用形成强烈反差，给公民个人信息保护带来极大挑战"。[1]因此，"取证程序违法说"也就无法适用于非法人工智能证据的排除，而相关问题只能诉诸"基本权利侵害说"，即应将非法人工智能证据的判断标准确立为是否侵犯基本权利。

再次，应明确非法人工智能证据的范围。（1）从证据类型上看，如前文所述，非法人工智能证据应包括使用侵犯平等权算法和使用侵犯隐私权数据的证据。（2）从侵权对象上看，如前文所分析，传统侦查行为主要侵权的对象是刑事被追诉人，而人工智能证据可能的侵权对象不仅限于刑事被追诉人，还包括其他公民。（3）从时间节点上看，一般而言，刑事被追诉人在立案前后接受询问或讯问的身份不同，相应的权利、程序保障措施以及制裁后果都是不同的，这也直接影响了非法证据排除问题。[2]例如，当前理论界对于非法电子证据判断的标准一般是在立案前使用强制性侦查措施获取的电子证据属于非法证据。[3]但如前文所述，人工智能证据的获取模糊了立案前和立案后的行为，因此，对于非法人工智能证据的判断再

---

〔1〕　刘玫、陈雨楠："从冲突到融入：刑事侦查中公民个人信息保护的规则建构"，载《法治研究》2021年第5期。

〔2〕　参见周长军："现行犯案件的初查措施：反思性研究——以新《刑事诉讼法》第117条对传唤、拘传的修改为切入"，载《法学论坛》2012年第3期。

〔3〕　参见梁坤："论初查中收集电子数据的法律规制——兼与龙宗智、谢登科商榷"，载《中国刑事法杂志》2020年第1期。

设置时间节点也就显得没有太大意义。

最后，应明确非法人工智能证据的启动方式和证明责任。当前，我国非法证据排除的启动主要有两种方式，一种是依职权启动，即审判机关主动对证据合法性进行审查，另一种是依申请启动，即当事人及其辩护人、诉讼代理人申请对非法证据进行排除。[1]从实践效果看，依申请启动是主要的非法证据排除启动方式，实证研究显示，在 486 起涉及非法证据排除的案件中，依申请启动的案件比例高达 98.4%。[2]在证明责任问题上，依申请启动的非法证据排除，申请者具有初步的证明责任，其需要提供相关线索和信息，使法官产生证据不具有合法性的合理怀疑。[3]这种启动方式和证明责任均不适用于人工智能证据。一方面，如前文所述，基于当前的各种实践，大量人工智能证据都涉嫌侵犯隐私权和平等权，换言之，只要人工智能证据在法庭上出示，就具有侵犯公民基本权利的可能，也就没有再让辩方提出相关线索和信息的必要。另一方面，对于传统证据的排除，刑事被追诉人及其辩护人一般可以掌握和了解一定证据非法性的信息。例如，对于被殴打、虐待等情况，作为亲历人的刑事被追诉人大多可以提供一定线索。但人工智能证据则有所不同，大多数时候，辩方根本无法获取人工智能证据所使用的算法和数据，即使获得了相关信息，也很难理解算法和相关数据的含义与使用方法。这种证据偏在性导致辩方几乎没有能力提供任何非法人工智能证据的线索。故而，应该免去辩方提供相关线索和信息的步骤，直接由控方主动提供人工智能证据具有合法性的证据。

（三）非法人工智能证据"绝对排除+裁量排除"的模式

对于非法人工智能证据的排除而言，一是要绝对排除侵犯公民权利且无益于准确事实认定的证据；二是要裁量排除存在侵权可能但有利于准确事实认定的证据，即赋予法官一定自由裁量权，在保障权利的同时，也给

---

[1] 参见闫召华："论不可靠刑事证据的排除"，载《当代法学》2020 年第 3 期。

[2] 参见张健："审判中心改革背景下非法证据排除规则的落实与完善——基于 2013 年来 486 份刑事判决书的实证考察"，载《西安电子科技大学学报（社会科学版）》2016 年第 3 期。

[3] 参见宋英辉、叶衍艳："我国审判阶段非法证据排除启动程序问题研究——基于《刑事诉讼法》及相关司法解释的分析"，载《法学杂志》2013 年第 9 期。

予一部分大数据侦查和人工智能证据的应用空间。

　　具体而言，对于侵犯公民权利且可靠性不足的包含算法歧视的人工智能证据应采取绝对排除。算法歧视不同于数据的搜集和使用，其并不是人工智能证据可靠性的必要条件。甚至算法的歧视和偏见将直接影响证据的可靠性。[1]例如，Google 图片软件将黑人识别为大猩猩的事件，[2]不仅构成了对黑人的种族歧视，也造成了错误的结果。换言之，就人工智能证据而言，相关性数据越多准确率越高，因此，在数据使用和证据排除之间有一定矛盾。但对于算法歧视而言，歧视程度的提升不仅不会增强算法的可靠性，还很可能降低算法的可靠性。因此，对存在算法歧视的人工智能证据应该采用绝对排除。该方式不仅契合于提升事实认定准确性的需求，而且对算法的否定性评价不会严重影响大数据侦查以及其他人工智能证据的应用，因为某一个算法的无法使用，不会对其他算法的使用造成太大影响。因此，这种排除方式也不会引发侦查机关的过度反弹。

　　相较于存在算法歧视的人工智能证据，对使用隐私数据的人工智能证据的排除问题要更为复杂，因为此类证据涉及准确与公正之间的价值权衡，特别是在我国，对此类证据进行排除，可能会面临更大的阻力。一方面，当前立法倾向于保护具有可靠性的证据。从立法上看，我国对于非法言词证据和非法实物证据本就采取了不同的立场，对于前者一般采取绝对排除，而对于后者则采取裁量排除。这主要是考虑到物证、书证本身具有的客观性和不可替代性，同时也是为了更好地打击犯罪。[3]值得注意的是，《刑事诉讼法》并没有将视听资料和电子证据纳入可排除实物证据的范畴，换言之，在非法证据排除问题上，视听资料和电子证据所受到的限制要更小，这同样可能是考虑到此类证据的可靠性，进而在立法上留下了

_____

　　〔1〕　参见马国洋："论刑事诉讼中人工智能证据的审查"，载《中国刑事法杂志》2021 年第5 期。

　　〔2〕　参见郭爽："微软聊天机器人为何会'学坏'"，载《光明日报》2016 年 4 月 8 日，第10 版。

　　〔3〕　参见郎胜主编：《中华人民共和国刑事诉讼法修改与适用》，新华出版社 2012 年版，第6 页。

空白。[1]而其他规则也大多忽视了视听资料和电子证据的合法性审查，如《关于办理刑事案件收集提取和审查判断电子数据若干问题的规定》主要是从电子数据完整性、原始存储介质封存、笔录制作、见证人、保管移送等方面规定电子数据可靠性的审查方法，而少部分涉及电子数据取证中权利保障的内容也只是概括性条款，可操作性不强。[2]如前文所述，隐私数据的使用在某种意义上可以增强人工智能证据的可靠性，故而，按照目前的立法倾向，使用隐私数据的人工智能证据可能因其可靠性而在合法性问题上受到的限制将更小，这也就意味着，法官的排除权力也将变得更小。另一方面，使用隐私数据的人工智能证据的排除也可能遭遇侦查机关的较大阻力。这主要是由于，对使用隐私数据的人工智能证据的排除可能会对于大数据侦查行为造成巨大打击。如前文所述，大数据侦查及人工智能证据的获取模糊了立案前与立案后的行为，这也就意味着侦查机关可以实时收集数据和使用算法。这种侦查模式就导致，当一个环节受到限制，整个侦查活动都将受到牵连。申言之，当法官基于权利保障对人工智能证据进行排除时，若否定了某个数据，则意味着基于该数据形成的所有人工智能证据的合法性均存在疑问。而当前数据合作和数据流转十分迅速，一旦否定一个数据，很多参与数据合作和数据共享的数据库都可能被就此否定，大量的大数据侦查以及由此形成的人工智能证据可能均将面临被认定为违法的风险。这种风险是传统证据排除并不需要面对的，以电子证据为例，若侦查机关在立案前对刑事被追诉人的隐私信息进行了搜查，即使法院据此排除了相关的电子邮件、微信聊天记录等证据，也并不会对下一次搜查造成影响。但如果因某个数据排除了人工智能证据，侦查机关就需要检查相关数据库中是否有相同或类似数据，这不仅增加了侦查活动的经济成本和时间成本，同时可能降低侦查和证据的准确性。故而，为了保证更加先进的侦查方法能够更快更好地运转，更多的证据能够出现在法庭之上，侦查机关势必反对此类人工智能证据的排除。

---

〔1〕 参见程雷："非法证据排除规则规范分析"，载《政法论坛》2014 年第 6 期。

〔2〕 参见谢登科："论电子数据收集中的权利保障"，载《兰州学刊》2020 年第 12 期。

　　基于上述分析不难发现，绝对排除使用隐私数据生成的非法人工智能证据很可能不具有可行性。但鉴于人工智能证据的高度风险性，对其使用进行适当限制也有一定必要。对此问题，前述一些学者在限制大数据侦查使用问题上引入比例原则（必要性原则）的方式值得借鉴。[1]具体而言，应拓宽法官在进行排除时的考量因素，并允许法官根据不同案件选取不同的考量因素。在考量因素的选择上，较为有参考价值的是德国的利益权衡理论，该理论要求法官在证据审查时综合考量国家追诉利益与个体利益，最终确定是否在取证程序违法时适用证据使用禁止。[2]以此为基础，德国联邦最高法院通过一系列判例确立了更多的考量因素，即利益权衡理论之多因素论，实践证明，该方式取得了良好的效果。一般而言，法官的考量因素包括所追诉犯罪的种类及严重程度、可能的刑罚种类及严重程度、非法获取之证据对于定罪量刑的权重、证据是否可以通过正常合法的途径获得、侵害基本权利的种类及程度、个体的保护利益与保护需求，以及程序违法的权重。[3]结合人工智能证据的特点，法官在裁量排除非法人工智能证据时，可以考量的因素应包括：（1）被追诉犯罪以及可能刑罚的种类和严重程度。"鉴于大数据侦查对犯罪嫌疑人和大量无辜公民的个人信息甚至隐私信息施加了全面监控与比对，该项措施只能限于预防或者侦查严重犯罪时方可使用。"[4]基于此，对于较为严重的犯罪或可能遭受严重刑罚的情形，应给予人工智能证据更大的使用空间。（2）证据的证明力以及对于犯罪认定的重要程度。对于待证要件事实具有重要证明作用的人工智能证据，排除时应采用更为宽松的审查标准。（3）权利侵犯程度。权利侵犯程度越严重的人工智能证据，越可能遭遇排除。而由于目前需要裁量排除的人工智能证据主要侵犯的是隐私权，因此法官基本不需要考量侵犯权利

---

　　[1]　参见程雷："大数据侦查的法律控制"，载《中国社会科学》2018年第11期；刘玫、陈雨楠："从冲突到融入：刑事侦查中公民个人信息保护的规则建构"，载《法治研究》2021年第5期。

　　[2]　参见王颖："德国刑事证据禁止利益权衡理论的演进及其借鉴"，载《环球法律评论》2021年第4期。

　　[3]　参见王颖："德国刑事证据禁止利益权衡理论的演进及其借鉴"，载《环球法律评论》2021年第4期。

　　[4]　程雷："大数据侦查的法律控制"，载《中国社会科学》2018年第11期。

的类型。（4）证据是否可以通过合法方法获得或是否可以采取更轻微侵犯权利的方法获得。如果存在合法的证据生成方式，那么通过使用隐私数据获取的人工智能证据将更有可能被排除。除上述考量因素外，由于人工智能技术的高速发展，其侵权的方式和程度可能也会产生不同的变化。因此，应允许法官根据技术和数据的相关情况建构新的考量因素。

相对来说，对数据使用侵权的非法人工智能证据采取裁量排除的方式，既可以通过给予法官更多裁量空间和权力的方式，控制侦查机关过度搜集和使用隐私数据，也满足了立法对于事实真相的追求，还不会从根本上否定大数据侦查的行为及其成果。无论是对于立法机关还是侦查机关，这种方式的可接受性均会更强。

当然，上述排除方式主要是为了应对当前大数据侦查程序不明，数据收集和使用方式不规范的状况，若未来对大数据侦查和人工智能证据的取证设立了更加严格的程序，则可以将是否违反法定程序作为证据排除的重要标准。

四、人工智能证据证明力与危险性的平衡检验规则

人工智能证据的证明力与危险性的平衡检验规则主要是为了应对人工智能证据出示时可能造成的负效益，而赋予法官在适当的时候排除证据的权力。当前，我国并没有这种证据规则，可以考虑在人工智能证据的审查规则的构建中引入该规则，一是保障人工智能证据审查的有效性，二是可以以人工智能证据为试点，探索证明力与危险性的平衡检验规则在我国的适用方法。具体来说，该规则应表述为"如果下列一个或多个危险在实质上超过相关人工智能证据的证明力，法院可以排除相关证据：不公正的偏见、混淆争点或者浪费时间"。与此同时，立法也应该分别对不公正的偏见、混淆争点与浪费时间进行解释：如前文所述，不公正的偏见是指人工智能证据可能会暗示法官据以定案的一个不适当的根据；混淆争点是指人工智能证据将法官的注意力过分聚焦于对诉讼结果并非重要的事实争议；浪费时间是指对于人工智能证据的审查将消耗大量时间。此外，考虑到我国法官并没有类似证明力与危险性的平衡检验的经验，应该对证明力与危

险性的平衡检验的方法进行说明，即必须是危险性明显高于证明力的情况，法官才允许排除人工智能证据。

　　需要说明的是，尽管对因数据使用侵犯隐私权的人工智能证据的审查与对证明力与危险性的平衡检验的审查都涉及自由裁量的问题，但因其价值权衡的对象不同，因此在权衡时考量的因素也就有所不同。对于因数据使用侵犯隐私权的人工智能证据而言，其涉及对公民基本权利的侵犯，因此在设计考量因素时，除了证明力，还应包括案件严重程度等其他因素。但人工智能证据的证明力与危险性的平衡检验规则并不涉及基本权利侵犯这种根本性问题，而主要是对诉讼效率等问题产生一定影响，因此，只需要考量其是否符合司法证明目的即可。

结 论

　　人工智能证据的出现有助于提升事实认定的准确性、公正性和效率性。但是，如何认识并审查此类新证据，以防其随意进入法庭而左右法官或事实认定者的判断，进而避免事实认定活动的主体性危机即由机器统治法庭的风险，是一个严峻的挑战。考虑到我国法官对科学证据普遍的迷信，这一问题将更加具有现实意义。因此，本书以人工智能证据为研究对象，对其理论基础、性质、可采性、证明过程和审查制度进行了系统考察，得出以下结论。

　　第一，人工智能证据是智能化技术发展的产物。人工智能证据以机器学习技术为核心技术基础，以大数据和云计算技术为辅助技术基础。从技术论的视角看，人工智能证据的运用应秉持着"人机共融"的技术哲学。从认识论的视角看，该证据主要依托于数据密集型研究以及由此产生的大数据经验主义的理论。

　　第二，人工智能证据是基于人工智能分析形成的可用于证明案件事实的机器意见。人工智能证据是一种新型的科学证据，其分享科学证据科学性、生成性、法律性和伦理性的一般特点，但却不同于常规科学证据，这主要表现为此类证据具有机器决定性、机器复杂性和数据依赖性。

　　第三，人工智能证据的可采性包括相关性、可靠性、合法性和证明力与危险性的平衡检验四个方面。相关性由技术相关性、数据相关性和结论相关性三个层面构成。可靠性同样包括三个层面，分别是技术可靠性、数据可靠性和结论的可解释性。合法性由两个层面构成，分别是技术合法性和数据合法性。证明力与危险性的平衡检验主要关注人工智能证据可能引发的不公正的偏见、混淆争点和浪费时间的危险性是否实质上超过其证明力。

第四，人工智能证据在司法证明过程中的运行需要结合人工智能证据的特点构建新的方案。与其他证据相比，人工智能证据的证据开示、证据出示和证据质证要更为复杂，需要就技术、数据、结论等内容设计具有针对性的方法。人工智能证据的开示应全面披露技术、数据和结论等各类信息。人工智能证据的出示方式包括辨认鉴真和鉴定。对于人工智能证据的辨认鉴真主要应借鉴实物证据的辨认鉴真方法。由于短时间内无法形成成熟的人工智能证据鉴定机构，且对此类证据的鉴定很多时候都会涉及公民隐私、国家秘密和商业秘密，为提升鉴定的有效性和合法性，可以尝试建立人工智能证据监管机构。人工智能证据的出示应具有全面性，既应出示包含技术信息、数据信息、结论及相关解释、鉴定意见和有关专家信息，以及参与人工智能证据生成者的证言及其信息的报告，也应出示源代码和数据库等电子文件。对人工智能证据的质证，应围绕相关性、可靠性、合法性和证明力与危险性的平衡检验进行。在质证方法上，应根据不同的对象采取不同的方法。其中，对普通证人的质证可以依据"证言三角形"理论从证言的可信性入手；对人工智能专家的质证则应从其适格性、诚实性以及运用的知识以及方法的正确性着手。

第五，应构建包含原则、方法和规则的人工智能证据审查制度。人工智能证据的审查原则主要包括三项内容，分别是理性认知原则、可控性原则以及比例原则。人工智能证据的审查方法同样包括三项内容，一是要明确人工智能证据的审查顺序，秉持相关性、可靠性、合法性和证明力与危险性的平衡检验的审查顺序。二是要采取聚焦式审查、体系化审查和立体化审查的审查策略。三是要充分发挥专家在人工智能证据审查中的作用。考虑到规则体系融贯性的要求，人工智能证据的审查规则应结合本国特点进行设计。具体到我国的制度建设，对于人工智能证据审查规则的设计，一是要明确人工智能证据证据规则"两步走"策略；二是要构建相关性和可靠性规则；三是要构建"绝对排除+裁量排除"的非法人工智能证据排除规则；四是要构建证明力与危险性的平衡检验规则。

最后需要指出的是，本书对于人工智能证据的分析与讨论具有一定前瞻性，短时间内可能不能完全实现。但是，随着人工智能技术的快速发展，人工智能证据更多出现在法庭之中已是不可阻挡的趋势。因此，尽快建立系统、合理的规制体系，可以有效避免人工智能证据所引发的风险。当然，本书对于人工智能证据的讨论主要是在证据法内部，但对于此类证据的有效应用和规制，并不会仅靠证据规则就能完全实现。一方面，对于人工智能证据的应用与规制还依赖于其他规则的帮助。例如，对于人工智能技术应用的伦理规则，可以进一步细化人工智能证据合法性和可靠性的要求。另一方面，规则仅仅是停留于纸面上的内容，人工智能证据能否真正发挥作用，还取决于法官、检察官、律师乃至有关专家的能力、态度和实践。因此，对于相关主体及时进行人工智能证据知识的普及与教育培训同样具有重要意义。

参考文献

一、中文著作类

1. 卞建林主编:《证据法学》,中国政法大学出版社 2007 年版。

2. 曾宪武等编著:《大数据技术》,西安电子科技大学出版社 2020 年版。

3. 柴晓宇:《刑事证据开示制度研究》,人民出版社 2018 年版。

4. 常立农:《技术哲学》,湖南大学出版社 2003 年版。

5. 陈瑞华:《刑事审判原理论》,北京大学出版社 2003 年版。

6. 陈瑞华:《刑事证据法》,北京大学出版社 2018 年版。

7. 陈一云主编:《证据学》,中国人民大学出版社 1991 年版。

8. 冯玉军:《法律与经济推理:寻求中国问题的解决》,经济科学出版社 2008 年版。

9. 郭华:《鉴定结论论》,中国人民公安大学出版社 2007 年版。

10. 韩大元:《宪法学基础理论》,中国政法大学出版社 2008 年版。

11. 何家弘、刘品新:《证据法学》,法律出版社 2019 年版。

12. 胡沛、韩璞:《大数据技术及应用探究》,电子科技大学出版社 2018 年版。

13. 季美君:《专家证据制度比较研究》,北京大学出版社 2008 年版。

14. 李德顺:《价值论》,中国人民大学出版社 2007 年版。

15. 李慧玲:《云计算技术应用研究》,电子科技大学出版社 2017 年版。

16. 李兆延、罗智、易明升主编:《云计算导论》,航空工业出版社 2020 年版。

17. 鲁涤:《法医 DNA 证据相关问题研究》,中国政法大学出版社 2012 年版。

18. 邱仁宗编著:《科学方法和科学动力学——现代科学哲学概述》,高等教育出版社 2006 年版。

19. 尚福华等编著:《人工智能》,哈尔滨工业大学出版社 2008 年版。

20. 尚华:《论质证》,中国政法大学出版社 2013 年版。

21. 孙周兴选编：《海德格尔选集（下）》，生活·读书·新知上海三联书店 1996 年版。

22. 汪荣贵、杨娟、薛丽霞编著：《机器学习及其应用》，机械工业出版社 2019 年版。

23. 王进喜：《美国〈联邦证据规则〉（2011 年重塑版）条解》，中国法制出版社 2012 年版。

24. 王庆喜、陈小明、王丁磊主编：《云计算导论》，中国铁道出版社 2018 年版。

25. 王秋月等编著：《人工智能与机器学习》，中国人民大学出版社 2020 年版。

26. 邬焜：《信息哲学：理论、体系、方法》，商务印书馆 2005 年版。

27. 夏甄陶：《认识论引论》，人民出版社 1986 年版。

28. 徐洁磐编著：《人工智能导论》，中国铁道出版社 2019 年版。

29. 杨世春等：《自动驾驶汽车决策与控制》，清华大学出版社 2020 年版。

30. 易延友：《证据法学：原则、规则、案例》，法律出版社 2017 年版。

31. 占善刚、刘显鹏：《证据法论》，武汉大学出版社 2019 年版。

32. 张保生等：《证据科学论纲》，经济科学出版社 2019 年版。

33. 张保生主编：《证据法学》，中国政法大学出版社 2018 年版。

34. 张华平、商建云、刘兆友编著：《大数据智能分析》，清华大学出版社 2019 年版。

35. 张军主编：《刑事证据规则理解与适用》，法律出版社 2010 年版，第 232 页。

36. 张南宁：《科学证据基本问题研究》，中国政法大学出版社 2013 年版。

37. 张新宝：《隐私权的法律保护》，群众出版社 1997 年版。

38. 郑飞主编：《中国人工智能法治发展报告（1978—2019）》，知识产权出版社 2020 年版。

39. 邹珊刚主编：《技术与技术哲学》，知识出版社 1987 年版。

二、译著类

1. ［德］哈特穆特·毛雷尔：《行政法学总论》，高家伟译，法律出版社 2000 年版。

2. ［德］马克斯·舍勒：《知识社会学问题》，艾彦译，华夏出版社 2000 年版。

3. ［古希腊］亚里士多德：《政治学》，吴寿彭译，商务印书馆 1997 年版。

4. ［加］威廉·莱斯：《自然的控制》，岳长龄、李建华译，重庆出版社 1996 年版。

5. ［美］埃里克·布莱恩约弗森、安德鲁·麦卡菲：《第二次机器革命：数字化技术将如何改变我们的经济与社会》，蒋永军译，中信出版社 2016 年版。

6. ［美］布兰登·L. 加勒特：《误判：刑事指控错在哪了》，李奋飞等译，中国政法大学出版社 2015 年版。

7. ［美］罗伯特·达尔：《论民主》，李柏光、林猛译，商务印书馆 1999 年版。

8. ［美］罗纳德·J. 艾伦、理查德·B. 库恩斯、埃莉诺·斯威夫特：《证据法：文本、问题和案例》，张保生、王进喜、赵滢译，高等教育出版社 2006 年版。

9. ［美］罗素、诺维格：《人工智能：一种现代方法》，殷建平等译，清华大学出版社 2013 年版。

10. 美国国家科学院国家研究委员会：《美国法庭科学的加强之路》，王进喜等译，中国人民大学出版社 2012 年版。

11. ［美］米尔吉安·R. 达马斯卡：《比较法视野中的证据制度》，吴宏耀等译，中国人民公安大学出版社 2006 年版。

12. ［美］乔恩·R. 华尔兹：《刑事证据大全》，何家弘等译，中国人民公安大学出版社 2004 年版。

13. ［美］苏珊·哈克：《理性地捍卫科学——在科学主义与犬儒主义之间》，曾国屏、袁航等译，中国人民大学出版社 2008 年版。

14. ［美］特伦斯·安德森、戴维·舒姆、［英］威廉·特文宁：《证据分析》，张保生等译，中国人民大学出版社 2012 年版。

15. ［美］托马斯·库恩：《科学革命的结构》，金吾伦、胡新和译，北京大学出版社 2003 年版。

16. ［美］威廉姆·戴维德：《过度互联　互联网的奇迹与威胁》，李利军译，中信出版社 2012 年版。

17. ［美］亚历克斯·斯坦：《证据法的根基》，樊传明等译，中国人民大学出版社 2018 年版。

18. ［美］伊恩·古德费洛、［加］约书亚·本吉奥、亚伦·库维尔：《深度学习》，赵申剑等译，人民邮电出版社 2017 年版。

19. ［美］约翰·罗尔斯：《正义论》，何怀宏、何包钢、廖申白译，中国社会科学出版社 1988 年版。

20. ［日］田口守一：《刑事诉讼法》，张凌、于秀峰译，法律出版社 2019 年版。

21. ［新西兰］史蒂芬·马斯兰：《机器学习：算法视角》，高阳等译，机械工业出版社 2019 年版。

22. ［英］A. F. 查尔默斯：《科学究竟是什么》，查汝强、江枫、邱仁宗译，商务印书馆 1982 年版。

23. ［英］休谟：《人类理解研究》，吕大吉译，商务印书馆 1999 年版。

24. ［英］休谟：《人性论》，关文运译，商务印书馆 1980 年版。

25. ［英］卡尔·波普尔：《猜想与反驳：科学知识的增长》，傅季重等译，上海译文出版社 2005 年版。

26. ［英］卡尔·波普尔：《无尽的探索：卡尔·波普尔自传》，邱仁宗译，江苏人民出版社 2000 年版。

27. ［英］凯伦·杨、马丁·洛奇编：《驯服算法——数字歧视与算法规制》，林少伟、唐林垚译，上海人民出版社 2020 年版。

28. ［英］维克托·迈尔-舍恩伯格、肯尼思·库克耶：《大数据时代 生活、工作与思维的大变革》，盛杨燕、周涛译，浙江人民出版社 2013 年版。

29. Tony Hey、Stewart Tansley、Kristin Tolle：《第四范式：数据密集型科学发现》，潘教峰等译，科学出版社 2012 年版。

三、外文著作类

1. Amelia Phillips, et al. , *E-Discovery*: *An Introduction to Digital Evidence*, Delmar Learning, 2013.

2. Bryan A. Garner, *Black's Law Dictionary*, Thomson West, 2004, 8th ed.

3. Bryan A. Garner, *Black's Law Dictionary*, Thomson West, 2009, 9th ed.

4. Christian Rudder, *Dataclysm*: *Who We Are*, Crown Publishers, 2014.

5. Christopher B. Mueller, Laird C. Kirkpatrick, *Evidence under the Rules*: *Text*, *Cases*, *and Problems*, Aspen Publishers, 2004.

6. Colin Strong, *Humanizing Big Data*: *Marketing at the Meeting of Data*, Social Science and Consumer Insight, Kogan Page, 2015.

7. Frank Pasquale, *The Black Box Society*: *The Secret Algorithms That Control Money and Information*, Harvard University Press, 2015.

8. Frank W. Miller, et al. , *Criminal Justice Administration*: *Cases and Materials*, Foundation Press, 2000, 5th ed.

9. James Bradley Thayer, *A Preliminary Treatise on Evidence at the Common Law*, Little Brown, 1898.

10. Jank H. Friedenthel, Mary Kay Kane, Arthur R. Miller, *Civil Procedure*, West Publishing Co. , 1993, 2nd ed.

11. Jaspers, *The Origin and Goal of History*, Yale University Press, 1965.

12. John Henry Wigmore, *Code of Evidence*, Little Brown, 1942, 3rd ed.

13. Marcia Angell, *Science on Trial：The Clash of Medical Evidence and the Law in the Breast Implant Case*, WW Norton & Company, 1997.

14. Nancy Nersessian, *The Process of Science：Contemporary Philosophical Approaches to Understanding Scientific Practice*, Springer Science & Business Media, 1987.

15. Ronald J. Allen, et al., *An Analytical Approach to Evidence：Text, Problems, and Cases*, Wolters Kluwer Law & Business, 2016, 6th ed.

16. Tarleton Gillespie, Pablo J. Boczkowski, Kirsten A. Foot, *Media Technologies：Essays on Communication, Materiality, and Society*, MIT Press, 2014.

17. Terrence F. Kiely, *Forensic Evidence：Science and the Criminal Law*, Second Edition, CRC Press, 2005.

四、中文期刊论文类

1. ［美］戴维·伯格兰："证据法的价值分析"，张保生、郑林涛译，载《证据学论坛》2007 年第 2 期。

2. ［美］罗纳德·J. 艾伦、迈克尔·S. 帕尔多："相对似真性及其批评"，熊晓彪、郑凯心译，载《证据科学》2020 年第 4 期。

3. ［美］罗纳德·J. 艾伦："证据的相关性和可采性"，张保生、强卉译，载《证据科学》2010 年第 3 期。

4. 曹克："变化和发展中的技术哲学"，载《自然辩证法研究》2000 年第 6 期。

5. 陈邦达："美国科学证据采信规则的嬗变及启示"，载《比较法研究》2014 年第 3 期。

6. 陈邦达："以审判为中心视角下科学证据质证问题研究"，载《中国司法鉴定》2017 年第 3 期。

7. 陈刚："解释与规制：程序法定主义下的大数据侦查"，载《法学杂志》2020 年第 12 期。

8. 陈林林："法学基本范畴研究：证据"，载《浙江社会科学》2019 年第 6 期。

9. 陈奇敏："全面推广讯问同步录音录像制度之我见"，载《刑事法判解》2009 年第 1 期。

10. 陈学权："科学对待 DNA 证据的证明力"，载《政法论坛》2010 年第 5 期。

11. 程雷："大数据侦查的法律控制"，载《中国社会科学》2018 年第 11 期。

12. 程雷："非法证据排除规则规范分析"，载《政法论坛》2014 年第 6 期。

13. 褚福民："电子证据真实性的三个层面——以刑事诉讼为例的分析"，载《法学研究》2018 年第 4 期。

14. 崔靖梓："算法歧视挑战下平等权保护的危机与应对"，载《法律科学（西北政法大学学报）》2019 年第 3 期。

15. 戴建华："论法的安定性原则"，载《法学评论》2020 年第 5 期。

16. 邓子滨："'科学审判'"，载《读书》2021 年第 11 期。

17. 董春雨、薛永红："数据密集型、大数据与'第四范式'"，载《自然辩证法研究》2017 年第 5 期。

18. 杜国强："风险规制型决策视域下的科学证据问题"，载《证据科学》2021 年第 3 期。

19. 杜明强："无人驾驶汽车运行中隐私权保护困境与进路"，载《河南财经政法大学学报》2021 年第 4 期。

20. 樊崇义、李思远："论电子证据时代的到来"，载《苏州大学学报（哲学社会科学版）》2016 年第 2 期。

21. 樊崇义、徐歌旋："非法证据排除规则的确立和发展"，载《学习与探索》2017 年第 7 期。

22. 樊崇义、张自超："大数据时代下职务犯罪侦查模式的变革探究"，载《河南社会科学》2016 年第 12 期。

23. 樊崇义："从'应当如实回答'到'不得强迫自证其罪'"，载《法学研究》2008 年第 2 期。

24. 丰叶："职务犯罪大数据证据研究"，载《科技与法律》2020 年第 1 期。

25. 冯姣："论互联网电子证据的出示"，载《哈尔滨工业大学学报（社会科学版）》2020 年第 4 期。

26. 高一飞、王金建："'毒树之果'规则及其在我国的构建"，载《人民检察》2017 年第 21 期。

27. 龚举文："论监察调查中的非法证据排除"，载《法学评论》2020 年第 1 期。

28. 郭道晖："权力的特性及其要义"，载《山东科技大学学报（社会科学版）》2006 年第 2 期。

29. 郭贵春："二十世纪西方经验主义思潮的演变"，载《自然辩证法通讯》1989 年第 4 期。

30. 郭金霞："电子数据鉴真规则解构"，载《政法论坛》2019 年第 3 期。

31. 郭锐："人工智能的伦理风险及其治理"，载《北京航空航天大学学报（社会科学版）》2020 年第 6 期。

32. 何家弘："证据的采纳和采信——从两个'证据规定'的语言问题说起"，载《法学研究》2011 年第 3 期。

33. 何家弘等："大数据侦查给证据法带来的挑战"，载《人民检察》2018 年第 1 期。

34. 胡志风："大数据在职务犯罪侦查模式转型中的应用"，载《国家检察官学院学报》2016 年第 4 期。

35. 朱舒成："互联网涉众型经济犯罪侦办中的云警务研究"，载《广西警察学院学报》2020 年第 3 期。

36. 季美君："澳大利亚专家证据可采性规则研究"，载《证据科学》2008 年第 2 期。

37. 贾向桐："大数据背景下'第四范式'的双重逻辑及其问题"，载《江苏行政学院学报》2017 年第 6 期。

38. 贾向桐："大数据的新经验主义进路及其问题"，载《江西社会科学》2017 年第 12 期。

39. 贾向桐："论当代大数据发展中的理论终结论"，载《南开学报（哲学社会科学版）》2019 年第 2 期。

40. 蒋勇："大数据时代个人信息权在侦查程序中的导入"，载《武汉大学学报（哲学社会科学版）》2019 年第 3 期。

41. 李三波、项赟："现代软件工程技术分析 Therac-25 灾难事故"，载《计算机系统应用》2007 年第 7 期。

42. 李醒民："合理性是科学理论的本相"，载《北京行政学院学报》2007 年第 4 期。

43. 李哲："刑事诉讼中的诉讼及时原则"，载《国家检察官学院学报》2004 年第 4 期。

44. 李志芳、邓仲华："科学研究范式演变视角下的情报学"，载《情报理论与实践》2014 年第 1 期。

45. 梁坤："论初查中收集电子数据的法律规制——兼与龙宗智、谢登科商榷"，载《中国刑事法杂志》2020 年第 1 期。

46. 廖思蕴："中国语境下实物证据鉴真规则的构建"，载《证据科学》2021 年第 3 期。

47. 林喜芬："大数据证据在刑事司法中的运用初探"，载《法学论坛》2021 年第 3 期。

48. 刘方："试论控辩平等"，载《人民检察》2006 年第 23 期。

49. 纵博："不可靠证据排除规则的理论逻辑、适用困境及其出路"，载《环球法律评论》2020 年第 3 期。

50. 刘品新："论大数据证据"，载《环球法律评论》2019 年第 1 期。

51. 刘仁文、曹波："人工智能体的刑事风险及其归责"，载《江西社会科学》2021 年
第 8 期。

52. 刘宪权、朱彦："人工智能时代对传统刑法理论的挑战"，载《上海政法学院学报》
2018 年第 2 期。

53. 刘译矾："论电子数据的双重鉴真"，载《当代法学》2018 年第 3 期。

54. 刘友华："算法偏见及其规制路径研究"，载《法学杂志》2019 年第 6 期。

55. 龙宗智："刑事诉讼中的证据开示制度研究（上）"，载《政法论坛》1998 年第
1 期。

56. 罗天强："论技术与自然规律"，载《科学学研究》2008 年第 4 期。

57. 马国洋："论刑事诉讼中人工智能证据的审查"，载《中国刑事法杂志》2021 年第
5 期。

58. 马忠红："刑事案件侦查中的轨迹分析法"，载《中国刑事法杂志》2012 年第 8 期。

59. 裴炜："个人信息大数据与刑事正当程序的冲突及其调和"，载《法学研究》2018
年第 2 期。

60. 皮勇："论自动驾驶汽车生产者的刑事责任"，载《比较法研究》2022 年第 1 期。

61. 齐磊磊："大数据经验主义——如何看待理论、因果与规律"，载《哲学动态》
2015 年第 7 期。

62. 邱爱民、杨宏云："论美国科学证据可采性的多伯特规则及其前因后果"，载《江
海学刊》2012 年第 3 期。

63. 邱爱民："科学证据内涵和外延的比较法分析"，载《比较法研究》2010 年第 5 期。

64. 侣化强："讯问录音录像的功能定位：在审判中心主义与避免冤案之间"，载《法
学论坛》2020 年第 4 期。

65. 宋海龙："大数据时代思维方式变革的哲学意蕴"，载《理论导刊》2014 年第 5 期。

66. 宋维彬："传闻法则与直接言词原则之比较研究"，载《东方法学》2016 年第 5 期。

67. 宋英辉、叶衍艳："我国审判阶段非法证据排除启动程序问题研究——基于〈刑事
诉讼法〉及相关司法解释的分析"，载《法学杂志》2013 年第 9 期。

68. 宋英辉："论非法证据运用中的价值冲突与选择"，载《中国法学》1993 年第 3 期。

69. 苏青："鉴定意见概念之比较与界定"，载《法律科学（西北政法大学学报）》
2016 年第 1 期。

70. 孙远："论法定证据种类概念之无价值"，载《当代法学》2014 年第 2 期。

71. 万毅："解读'非法证据'——兼评'两个〈证据规定〉'"，载《清华法学》2011 年第 2 期。

72. 汪祖兴、宋汉林："民事社会科学证据的中国图景"，载《现代法学》2014 年第 2 期。

73. 王春梅："《格里申法案》机器人二元定性的启示与反思"，载《江汉论坛》2020 年第 9 期。

74. 王聪："'共同善'维度下的算法规制"，载《法学》2019 年第 12 期。

75. 王海东："维特根斯坦论意义盲人及人工智能"，载《云南大学学报（社会科学版）》2019 年第 4 期。

76. 王进喜："法证科学中的认知偏差——司法鉴定出错的心理之源"，载《清华法学》2021 年第 5 期。

77. 王利明："隐私权概念的再界定"，载《法学家》2012 年第 1 期。

78. 王禄生："论法律大数据'领域理论'的构建"，载《中国法学》2020 年第 2 期。

79. 王禄生："司法大数据与人工智能技术应用的风险及伦理规制"，载《法商研究》2019 年第 2 期。

80. 王燃："大数据时代侦查模式的变革及其法律问题研究"，载《法制与社会发展》2018 年第 5 期。

81. 王一炜、孙楠："基于激光扫描的面部智能识别人机交互界面"，载《激光杂志》2019 年第 4 期。

82. 王颖："德国刑事证据禁止利益权衡理论的演进及其借鉴"，载《环球法律评论》2021 年第 4 期。

83. 文盛堂："论现代科技发展的态势功用及与法制的关系"，载《科技与法律》1996 年第 1 期。

84. 吴高庆："论我国非法证据排除程序的完善"，载《浙江工商大学学报》2011 年第 4 期。

85. 吴虹、刘则渊："论技术进步的合目的性与合规律性的辩证统一"，载《自然辩证法研究》2004 年第 9 期。

86. 向燕："论刑事综合型证明模式及其对印证模式的超越"，载《法学研究》2021 年第 1 期。

87. 项焱、陈曦："大数据时代美国信息隐私权客体之革新——以宪法判例为考察对象",载《河北法学》2019 年第 11 期。

88. 肖峰、邓璨明:"人工智能:接缘技术哲学的多重考察",载《马克思主义与现实》2021 年第 4 期。

89. 谢登科:"论初查中收集电子数据的证据能力",载《大连理工大学学报(社会科学版)》2021 年第 4 期。

90. 谢登科:"论电子数据收集中的权利保障",载《兰州学刊》2020 年第 12 期。

91. 谢君泽:"论大数据证明",载《中国刑事法杂志》2020 年第 2 期。

92. 谢小剑:"讯问录音录像的功能发展:从过程证据到结果证据",载《政治与法律》2021 年第 8 期。

93. 徐凤:"人工智能算法黑箱的法律规制——以智能投顾为例展开",载《东方法学》2019 年第 6 期。

94. 徐杰等:"人工智能指纹识别技术在警务实战中的应用",载《刑事技术》2021 年第 3 期。

95. 徐娟、杜家明:"智慧司法实施的风险及其法律规制",载《河北法学》2020 年第 8 期。

96. 徐敏、李广建:"第四范式视角下情报研究的展望",载《情报理论与实践》2017 年第 2 期。

97. 闫宏秀:"可信任:人工智能伦理未来图景的一种有效描绘",载《理论探索》2019 年第 4 期。

98. 闫召华:"论不可靠刑事证据的排除",载《当代法学》2020 年第 3 期。

99. 杨继文、范彦英:"大数据证据的事实认定原理",载《浙江社会科学》2021 年第 10 期。

100. 杨建国:"论科学证据可靠性的审查认定——基于判决书中鉴定结论审查认定的实证研究与似真推理分析",载《中国刑事法杂志》2012 年第 1 期。

101. 伊卫风:"算法自动决策中的人为歧视及规制",载《南大法学》2021 年第 3 期。

102. 余璀璨、李慧斌:"基于深度学习的人脸识别方法综述",载《工程数学学报》2021 年第 4 期。

103. 元轶:"大数据证据二元实物证据属性及客观校验标准",载《山西大学学报(哲学社会科学版)》2021 年第 5 期。

104. 元轶:"庭审实质化压力下的制度异化及裁判者认知偏差",载《政法论坛》2019 年第 4 期。

105. 元轶："证据制度循环演进视角下大数据证据的程序规制——以神示证据为切入"，载《政法论坛》2021 年第 3 期。

106. 袁康："可信算法的法律规制"，载《东方法学》2021 年第 3 期。

107. 袁相亭、刘方权："监察与司法的管辖衔接机制研究"，载《交大法学》2019 年第 4 期。

108. 张保生："法学与历史学事实认定方法的比较"，载《厦门大学学报（哲学社会科学版）》2020 年第 1 期。

109. 张保生："广义证据科学导论"，载《证据科学》2019 年第 2 期。

110. 张保生："事实、证据与事实认定"，载《中国社会科学》2017 年第 8 期。

111. 张保生："推定是证明过程的中断"，载《法学研究》2009 年第 5 期。

112. 张成岗："西方技术观的历史嬗变与当代启示"，载《南京大学学报（哲学·人文科学·社会科学版）》2013 年第 4 期。

113. 张建伟："司法的科技应用：两个维度的观察与分析"，载《浙江工商大学学报》2021 年第 5 期。

114. 张健："审判中心改革背景下非法证据排除规则的落实与完善——基于 2013 年来 486 份刑事判决书的实证考察"，载《西安电子科技大学学报（社会科学版）》2016 年第 3 期。

115. 张可："大数据侦查之程序控制：从行政逻辑迈向司法逻辑"，载《中国刑事法杂志》2019 年第 2 期。

116. 张南宁："科学证据可采性标准的认识论反思与重构"，载《法学研究》2010 年第 1 期。

117. 张文显："法理：法理学的中心主题和法学的共同关注"，载《清华法学》2017 年第 4 期。

118. 赵泽林："理性主义与经验主义：人工智能的哲学分析"，载《系统科学学报》2018 年第 4 期。

119. 郑飞、马国洋："大数据证据适用的三重困境及出路"，载《重庆大学学报（社会科学版）》2022 年第 3 期。

120. 郑飞："证据属性层次论——基于证据规则结构体系的理论反思"，载《法学研究》2021 年第 2 期。

121. 郑祥福、洪伟："走向衰落的'后经验主义'"，载《自然辩证法研究》2000 年第 11 期。

122. 郑玉双："计算正义：算法与法律之关系的法理建构"，载《政治与法律》2021 年第 11 期。

123. 周翠："互联网法院建设及前景展望"，载《法律适用》2018 年第 3 期。

124. 周辉："算法权力及其规制"，载《法制与社会发展》2019 年第 6 期。

125. 周晓亮："西方近代认识论论纲：理性主义与经验主义"，载《哲学研究》2003 年第 10 期。

126. 周佑勇："论智能时代的技术逻辑与法律变革"，载《东南大学学报（哲学社会科学版）》2019 年第 5 期。

127. 周在天："普特南与夏皮尔科学实在论比较"，载《理论导刊》2005 年第 6 期。

128. 左卫民、彭昕："物证的直接式调查：实证研究与理论思考"，载《中国刑事法杂志》2020 年第 6 期。

129. 左卫民："从通用化走向专门化：反思中国司法人工智能的运用"，载《法学论坛》2020 年第 2 期。

130. 左卫民："关于法律人工智能在中国运用前景的若干思考"，载《清华法学》2018 年第 2 期。

131. 左卫民："迈向大数据法律研究"，载《法学研究》2018 年第 4 期。

五、外文期刊论文类

1. Andre A. Moenssens, "Handwriting Identification Evidence in the Post‐Daubert World", *UMKC Law Review*, 66 (1997).

2. Andrea Roth, "Machine Testimony", *Yale Law Journal*, 126 (2017).

3. Christian Chessman, "A 'Source' of Error: Computer Code, Criminal Defendants, and the Constitution", *California Law Review*, 105 (2017).

4. Clifton T. Hutchinson, Danny S. Ashby, "Daubert v. Merrell Dow Pharmaceuticals, Inc.: Redefining the Bases for Admissibility of Expert Scientific Testimony", *Cardozo Law Review*, 15 (1993).

5. Curtis E. A. Karnow, "The Opinion of Machines", *Columbia Science and Technology Law Review*, 19 (2017).

6. Derek M. Jones, "Operand Names Influence Operator Precedence Decisions", *C Vu*, 20 (2008).

7. Erin Murphy, "The New Forensics: Criminal Justice, False Certainty, and the Second Gen-

erationof Scientific Evidence", *California Law Review*, 95 (2007).

8. Francesca Palmiotto, "Regulating Algorithmic Opacity In Criminal Proceedings: An Opportunity For The EU Legislator?", *Maastricht Law*, *Faculty of Law WP*, 1 (2020).

9. Geoffrey E. Hinton, Simon Osindero, Yee-Whye Teh, "A Fast Learning Algorithm for Deep Belief Nets", *Neural Computation*, 18 (2006).

10. Ian J. Goodfellow, et al. , "Generative Adversarial Nets", *Advances In Neural Information Processing Systems*, 3 (2014).

11. Ignacio N. Cofone, "Algorithmic Discrimination Is an Information Problem", *Hastings Law Journal*, 70 (2019).

12. Jess Hutto-Schultz, Dicitur Ex Machina, "Artificial Intelligence and the Hearsay Rule", *George Mason Law Review*, 27 (2020).

13. Joshua A. Krol, et al. , "Accountable Algorithms", *University of Pennsylvania Law Review*, 165 (2016).

14. Joshua A. T. Fairfield, Erik Luna, "Digital Innocence", *Cornell Law Review*, 99 (2014).

15. Katherine Quezada-Tavárez, "Plixavra Vogiatzoglou, Sofie Royer, Legal Challenges in Bringing AI Evidence to the Criminal Courtroom", *New Journal of European Criminal Law*, 12 (2021).

16. Latanya Sweeney, "Discrimination in Online Ad Delivery", *Queue*, 11 (2013).

17. Laurens Walker, John Monahan, "Scientific Authority: The Breast Implant Litigation and Beyond", *Virginia Law Review*, 86 (2000).

18. Liu Xiaoxuan, et al. , "A Comparison of Deep Learning Performance against Health-care Professionals in Detecting Diseases from Medical Imaging: A Systematic Review and Meta-analysis", *The Lancet Digital Health*, 1 (2019).

19. Martin Frické, "Big Data and Its Epistemology", *Journal of the Association for Information Science and Technology*, 66 (2015).

20. Patrick W. Nutter, "Machine Learning Evidence: Admissibility and Weight", *University of Pennsylvania Journal of Constitutional Law*, 21 (2018).

21. Ric Simmons, "Quantifying Criminal Procedure: How to Unlock the Potential of Big Data in Our Criminal Justice System", *Michigan State Law Review*, 2016 (2016).

22. Rob Kitchin, "Big Data, New Epistemologies and Paradigm Shifts", *Big Data & Society*, 1 (2014).

23. Sabine Gless，"AI in the Courtroom：A Comparative Analysis of Machine Evidence in Criminal Trials"，*Georgetown Journal of International Law*，51（2020）.

24. Sandeep Rajani，"Artificial Intelligence‐Man or Machine"，*International Journal of Information Technology and Knowledge Management*，4（2011）.

25. Sandra G. Mayson，"Bias in，Bias out"，*Yale Law Journal*，128（2018）.

26. Starr Douglas，"When DNA Is Lying"，*Science*，351（2016）.

27. Stephanie Bornstein，"Antidiscriminatory Algorithms"，*Alabama Law Review*，70（2018）.

28. Victor Nicholas A. Metallo，"The Impact of Artificial Intelligence on Forensic Accounting and Testimony‐Congress Should Amend'the Daubert Rule'to Include a New Standard"，*Emory Law Journal Online*，69（2019‐2020）.

29. Wang Yilun，Michal Kosinski，"Deep Neural Networks Are More Accurate than Humans at Detecting Sexual Orientation from Facial Images"，*Journal of Personality and Social Psychology*，114（2018）.

30. Wayne A. Logan，Andrew Guthrie Ferguson，"Policing Criminal Justice Data"，*Minnesota Law Review*，101（2016）.

六、报纸杂志类

1. 陈颖之、王四齐、孙菁雯："认罪认罚，要认得明明白白　江苏如皋：探索建立认罪认罚案件证据开示制度"，载《检察日报》2020年10月26日，第2版。

2. 扈炳刚："可视化办案模式使证据审查更清晰更精准"，载《检察日报》2018年11月28日，第11版。

3. 刘劲杨："人工智能算法的复杂性特质及伦理挑战"，载《光明日报》2017年9月4日，第15版。

4. 闫宏秀："哲学何以解码技术：技术哲学的未来路向"，载《光明日报》2020年12月14日，第15版。

5. 於兴中："当法律遇上人工智能"，载《法制日报》2016年3月28日，第7版。

七、案例及判决书类

1. 安徽省高级人民法院（2019）皖刑终118号刑事判决书。

2. 内蒙古自治区包头市青山区人民法院（2019）内0204刑初485号刑事判决书。

3. 辽宁省大连市西岗区人民法院（2021）辽0203刑初60号刑事附带民事判决书。

4. 甘肃省高级人民法院（2020）甘刑终 67 号刑事裁定书。

5. 广东省江门市新会区人民法院（2020）粤 0705 刑初 645 号刑事判决书。

6. 广东省深圳市宝安区人民法院（2019）粤 0306 刑初 2504 号刑事判决书。

7. 广东省中山市第二人民法院（2017）粤 2072 刑初 2171 号刑事判决书。

8. 广东省珠海市香洲区人民法院（2019）粤 0402 刑初 723 号刑事判决书。

9. 广西壮族自治区来宾市中级人民法院（2021）桂 13 刑初 16 号刑事判决书。

10. 贵州省贵阳市观山湖区人民法院（2019）黔 0115 刑初 228 号刑事判决书。

11. 河北省唐山市中级人民法院（2020）冀 02 刑终 210 号刑事裁定书。

12. 湖北省武汉市江岸区人民法院（2018）鄂 0102 刑初 1123 号刑事判决书。

13. 湖南省衡山县人民法院（2020）湘 0423 刑初 11 号刑事判决书。

14. 湖南省永州市中级人民法院（2021）湘 11 刑终 13 号刑事附带民事裁定书。

15. 湖南省攸县人民法院（2018）湘 0223 刑初 242 号刑事判决书。

16. 湖南省株洲市中级人民法院（2020）湘 02 刑终 244 号刑事判决书。

17. 江苏省东海县人民法院（2019）苏 0722 刑初 830 号刑事判决书。

18. 江苏省扬州市中级人民法院（2014）扬刑二终字第 0032 号刑事裁定书。

19. 江西省景德镇市中级人民法院（2018）赣 02 刑终 131 号刑事裁定书。

20. 浙江省宁波市江北区人民法院（2017）浙 0205 刑初 411 号刑事判决书。

21. 青海省西宁市城中区人民法院（2020）青 0103 刑初 3 号刑事判决书。

22. 沈阳市沈河区人民法院（2019）辽 0103 刑初 1399 号刑事判决书。

23. 四川省绵阳市涪城区人民法院（2019）川 0703 刑初 597 号刑事判决书。

24. 四川省自贡市贡井区人民法院（2021）川 0303 刑初 13 号刑事判决书。

25. 天津市宝坻区人民法院（2019）津 0115 刑初 340 号刑事判决书。

26. 新疆维吾尔自治区乌鲁木齐市中级人民法院（2020）新 01 刑初 45 号刑事附带民事判决书。

27. 云南省楚雄彝族自治州中级人民法院（2020）云 23 刑初 6 号刑事判决书。

28. 云南省大理白族自治州中级人民法院（2020）云 29 刑终 196 号刑事附带民事裁定书。

29. 云南省高级人民法院（2016）云刑终 1408 号刑事判决书。

30. 云南省高级人民法院（2019）云刑终 1159 号刑事判决书。

31. 云南省高级人民法院（2020）云刑核 28559167 号刑事裁定书。

32. 云南省高级人民法院（2020）云刑核 64757499 号刑事裁定书。

33. 云南省高级人民法院（2020）云刑终 734 号刑事裁定书。

34. 云南省腾冲市人民法院（2016）云 0581 刑初 482 号刑事判决书。

35. 云南省维西傈僳族自治县人民法院（2019）云 3423 刑初 89 号刑事判决书。

36. 云南省镇康县人民法院（2019）云 0924 刑初 73 号刑事判决书。

37. 浙江省慈溪市人民法院（2020）浙 0282 刑初 1371 号刑事判决书。

38. 浙江省乐清市人民法院（2016）浙 0382 刑初 2332 号刑事判决书。

39. 浙江省绍兴市上虞区人民法院（2020）浙 0604 刑初 223 号刑事判决书。

40. 中华人民共和国最高人民法院（2020）最高法知民辖终 323 号民事裁定书。

41. Carpenter v. United States, 138 S. Ct. 2206; 585 U. S. （2018）.

42. Commonwealth v. Loadholt, 923 N. E. 2d 1037（Mass. 2010）.

43. Daubert v. Merrell Dow Pharmaceuticals, Inc., 509 U. S. 579（1993）.

44. Environmental Defense Fund, Inc. v. Ruckelshaus, 142 U. S. App. D. C. 74, 88, 439 F. 2d 584, 598（1971）.

45. Frye v. United States, 293 F. 1013（D. C. Cir. 1923）.

46. Government of Virgin Islands v. Vicars, 340 Fed. Appx. 807（3d cIR. 2009）.

47. Griswold v. Connecticut, 381 U. S. 479（1965）.

48. Havard v. Baxter International Inc., No. 92-0863, memorandum and order issued（N. D. Ohio, July 21, 2000）.

49. Illinois v. Williams, 939 N. E. 2d 268（Ill. 2010）.

50. Jeter v. Commonwealth, 607 S. E. 734, 737-740（Va. App. 2005）.

51. Kumho Tire Co. v. Carmichael, 526 U. S. 137（1999）.

52. Melendez-Diaz v. Massachusetts, 557 U. S. 305（2009）.

53. Palmer v. Hoffman, 318 U. S. 109（1943）.

54. People v. Dinardo, 801 N. W. 2d 73, 79（Mich. Ct. App. 2010）.

55. Pickett v. State, 112 A. 3d 1078, 1090（Md. Ct. Spec. App. 2015）.

56. Pozefsky v. Baxter Healthcare Corp., 2001 U. S. Dist. LEXIS 11813（ND NY Aug. 16, 2001）.

57. Rowe Entm't, Inc. v. The William Morris Agency, Inc., 205 F. R. D. 421（S. D. N. Y. 2002）.

58. State v. Dilboy, 2010 WL 1541447（N. H. 2010）.

59. State v. Locklear, 681 S. E. 2d 293（N. C. 2009）.

60. Toledo v. Medical Engineering Corp., 50 Pa. D. & C. 4th 129 (Com. Pleas Ct. of Phila. County, Dec. 29, 2000).

61. United States v. Downing, 753 F. 2d 1224, 1242 (3d Cir. 1985).

62. United States v. Grimes, 2021 WL 5095369 (N. D. Ga 2021).

63. United States v. Lizarraga-Tirado, 789 F. 3d 1107 (9th Cir. 2015).

64. United States v. Lizarraga-Tirado, 789 F. 3d 1107, 1110 (9th Cir. 2015).

65. United States v. Roulette, 75 F. 3d 418, 421 (8th Cir. 1999).

66. United States v. Wallace, 124 Fed. Appx. 164, 167 (4th Cir. 2005).

67. United States v. Weinstock, 153 F. 3d 272, 278 (6th Cir. 1998).

68. Weeks v. United States, 232 U. S. 383 (1914).

69. Wood v. State, 299 S. W. 2d 200 (Tex. Ct. App. 2009).

八、会议论文类

1. Eftychia Bampasika, "Artificial Intelligence as Evidence in Criminal Trial", in CEUR Workshop Proceedings, 2021.

2. Florian Tramer, et al., "Fairtest: Discovering Unwarranted Associations in Data-driven Applications", in IEEE European Symposium on Security and Privacy, 2017.

3. Huy Pham, Ling Hu, Cyrus Shahabi, "Towards Integrating Real-world Spatiotemporal Data with Social Networks", in Proceedings of the 19th ACM SIGSPATIAL International Conference on Advances in Geographic Information Systems, 2011.

4. Joy Buolamwini, Timnit Gebru, "Gender Shades: Intersectional Accuracy Disparities in Commercial Gender Classification", in Proceedings of the 1st Conference on Fairness, Accountability and Transparency, 2018.

5. WilliamE. Johnston, "High-Speed, Wide Area, Data Intensive Computing: A Ten Year Retrospective, in Proceedings", The Seventh International Symposium on High Performance Distributed Computing (Cat. No. 98TB100244), 1998.

九、网址及其他类

1. "对话 Geoffrey Hinton & Demis Hassabis：人工智能离我们有多远？"，载搜狐网，https://www.sohu.com/a/288731261_ 651893，最后访问日期：2020 年 9 月 9 日。

2. "科大讯飞正式发布四川话语音识别技术"，载网易网，http://mobile.163.com/14/

0303/14/9MDVDMQT0011671M. html，最后访问日期：2020 年 9 月 9 日。

3. "数据库数据被非法篡改，程序如何知道"，载 CSDN，https://blog. csdn. net/yiyun 88/article/details/84815764，最后访问日期：2021 年 11 月 2 日。

4. 张之栋、赵钰莹："触目惊心：AI 到底消耗了多少能源和成本?"，载 CSDN，https://blog. csdn. net/McIl9G4065Q/article/details/103556017，最后访问日期：2020 年 12 月 30 日。

5. "From Crisis of Trust to Open Governing", https://ec. europa. eu/commission/presscorner/detail/en/SPEECH_ 12_ 149, last visited on Oct. 21, 2020.

6. "The Data Gold Rush", https://ec. europa. eu/commission/presscorner/detail/en/SPEE-CH_ 14_ 229, last visited on Oct. 21, 2020.

7. Adrienne LaFrance, How Self-Driving Cars Will Threaten Privacy, https://www. theatlantic. com/technology/archive/2016/03/self-driving-cars-and-the-looming-privacy-apocalypse/474600/, last visited on Oct. 21, 2020.

8. AppDynamics, AppDynamics Announces New Application Intelligence Platform, https://www. appdynamics. com/press-release/appdynamics-announces-new-application-intelligence-platform/, last visited on Oct. 21, 2020.

9. Chris Anderson, The End of Theory: The Data Deluge Makes the Scientific Method Obsolete, http://www. wired. com/2008/06/pb-theory/, last visited on Oct. 21, 2020.

10. Erik Brynjolfsson, Andrew McAfee, The Business of Artificial Intelligence, https://hbr. org/2017/07/the-business-of-artificial-intelligence, last visited on Oct. 21, 2020.

11. Future of Privacy Forum, Big Data: A Tool for Fighting Discrimination and Empowering Groups, https://fpf. org/2014/09/11/big-data-a-tool-for-fighting-discrimination-and-empowering-groups/, last visited on Oct. 21, 2020.

12. Ian Steadman, Big Data and the Death of the Terrorist, http://www. wired. co. uk/news/archive/2013-01/25/big-data-end-of-theory, last visited on Oct. 21, 2020.

13. Innocence Project, Misapplication of Forensic Science, https://www. innocenceproject. org/causes/misapplication-forensic-science/, last visited on Oct. 21, 2020.

14. Kenneth Cukier, Data, Data Everywhere, https://www. economist. com/special-report/2010/02/27/data-data-everywhere, last visited on Oct. 21, 2020.

15. Maurice Chammah, Policing the Future, http://www. theverge. com/2016/2/3/10895804/st-louis-police-hunchlab-predictive-policing-marshall-project, last visited on

Oct. 21, 2020.

16. Nick Heath, Managing AI and ML in the Enterprise, https://www. zdnet. com/article/what-is-machine-learning-everything-you-need-to-know/, last visited on Oct. 21, 2020.

17. Stanford University, Artificial Intelligence and Life in 2030, https://ai100. stanford. edu/sites/g/files/sbiybj9861/f/ai100report10032016fnl_ singles. pdf, last visited on Sep. 19, 2016.

18. Zeke Miller, Denver Nicks, Meet the Robot Telemarketer Who Denies She's a Robot, http://newsfeed. time. com/2013/12/10/meet-the-robot-telemarketer-who-denies-shes-a-robot, last visited on Oct. 21, 2020.

关键词索引

Q

后　记

　　这部关于人工智能证据运用规则的著作是在我的博士论文基础上作了补充修改后完成的。随着写作的结束，我的心中既有完成一项研究工作的释然，也有对未来技术发展和法律实践不断融合的深深期待。这部作品不仅是对我在人工智能与法律交叉领域研究的一次总结，更是对未来司法实践中如何更好地运用人工智能证据的一种前瞻和探讨。

　　在研究过程中，我深刻感受到了人工智能技术的飞速发展及其在证据科学领域应用的巨大潜力。当前，人工智能正以前所未有的速度渗透到法律实践的各个环节。在这一进程中，如何确保人工智能证据在法庭中的有效应用，成为摆在我们面前的重要课题。

　　通过深入分析和研究，我尝试构建了一套人工智能证据运用规则的基本框架，包括证据的举证、质证、认证等方面。这些规则不仅旨在规范人工智能证据的运用，更希望通过法律的规制，促进人工智能技术的健康发展，保障司法公正和当事人权益。

　　然而，我深知这仅仅是一个开始。随着技术的不断进步和应用的不断拓展，人工智能证据运用规则也需要不断地完善和调整。在这个过程中，我们需要保持开放和包容的态度，积极吸纳各方面的意见和建议，共同推动这一领域的发展。

　　此外，我也希望这部著作能够引起更多人的关注和思考。人工智能技术的运用已经不再是遥不可及的未来概念，而是正在逐步成为现实。我们需要更加深入地研究这一领域，探讨如何更好地将其与司法实践相结合，为社会的进步和发展贡献力量。

最后，我要感谢所有在研究和写作过程中给予我支持和帮助的人。感谢我的博士生导师张保生老师。张老师为人正直但又不失与人交往的和善，这种为人处世的方式无疑是对我最大的指导。在学业上，与老师合作写论文可以说是让人进步最快的方式。坦率地讲，我之前也写了很多论文，但是囿于自身的认知局限，水平往往不会太高。和老师合作之后，我发现，很多原以为正确的认识原来并不正确。也正是通过和老师的合作，让我更好地掌握了研究的方式方法。在这本著作写作期间，老师同样给予我很多支持。当遇到写作不顺利的时候，老师都可以帮我排忧解难。

感谢郑飞老师对我整个求学生涯的帮助。自大四指导本科毕业论文以来，郑老师一直对我进行言传身教。当学习和生活遇到困难时，郑老师每次都会站在不同的角度给出帮助和指导，这无疑对我有着巨大的帮助。从一个几乎没有任何学术经验的学生，到如今能够独立完成著作以及发表文章，这其中离不开郑老师的支持。而这本著作能够完成，也有赖于郑老师的帮助。在人工智能法和人工智能证据的问题上，郑老师给予我很多指引，帮我解决了很多困惑。

感谢吴洪淇老师、贠丹师姐、熊晓彪师兄、张嘉源师弟、李雅建师妹的帮助和支持，在博士论文提交前的一周，各位同门还在开会帮我解决各种问题。感谢吴海航老师、郭烁老师、李训虎老师、张中老师、杨宇冠老师、张品泽老师、陈永生老师、施鹏鹏老师、何志鹏老师、褚福民老师、林静老师、胡亦龙博士和丁超帆法官在我的博士论文写作期间以及书稿修改期间提供的宝贵修改意见和重要帮助。

感谢《中国刑事法杂志》编辑部和邵俊师兄，本书的核心章节被《中国刑事法杂志》于第八届"新兴权利与法治中国"论坛选中并予以发表，这给予我更多信心在人工智能证据领域进行深入研究。除此之外，本书的部分内容也发表于《大连理工大学学报（社会科学版）》，感谢编辑部以及陈晓光老师的帮助和支持。

感谢我的家人和朋友们的理解和鼓励，没有你们的支持和帮助，这部著作是无法完成的。

　　未来，我期待着继续深入探讨人工智能与法律的交叉领域，为这一领域的发展和进步贡献自己的力量。

马国洋

2024 年 2 月 20 日